当代建筑节能理论与政策论丛

太阳能建筑应用的政策与市场运行模式

刘长滨　唐永忠
张　丽　辛　萍　等编著

中国建筑工业出版社

图书在版编目(CIP)数据

太阳能建筑应用的政策与市场运行模式/刘长滨等编著.
北京：中国建筑工业出版社，2006
(当代建筑节能理论与政策论丛)
ISBN 978-7-112-08823-2

Ⅰ.太… Ⅱ.刘… Ⅲ.①太阳能住宅—住宅建设—经济政策—研究—中国 ②太阳能住宅—住宅建设—市场机制—研究—中国 Ⅳ.F299.2

中国版本图书馆CIP数据核字(2006)第130224号

责任编辑：张 晶 郑淮兵
责任设计：崔兰萍
责任校对：张景秋 王雪竹

当代建筑节能理论与政策论丛
太阳能建筑应用的政策与市场运行模式
刘长滨 唐永忠 张 丽 辛 萍 等编著
*
中国建筑工业出版社出版、发行(北京西郊百万庄)
新 华 书 店 经 销
北京天成排版公司制版
北京云浩印刷有限责任公司印刷
*
开本：787×960毫米 1/16 印张：20 字数：392千字
2007年1月第一版 2007年1月第一次印刷
印数：1—3000册 定价：**42.00**元
ISBN 978-7-112-08823-2
(15487)

(邮政编码100037)
本社网址：http：//www.cabp.com.cn
网上书店：http：//www.china-building.com.cn

内 容 提 要

本书提出了对太阳能建筑概念进行定义的基本思路，在论述国内外太阳能建筑发展历史、现状和发展趋势的基础上，结合我国太阳能资源的实际情况，论证了在我国发展太阳能建筑的综合效益和战略意义。通过对相关理论的研究，为我国太阳能建筑应用的政策和市场运行模式的研究奠定了理论基础。通过国内外太阳能建筑发展状况、激励机制和政策、投资模式的对比研究，找出了我国发展太阳能在激励机制和政策、投资模式上的不足。通过对大量实例的深入研究，建立了全面评价太阳能建筑综合效益的评价体系。通过对太阳能建筑行为主体的行为分析和动态博弈分析，构建了适合我国国情的太阳能建筑激励机制和政策体系。通过对我国当前太阳能建筑投资现状及其问题的深入研究，借鉴国外先进的太阳能建筑投资创新经验，提出了推进我国太阳能建筑发展的投资模式创新思路。

本书可以为从事太阳能相关产业的研究人员、政府相关部门管理人员、大专院校建筑管理与房地产专业师生以及有意于太阳能建筑领域发展的企业的相关人员提供研究或实践的参考。

编 委 会

序

能源是人类社会发展的重要基础资源。然而，各种能源的储量是有限的，并非取之不尽，用之不竭。根据美国能源信息署(EIA)最新预测结果，随着世界经济、社会的发展，未来世界能源需求量将继续增加。预计，2010年世界能源需求量将达到113.86亿t油当量，2020年将达到128.89亿t油当量，2025年将达到136.50亿t油当量，年均增长率为1.2%。截止到2003年底，全国城乡房屋建筑面积为383亿m^2。城镇房屋建筑面积140.9亿m^2，其中住宅建筑面积89.1亿m^2。全国公共建筑面积大约为45亿m^2左右，其中采用中央空调的大型商厦、办公楼、宾馆为5到6亿m^2。预计到2020年底，全国房屋建筑面积将新增300亿m^2，其中城镇新增130亿m^2。据统计，建筑用能在我国能源总消耗量中所占比例已从1978年的10%上升到2003年的27.47%，并且仍将保持增长。根据发达国家经验，建筑能耗在全社会终端总能耗中所占的比例，将逐步提高到35%左右。所以，建筑将超越工业等其他行业成为用能的主要增长点，建筑节能将成为提高全社会能源使用效率最重要的方面。以采暖地区为例，该地区城镇住宅面积约有54亿m^2，大部分建筑采暖季平均能耗约为25kg标准煤/m^2，如果在现有基础上实现50%的节能，则一年大约可节省0.68亿t标准煤，实现减排CO_2 1.43亿t；仅就城镇而言，如果这些建筑全部在现有基础上执行节能50%的标准，则每年大约可节省1.6亿t标准煤。

2005年我国农村建筑面积约为240亿m^2，总耗电约900亿度/年，生活用标准煤0.3亿t/年。目前这类非商品能源正在逐步被常规商品能源替代。中央提出建设社会主义新农村是保证我国社会持续稳定发展的重大战略决策。如果简单照搬目前的城镇建设模式，完全依靠常规商品能源解决农村建筑的能源供应，将使我国建筑能耗增加50%～70%，这将给我国能源供应和经济发展带来巨大问题。

按照小康社会住宅居住品质目标：2020年我国北方地区将全面普及冬季供暖、供暖覆盖率达到99%以上，南方部分冬季寒冷地区的大部分家庭拥有冬季取暖设施，改善冬季的居住舒适度；住宅功能完备、配套齐全、方便安全、拥有智能化、现代化的设施条件。为此暖通空调能耗等建筑能耗所占的比例将会越来越大，这将进一步加大建筑用能的需求量。

为此世界银行与中华人民共和国建设部合作，对中国建筑节能进行长达三年的考察后，提出的世行报告《中国促进建筑节能的契机》中谈到中国建筑节能为什么要现在采取行动时指出：从2000年至2015年是中国民用建筑发展鼎盛期的中后期，到2015年民用建筑保有量的一半将是2000年以后新（改）建的；由于没有完全推行建筑节能，每年新增7～8亿m^2的不节能住宅和商业建筑，这些建筑在未来几十年里将无节制地消耗大量能源。

新能源和可再生能源是相对于煤炭、石油等传统常规能源而言的，因大多数常规能源储量有限，不可再生。根据联合国给出定义：新能源一般是指通过新技术和新材料开发利用的能源；可再生能源则是指使用完之后又可不断产生的能源，其资源非常广泛，几乎取之不尽，用之不竭，并且对环境无多大污染。这两种能源主要包括太阳能、风能、海洋能、地热能、生物质能、氢能和燃料电池等。水力发电虽称不上新能源，但它是清洁的可再生能源。在核废料绝对安全处理的条件下，核能可称为清洁能源，但它不可再生，铀矿还可开采50年。一般把水电、核电也称为常规能源。

由于新能源和可再生能源具有储量大、分布广、污染少等诸多优点，联合国等国际组织、各国政府、企业及民间对新能源和可再生能源行业都给予了极大关注。1981年在肯尼亚首都内罗毕首次召开的联合国“新能源和可再生能源大会”，通过“内罗毕行动纲领”，号召全世界推进新能源和可再生能源的开发利用。许多国家都制订了新能源和可再生能源利用计划。经过20多年的发展，不论对全球而言，还是在许多发达国家和发展中国家，新能源和可再生能源行业已初具规模，并且是持续快速稳定增长的行业。由于太阳能建筑还是一种新型建筑，国家尚未对其颁布相关的标准，这非常不利于我国太阳能建筑事业的发展。没有相关的标准，太阳能建筑就难以真正形成产业化，也就难以成为一种具有市场竞争力的建筑类型。而且，由于太阳能建筑既是一种高科技建筑，又是一种公益性很强的建筑，其发展的初期必然需要政府和社会给予必要的扶持。就人均资源占有量而言，我国的一次能源非常匮乏。随着经济的发展建筑能耗占社会总能耗的比例越来越大，太阳能作为一种洁净的可再生能源，有着矿物能源不可比拟的优越性。我国的太阳能资源十分丰富，为各种太阳能利用系统提供了巨大的市场。因此，无论从目前国家的能源状况，还是可持续发展对能源和环保的要求来看，可再生能源无疑是目前最理想、最切实际、最具前途的可持续能源。

能源几乎与可持续发展中的所有领域都有错综复杂的联系，预测表明，在不远的将来世界能源消耗仍将大幅上升，能源问题必将在健康、环境等方面给人类带来挑战。如果在能源问题上不采取坚决的行动，提高使用效率、节约能源消耗、推广使用清洁的、可再生的能源，全球将不会实现真正的可持续发展。

在这样的背景下，本书的作者们主持或参加，完成了国家十五科技攻关课题“太阳能建筑的应用市场激励机制和投资模式研究(编号 2002BA405B01-301)”和“太阳能建筑应用国内外对比研究/技术经济分析(编号 2002BA405B01-303)”的研究工作。该项研究完成的主要工作是：太阳能建筑应用的政策和市场运行模式的理论基础研究；太阳能建筑定义与发展意义研究；太阳能建筑应用的政策和市场运行模式的国内外对比研究；太阳能建筑评价体系研究；太阳能建筑激励机制和政策研究；太阳能建筑投资模式研究。在上述研究报告的基础上，经进一步扩展和加工形成了本书。

希望本书的出版能对我国太阳能建筑的发展发挥一点推动作用，这对于作者们来说就是最大的荣幸了。

2006 年 10 月

前　言

随着生活水平的提高，消费结构升级，汽车和家用电器大量进入家庭；城镇化进程加快，建筑和生活用能大幅度上升。如按目前能源消费增长趋势发展，到2020年能源需求量将高达40多亿吨标准煤。如此巨大的需求，在煤炭、石油和电力供应以及能源安全等方面都会带来严重的问题。能源需求的快速增长对能源资源的可供量、承载能力，以及国家能源安全提出严峻挑战。据统计，2003年，我国消耗了世界钢总产量的30%，水泥总产量的40%，煤炭总产量的31%。我国是全世界第二个能源消耗大国，但是，我国的能源储蓄占世界能源总量比例并不乐观，煤炭只有51.3%，石油11.3%，天然气3.8%。近几年来，能源消耗的增长速度大大高于GDP的增长速度，“十一五”要达到降耗20%的目标，我国面临着严峻的资源和能源的节约挑战。

2005年底我国城乡既有建筑总面积约400亿m^2，其中城镇约为150亿m^2，在城镇中居住建筑面积约为105亿m^2，公共建筑面积约为45亿m^2，能够达到建筑节能标准的仅占5%，其余95%都是非节能建筑。尤其在北方采暖地区，这些非节能建筑围护结构如墙体、门窗、屋顶保温隔热性能普遍很差，供热系统效率很低，其单位面积的耗热量指标是同气候区域西方发达国家的2～3倍。全国空调高峰负荷已达到4500万kW。预计到2010年底，全国房屋建筑面积为519亿m^2，其中城市171亿m^2；到2020年底，全国房屋建筑面积为686亿m^2，其中城市261亿m^2。按照目前建筑能耗水平发展，到2020年，我国建筑能耗将达到10.89亿tce(吨标准煤)，空调高峰负荷将相当于10个三峡电站满负荷出力。

在如此严峻的情况下，可再生能源的利用将是今后的必然选择。而在可再生能源中，太阳能是最佳的能源。本书就是在这样的背景下撰写的。

本书的作者们主持或参加完成了国家十五科技攻关课题“太阳能建筑的

应用市场激励机制和投资模式研究(编号 2002BA405B01-301)”和“太阳能建筑应用国内外对比研究\技术经济分析(2002BA405B01-303)”的研究工作。本书就是在上述课题研究报告的基础上经加工而成的。

本书由刘长滨任主编，参加本书撰写的有刘长滨、唐永忠、张丽、辛萍、樊瑜、郑梅、王靖。在撰写过程中参考了大量文献资料，仅向他们的作者表示衷心的感谢，同时向建设部科技发展促进中心的辛萍女士表示衷心的感谢，是她给予了科研工作以无私的帮助。最后要感谢中国建筑工业出版社的大力支持，使本书能顺利出版。如果本书的出版能对太阳能的利用能发挥作用，则将是作者们的最大荣幸。

《可再生能源法》的颁布实施，为今后我国可再生能源，特别是太阳能的利用提供了重要的法律依据。我们企盼已久的太阳能利用的春天已经来临。

目录

绪　　论

第一节　研　究　背　景

一、国际背景

（一）人类在能源供应和使用中所面临的挑战及其对策

能源是指在目前的社会经济技术条件下可为人类提供大量能量的物质和自然过程，包括煤炭、石油、天然气、风、流水、海流、波浪、草木燃料及太阳辐射、电力等。能源不仅为人类生活提供了必不可少的物质条件，而且以生产要素的身份投入到生产过程中，是社会和经济发展的基础。因此，能源是人类社会赖以生存和发展的基础，对它的科学开发和合理利用，是人类文明与进步的重要标志之一。

传统的社会经济发展模式中，人类忽视了对能源利用效率的重视，经济增长是以大量消耗能源为前提的。从 17 世纪至今，全球人口从 5 亿增长到 60 亿，增长了 11 倍；而人类的能源消耗却从每年 1 亿 t 标准煤当量增长到 150 亿 t 标准煤当量，增长了 149 倍，远远超过了人口的增长速度。据国际权威机构估计，到 2020 年全球能耗将增长到大约 195 亿吨标准煤当量。

但是，能源既是发展国民经济、提高人民生活的重要物质基础，也是直接影响经济发展的重要制约因素。目前人类的能源结构极不合理，全世界的能源消耗 75％来源于化石燃料（如煤炭、石油和天然气），其他来自水力、核能和新型可再生能源，其中新型可再生能源只占大约 5％左右。化石燃料能源是不可再生的能源，如此大量消耗，不可避免要面临能源供应的制约。1973 年出现的以石油大幅涨价为表现形式的能源短缺就已经给人类敲响了警钟。

据世界能源委员会(WEC)预测，按照资源探明储量和现在的需求发展速度及开采状况，世界石油可供开采的期限仅为43年，天然气在66年后用尽，储量最大的煤炭也只够169年的开采。尽管有人对这些数字持异议，理由是新的储量仍在不断被发现，但是化石能源走向枯竭，能源供应紧张显然已经是不争的事实。如何保证人类的能源供应可持续发展已经提上了各国议事日程。

大量消耗化石燃料能源的传统社会经济发展模式，不仅使人类的能源供应面临着严峻挑战，也使人类在能源的获取和利用过程中，又遇到了第二个难题：环境污染问题。

由于世界能源的供应大部分依赖于化石燃料能源，而属于不可再生资源的化石燃料，在燃烧时必然要排放出以CO_2为主的温室气体，成为导致温室效应的主要原因。温室效应引起的全球气候变暖，将导致海平面上升、自然灾害频繁、农作物生长环境恶化、生物多样性丧失、水资源紧缺以及人类健康受到危害。化石燃料燃烧，不仅排放温室气体，也排放SO_2等有毒有害气体，由此引起严重的空气污染问题，以及随之而来的生态破坏等一系列连锁反应。

如何转变能源生产和供应方式，以更清洁的能源替代，减少以往化石燃料生产能源过程对环境造成的污染，也已成为全世界关注的问题。

当前，世界范围内环境污染和不可再生能源枯竭已到了十分严重的程度。为了应对这种严峻的挑战，有识之士提出了一种全新的社会经济发展模式——“可持续发展”模式。世纪更替之际，“可持续发展”的概念在全球迅速传播。所谓可持续发展，是指既满足当代人的需求又不危及后代人满足其需求的发展，它包括子孙后代的需要、国家主权、国际公平、发展中国家的持续经济增长、自然资源基础、生态抗压力、环保与发展相结合等重要内容。因此，从可持续发展的角度出发，保护环境和开发利用新能源成为人类面临的一项重要任务，这就需要采用可再生能源和清洁能源，其中，如何节约有限的常规能源，开发利用取之不尽、用之不竭的太阳能资源，对人类社会的可持续发展具有重要的意义。

(二) 发展太阳能建筑是人类在建筑领域解决能源挑战的重要途径

工业、交通、建筑是能源消费的三大领域，一般而言，国家越发达，建筑消费的能源比例就越高。这是因为发达国家的工业生产多为高附加值产业，单位产值的能源消耗越来越低；而另一方面，建筑物是人类工作、学习和生活的基本场所，经济越发达，生活水平越高，住房面积就越大，人们对住房功能的需求也越多，同时对室内的环境质量要求就越苛刻。所以消耗在建筑物内的能源也就越多。

建筑物中的采暖、通风、空调和照明等设施是能源消耗的主要载体，同时也成为温室气体的重要排放源。世界各国的平均建筑能耗已经占到社会商品总能耗的三分之一左右。建筑能耗在社会商品总能耗中的较大比重决定了提高建筑能源利用效率在降低全社会能源消耗、实现可持续发展战略中的重要地位。

太阳能是一种辐射能，不带任何化学物质，是最洁净、最可靠的巨大能源宝库。经测算表明，太阳能释放出相当于10万亿kW的能量，而辐射到地球表面的能量，虽然只有它22亿分之一，但也相当于全世界目前发电总量的8万倍。当今世界能源结构正在发生新的变革，用太阳能代替所有潜在的矿物资源，是21世纪能源发展的方向。其中，太阳能与建筑的结合是人类社会发展进程中寻求用之不尽的再生能源的必然趋势。因此，太阳能是一种取之不尽、用之不竭的可再生能源，利用太阳能技术，设计建造一种多功能、高品质而价格适中的“太阳能建筑“则是保证健康和舒适生活的重要途径。通过建筑物的巨大外表面，主动利用太阳能，来实现室内通风采暖、换气制冷、室外发电、综合利用资源和净化优化环境，从技术设计、建筑施工和经济成本的角度来看，在实践上是可行的。太阳能利用包括光热利用、光电利用和光化学利用等，其中前两者的应用更为普遍，尤以光热利用为最。太阳能的热利用是太阳的辐射能转换为热能，太阳灶、太阳能热水器、太阳能温室都已应用得相当广泛。太阳能光电转换主要是应用太阳能电池。利用太阳能化学作用则可治理环境，如去除空气和水中的污染物，培育能源作物等。就建筑而言，最有发展前景的技术是太阳能温室、太阳能热水器，太阳能空调系统和今后的太阳能光电技术。

在国外，太阳能已开始在建筑领域中得到越来越广泛的应用。特别是美国、德国、希腊、以色列、日本、韩国等国家，太阳房已从被动太阳房向主动太阳房发展，从仅用于偏远地区向城市地区发展，从仅用于单层小型建筑向多层大型建筑发展，从仅用于居住建筑向公共建筑发展。

二、国内背景

我国虽然是发展中国家，但是所面临的能源问题也十分严峻。

（一）我国能源供应和使用所面临的挑战及对策

我国的能源供应情况更为严峻。我国人口居世界第一，而能源资源总量却只居世界第三位，人均能源资源量低于世界平均水平的一半。因此，我国是一个人口众多、能源相对匮乏的国家。

虽然我国人均能源资源量远低于世界平均水平，但我国50多年的发展历程，经济的快速增长在很大程度上却是建立在对能源高消耗的基础上的，我国单位GDP的能源消耗远远高于世界平均值；与发达国家相比，能源利用效率十分低下。

据有关权威机构估计，我国石油、天然气和煤炭剩余储采比分别为14年、32年和70年，供需矛盾日渐突出。未来20年能源消费需求比现在还要增长一倍：煤炭26亿t，石油13亿t、天然气800亿m^3……。其中，煤炭维持到2020年还问题不大，而石油、天然气根本无法维持。即便是未来十年内，能源的“缺口”也将十分巨大！

2003年和2004年全国部分地区石油、煤炭、电力三大能源支柱的紧缺更使得政府意识到了解决能源问题的迫切性。能源问题已经不仅仅是一个急迫的资源和经济问题，也是一个可持续发展的战略问题，更是一个非常严峻的社会和政治问题。

我国目前的能源结构是煤约占70%，石油占20%，天然气占2.3%，水电以及核电等一次电力占6.5%，太阳能、风能等可再生能源仅占约1%。能源结构过多依赖煤，决定了我国的环境污染的严重性。我国由于燃煤造成的SO_2及总悬浮颗粒物的排放量分别约占85%和70%。大量的煤炭开发利用导致严重的大气污染。我国SO_2的排放量近年来居世界第1位，2003年SO_2的排放量达到2158.7万t，造成的酸雨的覆盖面积已达国土面积的40%；CO_2的排放量仅次于美国，占世界第2位。据粗略统计，SO_2等大气污染造成的经济损失总量已达到GDP的2%以上。

我国的环境污染问题已经受到了国际社会的高度关注，日前，联合国公布的不适宜人类居住的约20个城市中，有16个在中国。

在2004上海国际科普论坛上，全国人大环境与资源保护委员会主任委员曲格平教授呼吁：当前我国环境问题面临着历史上任何国家都不曾遇到的复杂和严峻局面，对经济社会、生态系统、人民健康乃至国家安全构成威胁，通过相应的保障措施建立循环经济模式已是刻不容缓。

由于煤炭所造成的环境污染已经影响到了我国国民经济的可持续发展。适当降低煤炭在能源消费中的比重，减少由于煤炭所造成的污染，已经成为我国发展经济和保护环境的迫切要求。

在常规能源日趋紧张和环境污染不断加剧的双重压力下，能源问题已经成为制约我国社会经济发展的主要因素之一。我国是能源消费大国，能源消费约占世界总量的10.4%，成为仅次于美国的国家。

据专家们分析预计，如果依然按照传统的发展模式，我国要实现2020年GDP翻两番的经济发展目标，又要保持现有的环境质量，能源供应量必须提高4～5倍，这种设想是不可能现实的。种种迹象表明：传统的发展模式已经走到了尽头，我国必须坚定实施可持续发展战略，走循环经济发展道路。

发展经济，能源保障是关键。节约能源，减少因能源消耗引起的环境污染问题，已经日益引起我国政府和各界人士的高度重视。

因此，无论是从节约能源还是从保护环境的角度出发，我国都更加要注重提高能源利用效率，降低能源消耗。开发利用可再生能源成为大势所趋。

“世界环发“大会之后，我国政府制定了《中国21世纪议程》，提出10条对策和措施。这表明我国已经正式启动可持续发展战略。关于能源问题，我国政府也制定了能源可持续发展战略，提出“资源开发与节约并举，把节约放在首位，提高资源利用率”的指导方针，其中减少温室气体排放、降低能耗损失、提高能源使用效率是实现可持续能源发展战略的关键环节。

(二) 发展太阳能建筑是我国在建筑领域实施可持续发展战略的重要方式

我国能源供应的严峻局面迫使我们必须走可持续发展的道路，尽快在建筑上大量采用可再生能源，首先是使用取之不尽、用之不竭的太阳能。

我国大陆地处北纬18°～54°之间，幅员广阔，年日照时间大于2200小时的地区约占全国面积的三分之二，有着十分丰富的太阳能资源。全国太阳能资源90%以上地区达4200～5400MJ/(m^2·a)以上。据有关部门对我国太阳能应用的预测，在自然发展和生态驱动发展两种模式下，2050年我国太阳能利用在总能源供给中的比重可以分别达到4.7%和10%。

我国制定的《中国21世纪议程》中，就已经进一步明确了太阳能作为重点发展项目。1995年国家计委、科委和经贸委制定了《新能源和可再生能源发展纲要》(1996～2010)，提出我国新能源和再生能源的发展目标、任务以及相应的对策和措施。1997年建设部制定的《中国"住宅阳光计划"纲要(草稿)》指出，推广太阳能热利用技术在住宅建筑中的应用，可以替代和节约常规能源，实现可持续发展。这些文件的制定和实施，对进一步推动我国太阳能事业发挥了重要作用。

改革开放之后，我国社会经济迅速发展，每年用于建筑物取暖和降温的能量消耗占全国总能耗的比重随之迅猛上升。2000年，我国建筑能耗在全社会总能耗的比例已经达到了27.8%。随着我国经济的发展，特别是随着我国城市化进程不断推进，城镇建设高速发展，我国人民生活水平不断提高，人民对居住舒适性的要求越来越高，必将大大增加采暖和空调设施，建筑能耗也随之大幅度增加。根据发达国家经验，未来我国建筑能耗在社会商品总能耗中的比例必将会上升到35%左右。

目前我国的建筑能耗存在以下几方面的问题：第一，结构不合理，多数城市仍以燃煤为取暖的主要方式；第二，利用效率低，与气候条件接近的西欧或北美国家相比，中国住宅的单位采暖建筑面积一般要多消耗2～3倍以上的能源，而且舒适性较差；第三，环境污染严重，由建筑能耗产生的温室气体排放量占全国温室气体排放总量的四分之一左右。

降低建筑能耗，不仅具有巨大的直接经济效益，还具有更为巨大的间接环境效益和社会效益。

随着我国经济的发展，建筑能耗占社会总能耗的比重越来越大，目前我国建筑单位面积的平均能耗是发达国家的2～3倍，由此产生的能源浪费和环境污染是十分巨大的，已经严重影响到我国的可持续发展能力。太阳能这种可再生能源在建筑中的应用就成为解决我国能源和环境问题的一个重要举措。太阳能和建筑一体化形成的太阳能建筑是一种全新的无燃料、无污染的绿色建筑，它的建成将为我国"十五"及其以后的新能源的开发和利用指明方向，它的大力推广必将为我国的可持续发展作出重大的贡献，取得很大的社会效益。

第二节 研究意义、目的和目标

一、研究意义

(一) 发展太阳能建筑是一个需要进一步研究的课题

太阳能建筑是一个较新的建筑类型，建造太阳能建筑需要增加相应的投资，开发商不愿意开发太阳能建筑；消费者也不愿意购买价格相对较高的太阳能建筑。单纯依靠用户、开发商自发的行为实施太阳能建筑，无法保证资金的获取，是不可能得到广泛应用的。建筑市场的最终投资者是购房者，如果购房者成为太阳能建筑应用的动力，那么就一定能够推广开来。我国能源价格水平与发达国家大致相当，但居民收入却远远低于发达国家。目前我国城镇居民建筑能耗的实际消费额大约为1500～3000元/年户，约为家庭年收入的10%，只是由于各种补贴，其中相当大部分没有直接由居住者承担。随着住房改革的进一步深入，这些补贴要陆续取消或变为明补，尤其对于新建商品房，建筑能耗必然成为居住者的一项重要开支。与发达国家相比，尽管其住宅能耗费用仅为家庭收入的1%～2%，却已受到百姓足够重视，并曾由于过冬燃料价格上涨引起社会风波。因此，引导适当的话，建筑能耗高低会成为重要的购房选择因素。所以必须针对我国的实际情况，借鉴其他国家的经验，制订出适合我国经济社会发展的激励政策以促进太阳能建筑的应用。

建筑使用太阳能需要增加初始投资，而且由于太阳能建筑具有外部不经济性以及市场失灵，因此需要政府制定激励政策来推动太阳能建筑的发展。如何促进对太阳能建筑的投资以及如何投资，是我国目前太阳能建筑发展所面临的问题，因此对太阳能建筑投资模式的研究就显得十分重要和必要了。

(二) 推动太阳能建筑理论基础的深入研究和相关政策的制定与实施

我国作为发展中国家，正处于经济转轨的重要时期，所面临的许多问题不仅是我国前所未有的，而且往往也是其他国家未曾遇到的。在这种条件下，采取“摸着石头过河”这种边实践、边探索的问题解决模式是不可避免的。但是，这并不能表明我国的各项经济政策的制定不再需要有正确的理论依据。没有正确的理论作为行动的依据，实践必然要经受巨大的风险。更为重要的是，只有相关理论达到了成熟，才能使政策的制定和实施达到成熟，问题才能真正解决。因此，进行经济政策的相关理论研究是十分必要的。

制定和实施太阳能建筑的激励机制和政策，就是一种前所未有的宏观经济管理工作，只有在相关的理论基础方面取得决定性的突破，太阳能建筑的激励机制和政策才能获得应有的绩效。

本书在相关理论方面的研究，是我国太阳能建筑激励机制和政策的基础理论研究方面第一次全面、系统和深入的尝试，将取得一定的进展，这不仅将为我国太阳能建筑应用的政策与市场运行模式的理论基础研究作出应有的贡献，而且还将推动我国太阳能建筑激励机制和政策相关理论的研究走向深入，这将对中国节能政策乃至整个能源可持续发展战略的制定和实施产生深远的影响。

目前中国尚缺乏针对能源节约和可再生能源利用的经济政策和激励机制，对于具有外部性的市场失灵领域，政府没有及时进行有效的管理和调控，无法通过经济杠杆的作用推动可持续发展目标的实现。本书研究了在能源危机和环境污染领域政府通过间接手段参与市场运行的重要性，通过设计常规能源节约咨询方案并进行实证研究，为政府制定太阳能的经济激励政策提供理论依据和实例论证，必将促进我国太阳能建筑经济激励机制和政策的科学制定和有效实施。

二、研究目的

本书研究的目的，就是推动相关的宏观管理机构对太阳能建筑事业的发展制定和实施有效的激励机制和政策，进而推进我国改变传统的社会经济发展模式，走上可持续发展道路。

（一）推动我国太阳能建筑相关标准、激励机制和政策的制定和实施

由于太阳能建筑还是一种新型建筑，国家尚未对其颁布相关的标准，这非常不利于我国太阳能建筑事业的发展。没有相关的标准，太阳能建筑就难以真正形成产业化，也就难以成为一种具有市场竞争力的建筑类型。而且，由于太阳能建筑既是一种高科技建筑，又是一种公益性很强的建筑，其事业

发展的初期必然需要政府和社会给予必要的扶持。但是宏观管理机构所制定和实施的激励机制和政策，既是对市场机制的一种干扰，也会造成政府财政的巨大压力，因此，只有制定合理的相关标准，才能最大程度地降低减少对市场机制的干扰，也降低政府财政上的压力。

在市场经济条件下，绝大部分的市场主体都只注重眼前的经济利益，缺乏长远战略的常规能源节约意识。太阳能建筑是安装了大量太阳能利用装置的建筑，其建筑成本实际上是普通的建筑成本加上太阳能利用装置的购买和安装成本，这必然使太阳能建筑比只使用常规能源的普通建筑增加数量明显的投资成本，这部分增量成本最终包含在销售价格中。而消费者在选择商品建筑时，往往只比较初始投资而忽略未来的使用成本。由于建筑产品的使用寿命长，而太阳能建筑初投资较大，导致投资回收期长，而减弱了太阳能建筑投资的吸引力。国内一些地区太阳能设施用得不多，主要缘于人们对太阳能的了解、认识不足，只图眼前的短期效益。制约太阳能产业发展的“瓶颈”不是技术，而是市场。与传统能源相比，使用太阳能产品价格普遍较高，要想把价格降下来，就只能扩大市场规模。有人估算，在目前的情况下，市场每扩大一倍，产品的成本就会下降一半。也正因为建筑产品的使用寿命长，太阳能建筑设备在长期内实现的效果将会带来巨大的经济、社会和环境效益；因此，目前对太阳能建筑的投资模式进行研究，将有利于促进我国太阳能建筑投资市场的形成，对推动我国太阳能建筑市场的发展必将具有深刻的现实意义。如果无任何激励政策和补偿措施时，完全听任市场机制进行调节，供应商会完全按照市场供求规律提供商品，在目前以销定产的市场规律下，太阳能建筑对其吸引力较弱。但当国家制定了财政补贴、税收、信贷等一系列经济激励政策后，增量成本通过各种方式予以抵消，市场主体双方从自身的利益最大化目标出发，会积极主动地选择太阳能建筑。

(二) 推动我国能源危机的防范和环境污染治理

能源是一个国家赖以生存的命脉，没有能源任何现代文明都将无从谈起。可持续发展要求能源能够持续、稳定、长期、高效地供应，不仅满足当代人的需要，还要满足今后几代人的需要；而且又不能危及环境和生态系统。这就要求能源在维系经济发展、满足人民生活质量改善的同时，又要保护以至改善地球整体环境，以保持能源、环境、经济的可持续发展。从可持续发展的角度看，只有将人类对能源的需求逐步转移到新能源和再生能源的基础上，才能从根本上解决能源环境问题。就人均资源占有量而言，我国的一次能源非常匮乏。另一方面，随着经济的发展建筑能耗占社会总能耗的比例越来越大，因此，无论从目前国家的能源状况，还是可持续发展对能源和环保的要求来看，可再生能源无疑是目前最理想、最切实际、最具前途的可持续能源。太阳能作为一种洁净的可再生能源，有着矿物能源不可比拟的优越性。我国的太阳能资源十分丰富，为各种太阳能利用系统提供了巨大的市场。而建筑能耗所占社会总能耗的日趋增长促使我们应该大力发展可再生能源尤其是加强太阳能在建筑中的应用，促进可持续建筑的发展，实现能源、环境、经济的可持续发展。

调整能源结构、提高能源使用效率是解决能源和环境问题的关键。通过对能源、经济、环境三者之间相互影响、相互依赖关系的研究，必然会加强宏观管理机构对可再生能源的重视程度，从而将提高全社会人民的节能和环保意识，在此基础上推出大批量的太阳能建筑，将大大降低建筑对常规能源的消耗，缓解高速上涨的温室气体排放量，有助于从根本上防范能源短缺的危机和控制生态环境的恶化。

（三）推动我国绿色产业的发展并拉动国民经济的增长

能源短缺和环境污染均严重阻碍了经济的增长，成为经济和社会可持续发展的桎梏。而能源短缺和能源使用所造成的环境污染，根源在于传统生产模式是一种以高投入换取高产出的生产模式。这种生产模式是基于能源和环境可以无限利用的假设基础上的，随着人类生产能力的迅猛增长，终于撞击到了能源和环境实际上所存在的容量边界。传统生产模式是无法持续发展下去的生产模式，只有创新，发展可以持续发展的绿色产业，人类才能持续地发展下去，我国也才能有效应对现有的能源挑战。太阳能建筑产业是绿色产业体系十分重要的一环。推动我国太阳能建筑产业的发展，将推动我国绿色产业的整体发展。

而且，我国太阳能建筑产业的发展，一方面将促进常规能源节约使用、确保能源安全、减少环境污染，进一步解除制约经济增长的枷锁；另一方面在经济利益和社会利益的趋使下，新兴的太阳能建筑将成为我国新的经济增长点，由此增加投资、扩大内需，拉动整个国民经济的增长

三、研究目标

为达到上述目的，本书还确立了具体的研究目标。

（一）提出太阳能建筑的定义

正是由于太阳能建筑还是一种新型建筑，关于什么是太阳能建筑，还没有形成一个权威的定义。

因此，提出太阳能建筑的定义，是本书研究的第一个具体目标。提出太阳能建筑的定义，将推动我国太阳能建筑权威定义的形成，从而将为我国太阳能建筑事业确立一个坚实的平台。

（二）提出太阳能建筑评价体系的初步设计方案

太阳能建筑评价体系就是对太阳能建筑进行综合分析，从技术、经济和环境等角度予以研究，从而对于太阳能建筑作出客观的评价和可行的建议。目前，还没有确立一套全面、系统的太阳能建筑的评价体系。

因此，提出太阳能建筑评价体系的初步设计方案，是本书研究的第二个具体目标。提出太阳能建筑评价体系的初步方案，将推动我国对太阳能建筑进行全面的评价，这既有利于宏观管理机构的决策，也有利于社会对太阳能建筑价值的科学宣传。

（三）提出太阳能建筑激励机制的初步设计方案

本书将通过国内外太阳能建筑激励机制的对比研究，结合国内外目前社会经济发展的状况，提出我国太阳能建筑激励机制的初步设计方案。这是本书研究的第三个具体目标。提出我国太阳能建筑激励机制的设计方案，将直接为宏观管理机构制定和实施相关激励机制提供必要的备选方案，也将推动我国太阳能建筑激励机制的研究走向深入。

（四）提出太阳能建筑投资模式的初步设计方案

本书将通过国内外太阳能建筑投资模式的对比研究，结合国内外目前社会经济发展的状况，提出我国太阳能建筑投资模式的初步设计方案。这是本书研究的第四个具体目标。提出我国太阳能建筑投资模式的设计方案，将直接为宏观管理机构制定相应的太阳能建筑投资优惠政策提供依据，也为有意投资太阳能建筑的投资人提供投资决策的依据，而且还将推动我国太阳能建筑投资模式的研究进一步深化。

（五）提出推广太阳能建筑的初步政策建议

本书将通过国内外太阳能推广政策的对比研究，结合国内外目前社会经济发展的状况，提出我国推广太阳能建筑的初步政策建议。这是本书研究的第五个具体目标。提出我国推广太阳能建筑的政策建议，将直接为宏观管理机构提供可资选择的一系列相关政策，而且也将推动我国推广太阳能建筑的政策研究走向深化。

第三节　国内外研究现状

太阳能建筑应用的政策与市场运行模式研究，属于“能源—经济—环境”一体化的系统理论研究和实践应用研究范式，这种研究范式在国外相当成熟，在国内还属于初创时期。不过，完全针对太阳能建筑的“能源—经济—环境”一体化系统的理论研究和实践应用研究，无论在国外还是国内都还开展得并不充分。因此，本书关于国内外相关研究的介绍，分成两个层次，首先要介绍国内外“能源—经济—环境”一体化系统研究的现状，其次要介绍国内外太阳能建筑相关研究的现状。

一、国外“能源—经济—环境”一体化系统研究现状

国外的“能源—经济—环境”一体化系统的研究，起步于上世纪前期，大体可以分成两个阶段。

（一）国外“能源—经济—环境”一体化系统研究萌芽阶段概述

进入20世纪前期，工业化的迅猛发展及由此带来的一系列能源与环境问题，使得原从事各个不同学科研究的学者们认识到了单一研究的局限性，纷纷加强了与其他领域之间的联系，人们对能源、经济和环境之间的关系有了初步认识，“能源—经济—环境”一体化系统的研究进入萌芽阶段。

能源、经济、环境三者之间关系的研究，首先是由自然科学家进行的。

生物学家和物理学家在自身的研究过程中首先觉察出生态系统遭遇到经济活动的重大破坏，因而从生态学的角度探讨了能源、经济与环境系统之间的关系。学者们达成一个共识：能源供给的稀缺制约经济的增长，经济活动造成严重的环境污染，环境系统的损坏反过来又阻碍了经济增长，能源、经

济、环境三者处于相互影响、相互制约的一个整合系统中。杰文斯(Jevons)探讨了能源(主要是煤炭)对经济增长的限制，认识到不可再生能源的耗竭是经济增长的最大威胁；余雷尔瑟·万初普(Ciriacy Wantrup)阐述了经济活动对生态环境破坏的后果具有不确定性，由此可能造成无法弥补的损失并产生不可逆转的影响，他提出“最低安全标准法”思路，即当代人应把人类行为对生态系统的影响控制在一定损失和不可逆性界限以内；卡逊(Carson)描述了工业革命以来的重大公害事件造成的环境污染，呼唤人们从盲目的工业生产活动中清醒过来；鲍尔丁(Boulding)提出“宇宙飞船理论”，认为地球只不过是一只小小的宇宙飞船，人口和经济的增长将使有限的资源耗尽，而人类生产和消费排出的废物最终将使飞船完全污染，由此倡导必须以储备型经济代替增长型经济、以生态型经济代替消耗型经济、以循环型经济代替单程型经济；舒尔茨(Schurz)在诠释了自然资源与经济增长的关系之后，指出经济增长的动态过程中，因为吸收了各种优等资源，所以自然资源的替代品也将随着经济增长和技术进步而动态向前发展。

经济学家则主要关注环境污染问题的治理。

自新古典经济学家马歇尔(Marshal)提出“外部效应”的概念以来，经济学家们虽然一致同意环境污染具有负的外部性，但由于各自分析问题的倾向不同，对环境污染的治理却展开了激烈的争论。福利经济学代表人庇古(Pigou)提出环境污染反映在私人经济活动所产生的外部成本中(即边际私人成本与边际社会成本之间的差异)，建议应由政府根据污染所造成的危害对排污者征税，将污染成本加到产品价格中去，通过征税的形式使外部成本内部化，后人将其称为“庇古税”。科斯(Coase)却表明了截然不同的看法，他反对政府进行干预，主张在资源产权界定清晰的前提下，由排污者与受害者谈判，通过补偿或自愿交换产权等方式自行解决污染问题。戴尔斯(Dales)提出了排污权交易的思路，指出由政府制定排污量上限，按此上限发放排污许可证，排污许可可以在市场上买卖，以通过使排污量小的企业获得较高利润的经济手法刺激排污量大的企业减少排污量。

(二) 国外“能源—经济—环境”一体化系统研究现阶段概述

1972 年丹尼斯·米都斯(Dennisl. Meadows)提交给罗马俱乐部的第一份研究报告《增长的极限》，利用系统动力学的理论和方法，对人口、粮食、工业化、不可再生资源和环境污染五大问题及相互关系进行了深入系统的研究，指出如果按照目前的人口和资本的快速增长模式继续下去，地球将面临一场“灾难性的崩溃”。其对经济增长极限的悲观性论调，引起了经济学家的广泛关注，由此揭开了经济学研究史的新篇章。经济学家纷纷从自身的单一研究经济活动的领域中走出来，主动将生态学、物理学、化学等其他学科纳入研究范围，认识到了能源在经济和社会发展中的核心地位，“能源—经济—环境”一体化系统的研究进入成熟发展阶段，包括以下几个方面：

1. 扩展了经济增长和经济发展理论

经济学家在米都斯提出的“零增长模型”的基础上，相继提出“有机增长模型”、“‘无意外’世界模型”和“可持续发展模型”，并将可持续发展作为人类新的发展观，以促进经济、社会、生态的可持续发展作为开展经济活动和评价经济效果的基本原则。

2. 结合多学科从不同角度讨论能源的地位和作用

一些学者从物理学、生态学角度，将热力学定律引入，利用系统的功、能、熵等理论来分析能源与经济、能源与环境之间的内在联系，从导致环境污染的根本原因——能源的开发和利用着手，探讨人类如何通过从高能耗向低能耗过渡，重新建立起人类与生态系统的和谐与平衡。一些学者从经济学角度，利用供求规律、价值规律和帕累托最优化定理等对能源系统进行了经济评价。还有些学者从社会学和心理学的角度出发，探讨了能源给整个社会带来的影响，认为能源的使用改变了人们的意识形态、文化思维和生活方式。

3. 探讨能源政策的制定和实施

学者们引入外部性理论和公共财政理论，针对能源产品外部性较强的特征，指出信息不充分、资金制约以及未来的不确定性等原因是私人部门自主进行节能行为的障碍，需由政府制定相关政策以推动私人向节能产品的投资。对一些已经实施能源政策的国家，从直接管制、经济激励等政策的实施效果等方面进行评价和分析，结果表明经济激励政策取得了相对较好的效果，并一致认为税收优惠将是未来能源政策的发展方向。

4. 运用数学模型进行定量分析

随着计量经济学的发展，研究已经不再局限于理论方面的定性分析，学者们更多地运用数学模型来分析和解释能源系统与经济系统之间的内在联系，并对能源政策实施的效果进行经济评价和比较。戴维（大卫）(David)采用 VAR(向量自回归模型)对能源、GDP、资本和就业之间的关系进行分析，得出能源与 GDP 和就业之间存在较强联系的结论。克拉夫特(Kraft)运用线性回归模型对能源与 GNP 之间的因果关系进行了分析，认为能源消耗与经济增长存在直接的关系；而阿卡雷卡(Akarca)和厄罗尔(Erol)运用同样方法却得出两者并不存在因果关系的结论；随后格拉苏瑞(Glasure)和约翰(John)选用多个国家的数据，运用 Granger 因果分析方法重新进行了检验，结果表明对于不同国家，能源消耗与经济增长之间的因果关系是不同的，当实施能源政策时两者会存在直接的因果关系。博塞茹尔(Beausejour、Zhang)和克里斯托弗(Christoph)采用 CGE 模型对能源税、CO_2 减排和经济增长之间的关系进行了研究，指出能源税在 CO_2 减排过程中起着关键的作用。施莱格尔米赫(Schlegelmilch)和乔根(Jorgen)采用一般线性模型对政府征收能源税的影响进行了分析，分析了征收能源税对不同能源价格及对节能投资的影响。

5. 深入到各个行业展开细化研究

随着能源经济学研究的进一步深入，在许多国家已经实施能源政策的基础上，学者们对能源问题已经从针对整个能源系统逐渐细分到各个行业领域进行专门研究。由于建筑节能在能源政策中具有重要的地位，因此对于建筑节能领域的研究文献众多，涉及方方面面，主要有：第一，从建筑物整体出发，针对建筑物的设计、施工、竣工和使用的全过程，利用全寿命周期法对总成本进行分析，指出节能建筑在总成本节约中具有的优越性；第二，利用收集的建筑能耗数据，采用定量分析法对建筑领域中能源政策实施的效果进行分析；第三，对正在建设或已经完成的建筑节能项目进行实证研究。

二、国内“能源—经济—环境”一体化系统研究现状

(一) 国内“能源—经济—环境”一体化系统研究现阶段概述

我国进行市场经济体制改革之后，国民经济进入快速发展阶段，但随着工业化和城市化水平的提高，能源短缺对经济增长的“瓶颈”制约以及能源消耗带来的环境污染问题逐步暴露出来并呈恶化趋势。中国政府对此给予了高度重视，制定了适合中国国情的可持续发展战略——《中国 21 世纪议程》，签署了《京都议定书》，并出台了一系列节能法规和制度以推动 CO_2 减排目

标的实现，为阻止全球气候变暖作出了巨大的努力和贡献。

国内学者在借鉴国外成熟经济理论的基础上，自20世纪80年代初期开始，对能源经济和能源发展展开了理论研究和探讨，已在能源在经济增长中位于核心地位、能源引发的环境污染问题和可持续能源发展战略等方面达成了共识。当前的研究热点主要是讨论如何将理论与现实相结合，探索一条适合中国国情的以节能、提高能源效率和开发可再生能源为主的可持续发展道路。集中于以下几个方面：

(1) 介绍国外发达国家能源政策实施的经验和教训，为中国能源政策的制定和实施提供咨询和建议。国外发达国家已经颁布实施了多种能源政策，并取得了良好的效果，而中国能源可持续发展的道路刚刚开始起步，若能详尽地分析国外成功政策制定和实施的条件，将其合理地本土化，有助于中国能源政策的制定和有效实施少走弯路，尽快赶上发达国家的节能水平。

(2) 运用数量经济方法和技术经济方法，对中国的能源系统与经济系统、环境系统之间的互动关系进行研究。李京文选用1949～1993年的数据，对中国GDP增长与能源消耗情况进行了分析；朱达运用回归模型，选择1980～1996年的数据，对中国能源需求进行了分类预测，并对化石能源燃烧产生的排放物进行了计量；郑玉歆和马纲运用CGE模型，对在中国征收碳税减排CO_2进行了成本分析；雷明构造了一张中国的资源—能源—经济—环境综合投入产出表，分析了征收环境税费对能源价格的影响。此外，还有众多学者运用不同的模型，从不同的侧面分析了能源—经济—环境系统的内在联系，以通过定量分析为能源政策提供实证并进行效果检验。

(3) 从宏观走向微观，着重于在不同行业和部门进行细化研究。在对能源发展和能源政策的走向达成共识之后，学者们从战略高度返回实际领域，针对不同行业、不同部门的自身特点，寻求合理、有效的节能措施。在建筑领域探讨得最为激烈的是住宅供暖计量收费机制的建立、太阳能建筑的开发利用以及建筑物围护结构和辅助设施中节能材料、节能技术的应用。

(二) 国内“能源—经济—环境”一体化系统研究的不足

与国外已经成熟的“能源—经济—环境”一体化系统研究相比，国内的“能源—经济—环境”一体化系统研究还存在诸多不足之处。

第一，起步较晚，尚处于学习和探索阶段。国外的经济学理论已经比较成熟，在其完善的市场经济条件下得到了合理而有效的应用，而中国目前的市场机制并不完善，仍存在许多计划体制的遗留问题，具有很强的不确定性，因此还有赖于在学习国外先进经验的基础上，结合中国特点进行理论创新和突破。

第二，能源政策的目标不同。由于地理、人口、经济、技术等多方面的原因，中国和其他国家的能源结构、能耗水平、人民生活现状和环境污染状况等存在较大差异，势必导致政策制定过程中考虑的因素及实现的目标不同，因此对问题进行研究分析的角度和看法各有特色。

第三，对经济激励政策领域的研究较少。目前国内主要集中于对节能技术领域的研究，缺乏对经济激励政策的重视程度，对中国如何利用经济激励政策推动节能工作的合理化建议较少，尚有待于在该领域进行深入研究和探讨。

三、国内外“太阳能建筑”的相关研究现状

（一）国外“太阳能建筑”的相关研究现状

早在20世纪30年代，美国就开始太阳房的试验研究，先后建成一批实验太阳房。

20世纪70年代，一些工业发达国家都将太阳房列入发展研究计划，到80年代世界上建成的太阳房超过万座。90年代后期，世界上又兴起一股“太阳屋顶”热，一些国家相继提出“1万屋顶”、“10万屋顶”和“百万屋顶”计划。近几年来，在发达国家已有相当发展水平的“零能房屋”，即完全由太阳能光电转换装置提供建筑物所需要的全部能源消耗，真正做到清洁、无污染，它代表了21世纪太阳能建筑的发展趋势，将太阳能建筑的发展推向一个新阶段。例如著名的德国弗赖堡太阳能城，其中的所有建筑完全利用太阳能采暖、发电，而不依赖常规能耗，真正实现了零消耗。目前该建筑群已正常运转了近十年时间，取得了良好的经济和社会效益。

（二）国内“太阳能建筑”的相关研究现状

我国太阳能与建筑结合的应用研究始于20世纪70年代末期。从1977年甘肃省民勤县建造的第一栋土坯太阳房开始，到目前为止，全国已推广普及太阳能建筑近2000万m^2，这些太阳能建筑包括农村住宅、学校、办公楼、商店、宾馆、医院等多种建筑物，且大多都分布在常规能源相对缺乏，经济相对落后的农村地区，在经济较发达、人口众多的大中城市却很鲜见。

我国太阳能与建筑结合的应用一直是以被动式太阳能建筑为主，太阳能热水器、被动式太阳房等一批产品和技术得到了较大的发展。从“六五”到“十五”每一次国家科技攻关计划，都列入了太阳能建筑相关项目，这些科研项目的攻关内容，涉及到被动式太阳房的各个领域，既有基础理论研究、模拟试验、热工参数分析、设计优化，又有材料、构件的开发和示范房屋及工程建设。

第四节　研　究　思　路

一、研究对象与研究方法

(一) 研究对象

本书的研究对象有五个：太阳能建筑、太阳能建筑市场、太阳能建筑市场的相关经济主体、太阳能建筑应用的激励机制和政策、太阳能建筑应用的投资模式。

1. 太阳能建筑是本书第一个研究对象

太阳能建筑是本书其他概念的逻辑基础，而且还是一个尚未明确的概念，只有对这个概念进行充分的研究，才能为随后的研究奠定坚实的基础。

2. 太阳能建筑市场是本书第二个研究对象

对太阳能建筑市场进行全面、系统而深入的研究，是本书不同与其他关于太阳能建筑研究最重要的区别，这充分体现了本书“能源—经济—环境”一体化系统研究的特色。

3. 太阳能建筑市场的相关经济主体是本书第三个研究对象

对太阳能建筑市场的分析，核心是分析太阳能市场的相关经济主体。现在制约太阳能与建筑实现一体化的主要因素，已经不再是技术，而是市场，是市场中相关主体对太阳能建筑的积极性不足。只有把握了相关经济主体的行为特征，才能为太阳能建筑应用政策的制定和实施提供科学的依据。

4. 太阳能建筑应用的激励机制和政策是本书第四个研究对象

这是本书的核心研究对象，也是本书研究的主要目的。本书对我国太阳能建筑应用的激励机制和政策的研究，既是建立在前三个研究对象的基础之上的，也是建立在国内外太阳能建筑应用激励机制和政策的对比研究的基础之上的。

5. 太阳能建筑应用的投资模式是本书第五个研究对象

这是本书的另一个核心研究对象，也是本书另一个主要的研究目的。本书对我国太阳能建筑应用的投资模式的研究，既是建立在对我国太阳能建筑市场相关经济主体的基础之上的，也是建立在国内外太阳能建筑应用的投资模式的对比研究的基础之上的。

(二) 研究方法

1. 多学科交叉研究法

充分借鉴国外成熟的多学科交叉研究法，将资源学、能源学、环境学、经济学、财政学、管理学、心理学等多个相关学科交叉进行研究，超越我国传统单学科研究的缺陷。

2. 理论与实际联系法

将相关理论与中国太阳能建筑发展的现状相联系，用理论指导实际，为中国太阳能建筑应用的激励机制和政策的制定奠定了坚实的理论基础，同时也在此基础上进行了深入的实证研究。

3. 国内外对比研究法

对比研究是发现问题、解决问题的重要方法之一。太阳能建筑在国外的发展水平比国内要高得多，而且国外在“能源—经济—环境”一体化系统研究方面也进入成熟状态，同时国外在可再生能源应用的激励机制和政策也积累了相当多的经验和教训。通过国内外的对比研究，既可以发展我国太阳能建筑应用的不足，也可以借鉴国外成功的经验。

4. 多种渠道搜集资料的方法

运用实地调查法、访谈调查法、内容分析法、既有资料分析法等多种调查方法全面准确地搜集反映我国和其他国家地区太阳能建筑发展现状及已出台的经济激励政策等方面的相关资料。

5. 静态分析和动态分析相结合的方法

对研究对象进行静态分析是获得清楚认知的有效手段，进行动态分析则是对研究对象本质的把握。本文从全局性、整体性和系统性的角度，运用实证分析方法对建筑节能经济激励政策的制定进行了静态和动态分析。

6. 定性分析和定量分析相结合的方法

将资料分类、整理和归纳之后，运用计量经济学、技术经济学和博弈论等方法，对拟定的建筑节能经济激励政策方案实施后可能产生的社会效益、经济效益和环境效益进行了定性和定量方面的分析，并对各方案进行了比较评价。

二、研究内容和逻辑框架

(一) 研究内容

发展太阳能建筑是建筑领域实施可持续发展战略的重要工作，本书对我国太阳能建筑应用的政策和市场运行模式进行研究，主要内容包括以下几个方面：

1. 太阳能建筑应用的政策和市场运行模式的理论基础研究

发展太阳能建筑是实施可持续发展战略在建筑领域的重要工作，当前，世界各国政府和人民都已对可持续发展达成理念和行动上的共识，而在可持续发展的框架下建立“能源—经济—环境”一体化系统，从能源、经济和环境协调发展的整体角度探讨人类发展过程中面临的难题，是推动社会进步和发展的根本途径。因此，可持续发展理论是太阳能建筑应用的政策和市场运行模式的理论基础之一。外部性是指企业或个人的行为给他人带来了利益而没有收取费用(正的外部性)及企业或个人的行为对他人造成了损害而没有予以赔偿(负的外部性)。能源在开发、运输和使用过程中对环境造成了污染而企业或个人支付的成本小于污染损失的社会成本，具有负的外部性。针对能源的负外部性，由于市场处理外部性问题是失效的，需由政府制订政策使之内部化，因此，外部性理论作为太阳能建筑应用的政策和市场运行模式的理论基础之二。但政府采用宏观调控手段进行市场干预的过程并不是完美无瑕的，有时也是具有缺陷的，即市场失灵和政府失灵都是客观存在的。在此情况下，社会公众将从自身利益的角度出发，自行选择是参与行动还是退出(即是遵守政策规定还是与之相违背)。政府在制定能源政策时就需要考虑公共选择问题，以确保最大限度地实现资源配置最优化，因此，公共选择理论作为太阳能建筑应用的政策和市场运行模式的理论基础之三。

2. 太阳能建筑定义与发展意义研究

目前，太阳能建筑还缺乏一个权威的定义，这对我国太阳能建筑的健康发展是不利的。

没有权威的太阳能建筑定义，国家针对太阳能建筑所制定的相关的标准就缺乏一个坚实的基础。而没有相关的标准和明确的太阳能建筑定义，所有关于太阳能建筑的激励机制和政策的制定和实施，也都缺乏统一的平台。

更为重要的，没有明确的太阳能建筑定义，所有关于太阳能建筑的研究事实上都是建立在一种虚拟的前提之上的。

虽然人们对于发展太阳能建筑的意义都有所了解，但是全面阐述太阳能建筑的发展对于我国的重要意义的研究，还没有深入开展。进行这种研究是十分必要的，只要从更深的层次上了解发展太阳能建筑对于我国社会经济发展的重要意义，政府、社会和用户对太阳能建筑的积极性才会显著提升。

3. 太阳能建筑应用的政策和市场运行模式的国内外对比研究

国内外对比研究，是发现我国太阳能建筑发展问题，进而寻找解决这些问题的重要途径。通过对比国内外太阳能建筑发展的状况，可以知道我国太阳能建筑发展的水平和发展的潜力。通过对比国内外太阳能建筑的激励机制和政策，可以发现我国制定和实施的太阳能建筑激励机制和政策所存在的不足，并了解不同的激励机制和政策对太阳能建筑的激励作用，还可以开拓思路，设计更有效的激励机制和政策。通过对比国内外太阳能建筑的投资模式，可以让我国突破现有投资模式的局限，通过创新，设计出更能推动我国太阳能建筑发展的投资模式。

4. 太阳能建筑评价体系研究

提出太阳能建筑评价体系对于推动我国太阳能建筑有着非常重要的作用：

首先，太阳能建筑正处于一种发展的初期，相对于使用常规能源的建筑在成本上有巨大的竞争劣势，但是它却能产生巨大的环境效益，因此，单纯的经济评价，难以全面地评价太阳能建筑的综合价值。只有建立一套全面的评价体系，才能使太阳能建筑的发展得到科学的评价，从而为宏观管理机构制定和实施相关的激励机制和政策提供依据。

其次，太阳能建筑处于迅速发展的时期，一旦技术或市场方面取得一定的突破，太阳能建筑的经济价值和环境价值就会发生巨大的变化，只有建立了一套全面而有效的评价体系，才能准确把握这种变化，从而为激励机制和政策的适时调整提供依据。

再次，由于太阳能随地区条件的不同而不同，只有建立一套评价体系，才能因地制宜地推动各地太阳能建筑事业的发展。

因此，本书要进行太阳能建筑评价体系的研究。

5. 太阳能建筑激励机制和政策研究

机制是指自然或社会系统的结构、功能和自然或社会现象的规律及其应用这些规律来实施相应调控的总称。太阳能建筑激励机制即是应用太阳能建筑市场与太阳能建筑激励政策的相互作用规律，推动太阳能建筑发展目标实施的过程。本书首先对中国太阳能建筑市场的相关经济主体的行为进行了分析；其次将经济学的最新研究——博弈论方法引入，对我国太阳能建筑发展目标实现过程中各利益主体的决策过程进行了动态博弈分析；然后，在经济学的理论基础上，探讨了太阳能建筑市场与太阳能建筑激励政策之间相互影响、相互作用的互动机理，对中国太阳能建筑的激励机制展开了深入的研究；最后，再针对我国目前太阳能建筑发展的实际情况设计具有可操作性的激励机制和政策。

6. 太阳能建筑投资模式研究

投资模式的选择对于一种新兴的产业具有决定性的作用。这种选择有时可以完全由市场自行进行，但有时就必须由政府与市场共同进行。太阳能建筑产业投资模式需要如何选择，是关系到太阳能建筑产业健康发展的关键问题，也是本书研究的重要内容。本书首先对我国太阳能建筑投资模式的现状进行全面的介绍，然后分析我国太阳能建筑投资市场面临的问题，接下来将认真研究国外先进的经验，最后再设计出有针对性的我国太阳能建筑产业发展的投资模式。

（二）课题逻辑框架

1. 绪论

这一部分的主要内容包括：研究背景；研究意义、研究目的和研究目标；国内外研究现状；研究对象与研究方法；研究内容与逻辑框架。

这一部分是本书研究的准备部分，解决如何研究的问题。

2. 太阳能建筑综述

这一部分的主要内容包括：太阳能建筑的定义；太阳能建筑的发展；适用于我国不同地区的太阳能建筑类型。

这一部分是本书的逻辑起点。

3. 我国能源基础对太阳能应用的影响

这一部分的主要内容包括：我国能源资源基础情况；我国太阳能资源分布情况；不同地区采用太阳能的经济与社会、环境效益分析；太阳能在我国能源利用未来发展的地位。

这一部分是本书的国情条件。

4. 太阳能建筑应用的政策与市场运行模式研究的理论基础

这一部分的主要内容包括：可持续发展理论；外部性理论；公共选择理论。

这一部分是本书的理论基础。

5. 太阳能建筑发展的国内外对比研究

这一部分的主要内容包括：国内外太阳能建筑发展状况对比研究；国内外太阳能建筑激励机制与政策对比研究；国内外太阳能建筑投资模式对比研究。

这一部分是本书研究的重要组成部分，是达到本书研究目的的重要依据。

6. 我国太阳能建筑评价体系研究

这一部分的主要内容包括：我国太阳能建筑发展现状案例评析；我国太阳能建筑评价体系基础问题研究；我国太阳能建筑评价体系的初步设计。

这一部分是后面研究成果的评价依据。

7. 我国太阳能建筑激励机制研究

这一部分的主要内容包括：我国太阳能建筑应用主体行为分析；我国太阳能建筑应用主体之间的动态博弈分析；我国太阳能建筑激励机制和政策相关理论研究；我国太阳能建筑激励机制和政策分析；我国太阳能建筑激励机制和政策的初步设计；我国太阳能建筑激励机制和政策的评价与选择。

8. 我国太阳能建筑投资模式研究

这一部分的主要内容包括：我国太阳能建筑投资问题分析；促进我国太阳能建筑投资的建议；我国太阳能建筑投资综合效益示例说明；太阳能建筑投资模式创新研究；我国太阳能建筑投资模式的初步设计。

这一部分和前一部分是本书研究的目的，它也是立足于前面研究的基础上的。

第一章 太阳能建筑综述

第一节 太阳能建筑定义研究

研究太阳能建筑问题，首先必须明确太阳能建筑的定义。

一、研究太阳能建筑定义的意义

到目前为止，关于太阳能建筑还缺乏权威定义，这不利于太阳能建筑的发展。本书对太阳能建筑定义进行研究，希望抛砖引玉，使太阳能建筑权威定义能够尽早确立，从而推动我国太阳能建筑事业发展。

（一）目前太阳能建筑缺乏权威定义的原因

太阳能建筑目前缺乏权威定义的原因有四点：

1. 许多人士认为太阳能建筑定义不言自明

这些人士认为，太阳能建筑，从字面上就可以知道其本质特点，不需要专门下定义。但是，这些人士对太阳能建筑本质的所谓的不言自明，实际上并不一致，这是因为，除去纯粹的地下建筑，其他建筑都与太阳能有关，都在接受太阳能，也都在利用太阳能，因此，如果不严格界定，必然导致一种说法，即所有可以晒到阳光的建筑都是太阳能建筑，而这显然又与大部分人心中不言自明的太阳能建筑是不吻合的。

2. 许多人士认为太阳能建筑就是原来通常所说的太阳房

在这种观点下，一些介绍太阳能建筑的文章，就将太阳能建筑的发展分成了三个阶段：被动式太阳房、主动式太阳房和“零能耗房屋”。“太阳房”一词源于美国，出现于人们开始使用玻璃建造房屋的时候。由于使用玻璃建造的房屋，其内部光线充足，人们感觉到阳光灿烂，就形象地称之为太阳房。如果太阳能建筑只是太阳房的新叫法，那么它实际上还不如后者来得形象，况且，“太阳房”一词，更多是人们一种约定俗成的词汇，即使太阳能建筑只是“太阳房”的新叫法，对“太阳房”也需要进行严格的定义。

3. 作为尚未成熟的新建筑难以定义

太阳能建筑还是一种新的建筑形式，人们还在探索之中，而且人们利用太阳能的技术水平也在不断地进步，在这种条件下，难以对太阳能建筑给出严格的定义。人类技术进步的过程，实际上包括两种状态，一种是创新的阶段，一种是完善的阶段。在前一个阶段，技术的进步表现为突破，不断出现新的技术，利用某类技术的商品的性质不断发生质的变化，这时对这类商品进行严格的定义是困难的，甚至是制约技术发展的，但是这个阶段所突破的技术未必都能转化为现实的生产力，大部分的技术只具有象征意义。而在后一个阶段，技术的进步主要体现在完善和成熟，可以转化为现实的生产力，技术的价值最终体现出来了。在这个阶段，利用某类技术的商品的性质正处于完善中，如果再不进行严格的定义，对于这类商品的市场化，就将造成巨大的损害，这是因为，没有严格的定义就不能形成严格的标准，而没有严格的标准就不能实现产业化和规模化，成本就难以迅速降低。

4. 太阳能建筑的定义涉及到不同的利益集团

太阳能建筑的定义涉及到不同的利益集团，不同的利益集团出于对自己利益的追求而提出了不同的定义和解释。例如，太阳能热水器行业，就认为只要安装了太阳能热水器的建筑，就可以被称为太阳能建筑。显然，任何社会都是不可能让所有的利益集团都按照自己的利益需要对一类商品进行定义，社会只能采取社会长远利益最大化的方式对一类商品进行定义。

（二）对太阳能建筑进行定义的必要性

1. 大力发展太阳能建筑是我国未来建筑发展的必然选择

我国目前经济发展正处于腾飞期，2003 年我国的人均 GDP 超过了 1000 美元，根据各发达国家经济发展的历程来看，在人均 GDP1000～10000 美元之间时，是经济的腾飞时期，日本和亚洲“四小”都是迅速实现了从人均 1000 美元到人均 10000 美元的飞跃。初步估计，我国在 2020 年，人均 GDP 可以超过 3000 美元，2050 年可以超过 10000 美元。而经济的腾飞时期正是建筑业发展最为迅猛的时期。但是，从能源的利用来看，我国进一步发展必将面临两大挑战：一是常规能源供应的日益短缺，二是常规能源对环境破坏日益严重。如果仍然走以常规能源建筑为主的老路，在常规能源严重短缺的大环境下，能源的供应就决定了建筑业难以真正腾飞，即使能源供应不成问题，环境问题也将严重限制建筑的发展。因此，要想真正促进我国建筑业的腾飞，就必须从现在起大力发展太阳能建筑，使之迅速产业化。而要使太阳能建筑迅速产业化，必须对太阳能建筑进行严格的定义。

2. 太阳能利用技术的进程已经到了需要完善的阶段

虽然，太阳能建筑仍然有许多技术难题没有取得突破，但相当多的技术已经具备了实用的条件，如“零能耗房屋”这种最高发展水平的太阳能建筑也已经在少数几个发达国家建成并投入使用，我国第一个全太阳能建筑也将在今年5月在北京市大兴区建成。这表明，为太阳能建筑制定标准的条件已经接近成熟。而制定标准是需要先对太阳能建筑进行定义的。

3. 只有进行了定义并制定了行业和产品标准才能吸引投资者

只有制定了相应的标准太阳能建筑才有可能被社会看成是一种有着远大发展前景的行业，各种投资者才会积极进入以期获得机会，各种相关的厂商才会积极进行研制、设计和生产。

4. 只有进行了定义并制定了标准才能制定和实施激励政策

只有制定了相应的标准，政府才有可能制定出切实可行的激励政策和相关的各种措施。太阳能建筑，在目前的市场环境下，还只能是环境效益大而经济效益小的产品，没有政府必要的激励政策和相关的各种措施的扶持，发展必然是缓慢的。标准制定低了，政府的负担过于沉重，而且还难以促使各家厂商改进技术、降低成本；标准制定高了，厂商的成本压力依然居高不下。

二、对太阳能建筑进行定义所面临的挑战和应对原则

对太阳能建筑进行定义，是一项复杂的工作，面临着较强的挑战性。

(一) 对太阳能建筑进行定义所面临的挑战性

1. 太阳能利用技术发展阶段的制约

太阳能利用技术还没有发展到完全成熟的状态，而且也无法排除近期取得重大突破的可能性。在这种发展的阶段中，简单的定义，是有可能制约太阳能建筑技术的健康发展的。

2. 建筑本身的差异

各种建筑的功能不同，能耗也不同。有的建筑，比如阳光充足地区的乡间的住宅，功能简单，能耗低，只要利用被动式太阳房的现有技术，可能就基本满足建筑的能耗要求；而大都市中心的摩天大楼，有上百层楼，里面工作着上万人，能耗巨大，可能即使采用最先进的太阳能利用技术，也只能满足一小部分能耗。从太阳能利用的技术水平来看，前者低而后者高，而从太阳能利用所发挥的作用来看，却是前者高而后者低。因此，用一个单一的标准是难以适应所有类型的建筑的，这使对太阳能建筑进行定义增加了难度。

3. 地域的差异

我国地域辽阔，气候千差万别，太阳能资源的丰富程度不同。在寒冷而潮湿的地区，可能即使将辐射到建筑上的所有太阳能，在现有的技术水平下全部利用，也难以承担主要的能源供应任务。而在炎热且干燥的地区，并不需要复杂的太阳能利用技术，就可以获得充足的能源供应。因此，用一个单一的标准是难以适应所有地区的建筑的，这也使对太阳能建筑进行定义增加了难度。

4. 目前积极开发太阳能的各个利益集团的利益平衡问题

任何技术的发展，都本着先易后难的规律，“先易”的技术也必然先市场化，从而积累了必要的开发资金再从事“后难”的技术研发。现在，我国的太阳能热水器技术相对成熟，生产厂家基本上可以在市场上自由竞争。建设太阳能建筑不可避免要与这些厂家打交道，如何既可以调动这些厂家的积极性，又能推动我国太阳能利用技术向高层次发展，也是一个相对困难的工作。

(二) 对太阳能建筑进行定义的原则

鉴于目前太阳能利用技术的发展状态，对太阳能建筑进行定义需要坚持如下原则。

1. 要坚持适度超前的原则

太阳能建筑是一种高科技的商品，再考虑到建筑本身的长寿命性，对太阳能建筑的定义应该具有一定的超前性。只有这样，才有可能促进我国太阳能建筑发展水平的提高，也才有可能实现大幅度降低建筑制造温室效应和空气污染的能力。

2. 要坚持可发展的原则

太阳能建筑是一种新的建筑形式，是一种不断发展中的建筑形式。随着太阳能利用技术的不断发展，随着太阳能产业的不断壮大，太阳能建筑的品质也会不断地提高，太阳能建筑的功能也会不断地丰富。因此，对太阳能建筑的定义也要不断的发展。实际上，太阳房的定义就在发展着，原来的太阳房的定义只是后来的被动式太阳房的定义，出现了主动式太阳房之后，太阳房的定义就实现了突破。太阳能建筑的定义也必然是这样，也就是说，现在对太阳能建筑进行的定义，只是现在条件下的定义。

3. 要坚持因地制宜的原则

太阳能建筑必然与太阳能发生联系，而我国各地的太阳能辐射是不同的，因此，对太阳能建筑进行定义必须适应各地太阳能辐射不同的实际情况。

三、太阳能建筑进行定义的思路

太阳能建筑必然是利用太阳能的建筑，对太阳能建筑进行定义的关键是对“太阳能利用”进行科学的界定。界定包括定性和定量两个层次。

(一) 对太阳能建筑概念中“太阳能利用”的定性界定

关于太阳能建筑对太阳能利用的界定，大体上有两种定性的界定方式：一是从利用方面来界定，一种是从供应方面来界定。

先看第一种界定方式。这种界定方式就是根据建筑所利用的太阳能的程度来界定是否是太阳能建筑。这种界定方式将遇到两个问题，一是所利用的太阳能的范围难以有效界定，二是利用的程度难以有效确立。所利用的太阳能的范围难以有效界定，源自三个方面：第一，各种建筑物在太阳能利用上往往存在着冲突，这在摩天大楼林立的大都市里表现得非常明显，一座摩天大楼必然遮挡其他建筑，这就使被遮挡的建筑的太阳能利用成了问题；第二，现在人们已经发明了一种接入式太阳能利用的技术，即通过光导纤维将光传递到别处，这样，太阳能建筑所利用的太阳能就不仅仅限于直接照射到其顶面和朝阳立面的太阳能；第三，太阳能电站等专门利用太阳能的场所所利用的太阳能及其转化形式必然需要向外输出，这样，其他建筑接收的这部分太阳能及其转化形式是否算是该建筑所利用的太阳能就成了问题。由于利用范围难以有效界定，利用的程度也就难以有效确立。而且，从理论上讲，即使扣除海洋和南极等地球表面，有人居住的陆地表面每年接受的太阳能也相当于40万亿t标准煤，是目前人类年能源消耗的5000倍，如果人类利用太阳能技术取得了突破，使有人居住的陆地表面接受的太阳能的利用率即使仅仅达到0.02%，就足以满足人类目前全部的能源需要。因此，从理论上讲，建筑只要利用了极少的太阳能就可以完全满足自身的运行需要，这就使从利用方面来界定太阳能建筑的价值大打折扣。综合来看，从利用方面来界定太阳能的利用，存在着诸多的不便之处，不是一种很好的定义方式。

再看第二种界定方式。这种界定方式就是根据建筑所利用的太阳能在总能耗中的地位来界定是否是太阳能建筑。这种界定方式也有两个问题，一是建筑总能耗的含义，二是外借太阳能转化形式的地位。目前，在界定建筑节能的含义时，存在着一种将太阳能利用归结为节能的倾向，如“零能耗房屋”这一概念就明显将太阳能的利用视为节能。如果不将节能的含义进行科学界定，则太阳能在建筑总能耗的地位就难以确立。如果将太阳能的利用看成是能源的供应而不是节能，则第一个问题就解决了。关于外借太阳能转化形式的问题，就是前面所说的太阳能利用范围问题的第三个问题，即若某建筑的电力是来自太阳能电站所发的电，这部分电力算不算是太阳能在总能耗中的供应。如果将这种能源的供应也算成是太阳能的供应，则第二个问题有就解决了。

上述两种界定方式比较起来，从供应方面来界定应该是更可行的。

(二) 对太阳能建筑概念中“太阳能利用”的定量界定

如果按照从供应角度来界定太阳能的利用，接下来的问题就是如何定量地界定。

运用定量方式进行定义，大体有三种方式：一种是下限定义方式，一种是上限定义方式，第三种是上下限定义方式。下限定义方式就是规定了下限，只有超过这个下限才属于这个概念的范围。上限定义方式就是规定了上限，只有低于这个上限才属于这个概念的范围。上下限定义方式就是既规定了下限，也规定了上限，只有在上限和下限之间才属于这个概念的范围。

对太阳能建筑进行定量定义，只能采用下限定义方式，这是因为：第一，目前人类还没有达到完全由太阳能提供建筑能耗的发展水平，即使人们正在研究的所谓“零能耗房屋”，在短时间内是无法普及的，太阳能在整个建筑能耗中还只能占一部分，因此，区别太阳能建筑和非太阳能建筑只能根据所利用的太阳能在整个能耗中所占的比重；第二，如果人类技术取得巨大突破，完全可以用太阳能解决人类全部建筑用能，设置上限是没有必要的。因此，只能采用下限定义方式。

采用下限定义方式来定量界定，大体有三种方式：绝对量界定方式、总量比重界定方式和项目比重界定方式。

先看第一种界定方式。所谓绝对量界定方式，就是以太阳能对建筑供应的最低绝对数量来表示界定，即该建筑所利用的太阳能只有达到某个数量时，才能被界定为太阳能建筑。这种方式的优点是标准简单、严格、便于核验。具体来看，这种方式还可以分成：一种是整幢建筑的太阳能供应下限界定，另一种是单位建筑面积的太阳能供应下限界定。但是确立一个绝对的数量，在建筑能耗增长日益迅速的时代，难以适应不断发展的情况。这不是一种很好的界定方式。

再看第二种界定方式。所谓总量比重界定方式，就是以太阳能对建筑的供应在总能耗中所占的比重的下限来界定，即太阳能对建筑的供应在总能耗中至少占多大比例之后，才能被界定为太阳能建筑。这种方式相对于前一种方式要复杂一些，但是它既克服了前者难以适应不断发展情况的弊端，也适合于不同的建筑采用统一的标准。相比而言，这是一种更好的界定方式。

最后看第三种界定方式。所谓项目比重界定方式，就是以太阳能对建筑的供应在建筑某一项能耗中所占的比重的下限来界定，即太阳能对建筑的供应在建筑某一项能耗中至少占多大比例之后，才能被界定为太阳能建筑。这种界定方式的优点是适合目前建筑利用太阳能只能在某些项目取得突破的现实，如太阳能热水器在供应建筑用热水方面所取得的进展。但是这种界定方式的界定面过于狭窄，而且完全可以通过第二种界定方式的合理确立下限获得同样的界定效果，因此，它不如第二种界定方式。

综合来看，总量比重界定方式是更可取的一种定量定义方式。

（三）太阳能建筑定义的初步设计

1. 太阳能建筑定义的初步表述

综合上述的分析研究，我们给出了一个太阳能建筑的初步定义：在现有太阳能利用技术和建筑技术水平条件下，所利用的太阳能对建筑的供应在建筑使用总能耗中至少达到一定比重的建筑。

在这个定义中，所说的“一定比重”，应该根据当前我国的太阳能利用技术和建筑技术水平条件来确立。一旦我国上述两项技术本身在以后取得了突破，或者上述两项技术的产业化在以后取得突破，这个比重数据就应该根据形势的发展而适当地调整。

当然，要使上述定义得以确立，还必须对建筑使用总能耗的定义进行必要的修改，改变将建筑对太阳能的利用视为建筑节能的错误看法。

2. 类似概念的再设计

为了将太阳能利用与建筑的结合工作推进下去，在定义了太阳能建筑之后，我们又提出一个类似的概念，就是太阳能化建筑，这个概念比太阳能建筑的要求要低，表示利用了一定的太阳能，但是还达不到定义所要求的比重的建筑。提出这个概念，对太阳能建筑形成了补充，可以照顾到大量达不到太阳能建筑要求但也利用了太阳能的建筑，使太阳能和建筑一体化的工作不至于由于太阳能建筑标准的过高而受到打击。在国家制定和实施激励太阳能和建筑一体化的政策和其他相关措施时，可以有两个层次，一方面提高我国太阳能建筑的水平，另一方面也促进我国建筑利用太阳能和建筑环保工作的全面开展。

第二节　太阳能建筑的历史、现状和趋势

由于本书对太阳能建筑进行了界定，并将传统意义上的太阳能建筑划分成“太阳能建筑”和“太阳能化建筑”两个层次，因此，在分析太阳能建筑历史和发展现状的时候，本书将“太阳能化建筑”一并考虑在内，统称为“太阳能建筑”。

一、太阳能建筑发展的历史

(一) 国外太阳能建筑发展的历史

太阳能建筑的最初发展类型是被动式太阳房。

被动式太阳房是指通过建筑方位的合理布置，通过窗、墙、屋顶等建筑

物本身构件的相互配合，以自然热交换的方式，使房屋取得冬暖夏凉的效果的建筑。被动式太阳房最基本的工作机理是所谓“温室效应”。被动式太阳房的外围护结构应具有较大的热阻，室内要有足够的重质材料，如砖石、混凝土，以保持房屋有良好的蓄热性能。

在20世纪30年代，美国就开始太阳房的试验研究，先后建成一批实验太阳房。20世纪70年代，一些工业发达国家都将太阳房列入发展研究计划，到80年代世界上建成的太阳房超过万座。

美国麻省理工学院(MIT)在20世纪初就开始研究太阳能利用，1947年就建造了一幢利用外墙蓄热取暖的住宅。20世纪50年代，太阳能利用领域出现了两项重大技术突破：一是1954年美国贝尔实验室研制出6%的实用型单晶硅电池；二是1955年以色列特伯(Tabor)提出选择性吸收表面概念和理论并研制成功选择性太阳能吸收涂层。这两项技术的突破，为太阳能利用进入现代发展时期奠定了技术基础。

自20世纪70年代世界性的石油危机爆发以来，能源危机给人们敲响了警钟，人们开始关注占国家全部能源消耗的30%～40%的建筑能耗问题。石油危机以后对建筑利用太阳能的重要性有了更深的认识。

太阳能采暖技术是一个古老的课题。对其研究的兴起始于1973年的石油危机，20世纪70年代末80年代初形成高峰。研究处于领先地位的是美国。1976年5月，美国在新墨西哥州召开了第一次被动式太阳能会议，此后每年举行一次，出版有丰富的会议文献。1972年开始出版发行被动式太阳能杂志。1976年，J. D. 贝尔孔伯(J. D. Balcomb)编出集热墙式被动暖房的模拟程序PASOLE，当年冬天，建立了并排的试验小室，并投入运行，利用试验结果对PASOLE进行了验证。1977年春，贝尔孔伯(Balcomb)等人利用验证的程序模拟分析了不同气象条件对热工性能的影响。根据模拟分析、小室试验和居室测试结果以及由此发展的一些简化计算、设计方法，于1980年出版了被动式太阳能设计手册。此外，美国还出版了许多实用的被动式太阳房建筑图集，既有成功的设计范例，也有对太阳房原理、构造的详细说明。比较著名的示范建筑有：位于新泽西州普林斯顿的凯尔布住宅(采用窗、附加阳光间和集热蓄热墙的组合式太阳房)；位于新墨西哥州科拉尔斯的贝尔住宅(主要采用水墙集取太阳能)；位于新墨西哥州科拉尔斯的戴维斯住宅

(空气集热器和岩石仓储热的自然对流环路系统)。这些工具书的发行和一些样板示范房屋的建设，对美国公众接受太阳房起到了很好的促进作用。

(二) 我国太阳能建筑发展的历史

我国的被动式太阳房研究工作起步较晚。第一幢被动式太阳房建成于1977年，地点在甘肃省民勤县，是一栋南窗直接受益结合实体集热蓄热墙的组合式太阳房。1979年太阳能学会成立。截至1997年底全国已经建成740万 m^2 的太阳房，主要分布在山东、河北、辽宁、内蒙古、甘肃、青海和西藏的农村地区。这些太阳房的建筑类型大部分为农村住宅，也包括学校、办公楼、商店、宾馆、医院、邮电所、公路道班房和城市住宅等，几乎覆盖了除工业用建筑物以外的所有民用建筑。在“六五”、“七五”、“八五”期间，国家科技攻关计划中都列入了太阳能建筑项目，这些科研项目的攻关内容涉及到被动式太阳房的各个领域，既有基础理论研究、模拟试验、热工参数分析、设计优化，又有材料、构件的开发和示范房屋及工程建设。

在基础理论方面，通过对太阳房传热机理的分析，建立了太阳房热过程的动态物理、数学模型，根据模型编制了模拟计算软件。利用计算软件及模拟试验验证，对影响太阳房热工性能的相关参数进行了灵敏度分析和优化计算，并在对已建成的试验和示范太阳房所作的大量试验、测试及工程实践的基础上，提出了优化设计方法，编写出版了适合我国国情的《被动式太阳房热工设计手册》。

在材料、构件的开发方面，我国的科技工作者除创造了花格蓄热墙、快速集热墙等新型的采暖方式外，对墙体、屋顶、地面的保温措施也因地制宜地创造了多种多样具有中国特色的形式。

在工程设计技术方面，形成了一整套有中国特色的被动太阳房设计技术，各省、各地区也有针对自己地域特点和居住习惯的设计技术措施。为指导设计，还相继出版了多册被动太阳房实例汇编和设计图集，如《被动式太阳能采暖乡镇住宅通用设计试用图集》等。此外，各地区也发行了适合本地特点的设计图集，如《甘肃省被动式采暖太阳房通用设计图集》、《内蒙古被动式采暖太阳房通用设计图集》、《内蒙古采暖太阳房建筑构造图集》等。

“六五”至“八五”的国家科技攻关项目，为被动式太阳房在我国的普及推广奠定了坚实的理论基础。1988～1998年是被动式太阳房从示范工程转向普及推广应用的阶段。该发展阶段的特点是以示范项目带动推广工程，据不完全统计，到1996年底，全国已建成不同类型被动式太阳房1.5万多栋，累计建筑面积在455万 m^2 以上。

二、太阳能建筑的发展现状

（一）国外太阳能建筑的发展现状

国外太阳能建筑已经发展到主动式太阳房阶段，更先进的“零能建筑”也已经出现。

主动式太阳房，是一种以太阳能集热器、管道、散热器、风机或泵以及蓄热装置等组成的强制循环太阳能采暖系统或与吸收式制冷机组成的太阳能供暖和空调的建筑。主动式太阳房所采用的太阳能供暖系统主要有：热风集热式供热系统、热水集热式地板辐射采暖系统、太阳能空调系统、地下蓄热式供冷暖系统等。

在主动式太阳房的研究领域，最早的主动式太阳房是20世纪40年代，美国麻省理工学院进行利用太阳能集热器作为热源的供暖、空调研究而建成的Ⅰ号到Ⅳ号实验太阳房。20世纪70年代以后，又有华盛顿近郊的托马森太阳房和科罗拉多州丹佛市的洛夫太阳房建成。这说明太阳能供暖、空调系统在技术上是完全可行的，但由于投资较大，推广普及程度不及被动式太阳房。直到20世纪90年代，开发出更加高效的太阳集热器和吸收式制冷机、热泵机组，应用范围才得以扩大。在美国，太阳能住宅称为建筑物一体化设计，即不再采用在屋顶上安装一个笨重的装置来收集太阳能，而是将半导体太阳能电池直接嵌入墙壁和屋顶内。太阳能电池能够在白天高峰时间内产生过剩的电能，从而形成电能储备，以供随时使用。根据一体化的设计思想，美国电力供应部和能源部合作正推出一项新型建筑部件。如住宅屋顶太阳能“屋面板”及用于商业性建筑正面的“窗帘式墙壁”。

美国是世界上能源消耗最大的国家，国会先后通过了《太阳能供暖降温房屋的建筑条例》和《节约能源房屋建筑法规》等鼓励新能源利用的法律文件。在经济上也采取有效措施，不仅在太阳能利用研究方面投入大量经费，而且由国会通过一项对太阳能系统买主减税的优惠办法。因此，美国太阳能建筑的发展极为迅速，无论是对太阳能建筑的研究、设计优化，还是材料、房屋部件结构的产品开发、应用，以及真正形成商业运作的房地产开发，美国均处于世界领先地位，并在国内形成了完整的太阳能建筑产业化体系。美国于1996年开始了一项“光伏建筑物计划”，共投资20亿美元。

日本在主动式太阳房的研究领域也处于世界前列。1974年日本通产省制订了“阳光计划”，并按此计划建造了数幢太阳能采暖空调试验建筑，如矢崎实验太阳房。而且多年来，日本的太阳能采暖、空调建筑一直稳步发展，许多大型建筑物上都已经应用了。如日本从1994年实施的“朝日七年计划”，到2000年将安装16.2万户房顶太阳能系统，总容量达18.5万kW。1997年又再次宣布实施“7万太阳屋顶计划”，光伏组件总安装容量280MW；据最新数据，到2001年底，日本国内已建设光伏系统5.2万套，光伏组件总安装容量312MW。

目前，德国每年生产的太阳能电池的发电能力为2.5MW，两个即将建立的太阳能电池生产基地产量将占世界太阳能电池需求量的三分之一。德国目前有2000多家经销太阳能住宅各种构件的商店，而5年前仅有120家。德国已建起了许多不同类型的太阳能建筑，其中主要的三种类型如下：

生态楼：柏林建筑了第一座生态办公楼。大楼的正面安装了一个面积为$64m^2$的太阳能电池代替玻璃幕墙，其造价不比玻璃幕墙贵。屋顶的太阳能电池负责供应热水。大楼的屋顶设储水设备，用于收集和储存雨水，储存的雨水用来浇灌屋顶上的草地，从草地渗透下去的水又回到储存器，然后流到厕所冲洗马桶。楼顶的草地和储水器能局部改善大楼周围的气候，减少楼内温度的波动。

太阳能房屋：这是一座能在基座上转动的跟踪阳光的太阳房屋，房屋安装在一个圆盘的座上。由一个小型太阳能电动机带动一组齿轮。该房屋底座在环形轨道上以每分钟转动3cm的速度随太阳旋转，当太阳落山以后该房屋便反向转动，回到起点位置。它跟踪太阳所消耗的电力仅为该房屋太阳能发电功率的1%，而所获得的太阳能相当于一般不能转动的太阳能房屋的2倍。

零能量住房：这种住宅100%靠太阳能，不需要电、煤气、木材或煤，也没有有害的废气排入空气中，保持周围环境空气的清新。这种房屋的设计，向南开放的平面是扇形平面，这样可以获得很高的太阳辐射能。其墙面采用蓄热能力较好的灰砂砖、隔热材料及装饰材料。阳光透过保温材料，热量在灰砂墙中存储起来。白天房屋通过窗户由太阳来加热，夜间通过隔热材料和灰砂砖墙来加热。

德国于1990年开始实施由政府投资支持、被电力公司承认的"1000屋顶计划"，提出"10万套太阳能屋顶"。

法国、澳大利亚、英国等发达国家也拥有相当先进的太阳能建筑应用技术。著名的集热蓄热墙采暖方式即是法国人菲利克斯·特朗勃(Felix Trombe)的专利，法国的奥代洛太阳房是该采暖理论转化为实际应用的第一个样板房。英国利物浦附近的沃拉西的圣乔治郡中学，则是直接受益式太阳房最大和最早的样板之一，尽管英国的太阳能资源并不丰富，该所中学安装的常规采暖系统却从未使用过。

(二) 国外住宅建筑太阳能应用状况

除了主动式太阳房的发展，国外的住宅建筑其他方面的太阳能利用也相当充分。

在国外不仅太阳热水器技术是一项广泛应用的成熟技术，光伏发电技术也有一定程度的推广和利用。

目前太阳热水器技术及推广应用较好的国家有奥地利、希腊、以色列、丹麦、德国、荷兰、澳大利亚、日本、美国等国家。这些国家每千人拥有太阳热水器的面积如表1-1所示。

2001年国外每千人拥有太阳热水器使用面积　　表1-1

国　家	面　积(m^2)	国　家	面　积(m^2)
奥地利	265	希腊	264
以色列	580	丹麦	60
德国	52	荷兰	13
澳大利亚	164	日本	58
美国	40	土耳其	95

为进一步扩大太阳热水器在建筑住宅中的应用市场，一些国家还制定了相关法律和政策。如以色列1982年出台了太阳热水器法规，规定凡是新建筑必须安装太阳热水器，否则政府不予批准建筑。1999年西班牙巴塞罗那市议会一致通过太阳能条例，2000年开始实施，市议会要求改造或新建的建筑必须强制安装太阳能设备。欧洲实施工程项目法，要求咨询机构、公共事业

单位和当地行政部门都参与把工程项目落实到当地建筑和市场中去的工作。德国和荷兰政府鼓励在建筑中应用可再生能源，其投资成本可由政府返还15％～30％。在建筑法规中引入太阳能规范，如希腊、西班牙的建筑规范中规定了利用太阳能的测试程序和发放标志证书。而澳大利亚则制定了购买使用太阳热水器的优惠政策。国外先进的技术及政策、法规对推动太阳热水器在建筑住宅中的应用起到了重要作用。

太阳光伏发电在建筑中的应用，是国外先进国家新能源开发的又一重点。欧美国家不仅在太阳光伏发电制造技术上处于领先地位，在应用上也大大领先于我国。美国白宫率先在建筑中安装太阳能发电和光伏设备。美国将进一步向学校、图书馆、私人住宅和各种公共建筑中推广，达到减少温室气体排放，带动新兴产业发展，创造新技术工作岗位等目的。为实施这一规划，还对建筑师的工作提出了新的要求，不仅要求建筑师了解太阳能技术，而且要自觉地参与太阳能技术在建筑中的推广应用。美国能源部为推动太阳热水器在建筑中的应用，提出了新思路，在太阳能研究计划中完成了题为“太阳能市场战略部署：新建住宅市场开发”的研究，并提出一个在住宅建设市场中销售太阳热水系统的总战略。该项目研究的内容为4部分：在新住宅行业中销售和推广太阳热水系统；太阳热水系统市场的综合评价；为对在新建住宅中销售太阳热水器业务感兴趣的商家创建一个总体的综合的太阳热水开发的战略布局；向住宅开发商推销和促销太阳热水系统应采取的促销资料和促销手段。

（三）我国太阳能建筑的发展现状

我国太阳能建筑的研究和应用还停留在第一阶段。“九五”期间，“太阳能空调”列入科技攻关计划，成功地建成了两座有一定规模的实用性太阳能空调系统，分别是：中科院广州能源所在广东省江门市建成的100kW太阳能空调系统，采用高效平板太阳能集热器、低温运行的两级吸收式制冷机；北京市太阳能研究所在山东省乳山市建成的100kW太阳能空调系统，采用热管式真空管集热器、中温运行的单级吸收式制冷机。新型的太阳能冷热并供系统同时提供空调和热水，系统总效率可高达88％，冬季单纯供热运行时，利用制冷机作热泵运行，可以增加产热20％～30％；系统减少了设备及泵耗，降低了造价和运行成本。太阳能空调及供热系统的成功，为第二阶段的主动式太阳房创造了条件。随着太阳电池不断提高效率、降低成本，利用光伏技术解决建筑物用电问题是切实可行的。

在我国发展第三阶段的太阳能建筑时机已经成熟。中科院广州能源所依靠其本身的技术，在其实验大楼正在建一座全部依靠太阳能供电、供热和供冷的示范性太阳能建筑。其中，应用全新概念的太阳能冷热并供技术（10kW示范系统），太阳能利用总效率高达80%以上。

当前，我国被动式太阳能房屋的技术已日臻成熟，我国被动式太阳房已进入规模普及阶段。主要表现在以提高室内舒适度为目标，由群体太阳能建筑向太阳能住宅小区、太阳村、太阳城发展。特别是常规能源相对缺乏，经济相对落后，环境污染比较严重的西部地区，发展速度更为迅速，有的地区年平均递增率达15%。各地还制订了包括推广太阳能建筑的阳光计划，比如投资额达4.28亿元的兰州市“阳光计划”，计划在郊区建73.3万m^2的太阳能住宅小区；甘肃省临夏市建成了占地9.8hm^2，建筑面积9.2万m^2的太阳能小区等大型工程项目。从“六五”至“八五”的国家科技攻关项目中。通过坚持不懈的努力，终于使国家“九五”重点攻关项目——“太阳能空调热水系统”在广东江门市投入实际运行。而这将是对节能、环保的积极贡献。

2000年10月，我国首座太阳能建筑系统样板房在常州天合铝板幕墙制造有限公司研制成功。该样板房的使用面积达90m^2，具有发电、节能、环保和增值功能，可提供生活、办公用电，最短使用时间期限为30年。它的建成，对我国大规模推广民用太阳能建筑意义重大。

（四）我国住宅建筑太阳能利用状况

我国太阳能利用取得显著成绩。太阳能光电保有量达到15MW，用于通信，铁路、公路信号电源、农村户用电源及无电地区光伏电站，解决无电乡镇、县城的用电问题；光电池年产量2.5～3MW，有几个生产规模较大的光电池生产厂正在建设中；发展最快的是太阳能热水器，太阳能热水器是以太阳照射为能源把冷水加热的一种转换装置，在家庭、宾馆等洗淋方面用途广泛。据悉，到2001年我国累计拥有太阳能热水器已达3100万m^2，居世界第一位。预计2015年全国家庭住宅太阳能热水器普及率可达20%～30%，累计将拥有2.32亿m^2。那么到2005年、2010年、2015年，可形成年节煤能力分别为 125 万 t、270 万 t、445 万 t 标准煤，同时可形成年减排 CO_2、SO_2和粉尘能力分别为 90 万 t、2.5 万 t、25 万 t 和 198 万 t、5 万 t、50 万 t 以及 320 万 t、9 万 t、90 万 t 以上，极大地改善环境，防止空气污染。如京郊农户的热水器达 32.74 万 m^2，用户 30 万，占总农户的 20%。经估算一台 1.2m^2 的太阳能热水器，其年能源效益约合 350kg 标准煤，相当于 900kWh 电能。而总节电能力可达 240 万 kWh。据报道，上海热水能耗约占燃料能耗的 60%，计 139.7 万 t 标准煤。那么依该地区太阳能资源，热水器性能，利用太阳能热水器可提供 60%的热水需求，其最大节能潜力可达 83.8 万 t 标准煤。若使 30%居民使用太阳能热水器，则有 25.14 万 t 标准煤之节能潜力，更主要的是减少直燃煤所致的环境污染。而广州某宾馆采用太阳能集热系统，晴天可依太阳能加热，阴天可自动转换电能加热的全天候热水器，可满足 150 多间客房 300 多位宾客饮用水及淋浴热水，取得年节电 14 万 kWh 的效益。多层建筑物太阳能热水系统，是当今住宅小区充分利用楼层的集热面积，可集中供热、全天供热水、耐冷热冲击、抗雹、防垢以及可实现自动控制并使楼宇美观，布局合理，极具节能、环保潜力。

目前我国在建筑住宅中应用的太阳热水器技术，主要有闷晒式热水器和循环式热水系统两大类。将集热器与储水箱合为一体的闷晒式热水器，结构简单、价格低廉，适合农村使用，市场占有率 5%左右。循环式热水系统的集热器有平板式太阳集热器、全玻璃真空管集热器，前者市场占有率高达 80%以上，并在大型建筑太阳能供热水工程中占主导地位。

为提高太阳热水器在住宅中应用的可靠性、全天候运行，在太阳热水系统中较多的采用了电辅助热源和自控技术。为解决冬季热水系统防冻问题，已开发出和正在开发双回路分体式热水系统，自动排空系统。自 1989～2002 年，我国共制定 10 项国家标准和 3 项行业标准，对保证住宅建筑中太阳热水器质量起到了重要作用。

三、太阳能建筑的发展趋势

（一）国外太阳能建筑的发展趋势

国外太阳能建筑的发展趋势首先是“主动式太阳房”成为太阳能建筑的主导产品并大规模开发，其次是“零能建筑”投入商业运营。

"零能建筑"，这种建筑由"太阳屋顶"提供全部建筑所需要的能量，一般在屋顶安装2～4kW太阳电池，且与电网并网。当晴好天气阳光充足时，太阳电池可满足一个家庭全部能量需要，富裕的电能可输送给电网；当天气不好阳光不足时，则由电网供电。有的建筑还装有太阳集热器，为建筑供热。由于目前太阳电池价格较高，普遍推广"零能建筑"还有困难。

关于主动式太阳房的大规模开发，美国"百万太阳能屋顶计划"是规模最大、涉及部门最多、正在逐步实现的项目计划。该计划是1997年6月克林顿总统对国会所作的关于环境和发展的报告提出的，是美国面向21世纪的一项由政府倡导、发展的中长期计划。该计划的目标是：到2010年将安装101.4万套太阳能住宅(包括联网屋顶光伏系统和太阳能供热系统)，光伏组件的总装机容量达302.5万kW，届时，系统的建设成本可降到2美元/W，电价可降到7.7美分/kWh，年减排CO_2 351.1万t，总计可增加就业7.15万人。欧盟也计划在2010年建成50万套太阳能屋顶。英国政府也推出"百万幢绿色能源建筑"。

如果上述计划都顺利实现，将极大促进太阳能建筑的发展。主动式太阳房，甚至"零能建筑"都可以实现与常规能源建筑的有效竞争。

(二) 我国太阳能建筑的发展趋势

综合考虑我国的社会经济发展水平，被动与主动相结合是太阳能建筑现实的发展方向。

建筑物空气温度调节消耗着大量的能量。在我国，它要占到建筑物总能耗的70％左右。用空调机和燃煤来控制室温不仅消耗能量，带来外界的环境污染，而且并不能给室内人员带来健康的环境(虽然暂时它是舒适的)。在太阳能用于采暖方面，除造价较低的被动式太阳房有一些示范型建筑外，还没有大规模地采用。主动式太阳房供能由于成本更高，与我国的经济发展也不相适应。因此，应采取建筑供能的主动与被动相结合的思想及太阳能与常规能源相结合的思想。按照房间的功能，采用不同方案的配合及交叉，这样可以大大降低太阳能用于建筑供能的一次投资和运行成本，使得整个方案在商业化的意义下具有可操作性。

被动采暖与降温的意义在于使建筑本身能量负荷大大降低(节能率约

70%)，使其所要求主动供能装置提供的能量大大降低。也就是说，它将对昂贵装置的要求降低。另外，被动供能是巧妙利用自然条件的变化来调节室内温度，而主动供能的意义在于保障建筑室内的舒适性增加。

在主动与被动供能相互配合组成供能系统的情况下，整套建筑供能系统的设备性能将会提高，而尺寸和造价将会降低。太阳能主动供能与被动供能技术相结合，太阳能与常规能源相结合是实现建筑绿色供能可商业化的发展方向。

第三节　适用于我国不同地区的太阳能建筑类型

一、太阳能建筑类型的选择

(一) 太阳能建筑类型选择的考虑因素

各地选择太阳能建筑类型，需要认真考虑两个因素：一是自身社会经济发展水平，二是太阳能资源情况。

西部是欠发达地区，同时也是太阳能资源丰富的区域。因此，仍然应以被动利用太阳能建筑为主，加强集热、蓄热、导热等材料和技术的研发与推广。

而对于经济发达的沿海地区，夏季炎热、冬季阴冷，又具有冬季采暖、夏季空调的生活需求和经济能力。因此，应积极扩大综合利用太阳能建筑新技术的投资优势，并作为实施太阳能或水源热泵等采暖空调技术示范建筑的首选地区。

(二) 太阳能建筑主要技术类型比较

在对太阳能建筑的主要技术类型从产生时间、发展水平、技术复杂程度、使用过程中是否需要附加设备、效益、造价、发展前景等进行综合的考察(详见表 1-2)后得出，在现代建筑走向太阳能建筑的过程中，我们首先应该选择造价低，不需附加设备的技术，如被动式的太阳能利用技术；其次选择高效的成熟技术，如太阳能热水技术；最后选择复杂程度高的拥有广阔发展前景的技术，如太阳能发电技术。这样在太阳能建筑的推广中才能按部就班、循序渐进，走出一条切合实际的发展道路。

太阳能建筑的主要技术类型比较　　表 1-2

主要技术类型	产生时间	发展水平	复杂程度	效率效益	附加设备	造价水平	发展前景
被动式太阳能利用技术	较早	成熟	较成熟	较高		低	较好
太阳能热水技术	晚	成熟	较复杂	高	是	较高	好
太阳能发电技术	晚	不成熟	极复杂	高	是	高	好

二、被动式太阳房

被动式太阳房最基本的工作机理是“温室效应”。被动式太阳房的外围护结构应具有较大的热阻，室内要有足够的重质材料，如砖石、混凝土，以保持房屋有良好的蓄热性能。

被动式太阳能建筑的最大优点是经济，施工和维修较简单，无需鼓风机、水泵、管道等，使用寿命长，没有噪声。缺点是对温度变化反应太慢，这是因为被动式太阳能建筑的吸热、蓄热系统和建筑物组成一体，不能单独控制的缘故。

被动式太阳房是适合于我国广大农村地区的太阳能建筑类型。按采集太阳能的方式区分，被动式太阳房可以分为以下几类：

(一) 直接受益式被动式太阳房

直接受益式被动式太阳能建筑(图 1-1)，是利用南窗直接接受太阳的辐射能，太阳辐射通过窗户直接照射到室内地面、墙壁及其他物体上，使它们表面温度升高，然后通过自然对流换热，用部分能量加热室内空气，另一部分能量储存在地面、墙壁等物体内部，使室温维持在一定水平。采用这种方式的太阳房，由于南窗面积较大，应配置保温窗帘，并要求窗扇的密封性能良好，以减少通过窗所造成的热损失。窗应设置遮阳板，以遮挡夏季阳光进入室内。

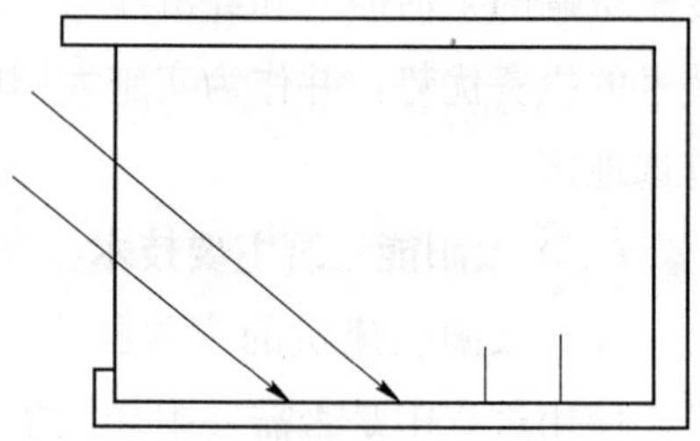

图 1-1　直接受益式太阳房

受城市规划要求、建筑外形设计及施工难易程度等多种因素影响，直接受益式被动式太阳能建筑在我国应用的最多。该种结构昼夜温度波动大，白天温度较高，晚上较低，适合商店、学校推广。

（二）集热蓄热墙式被动式太阳房

集热蓄热墙式被动式太阳房(图 1-2)实际是在建筑南墙建造一个平板型空气集热器，受热空气循环到室内，达到提高室温的效果。该种结构复杂，成本高，外形不美观。这种太阳房主要是利用南向垂直集热蓄热墙吸收穿过玻璃采光面的阳光，通过传导、辐射及对流，把热量送至室内。墙的外表面涂成黑色或某种深色，以便有效地吸收阳光。集热蓄热墙的形式有：实体式集热蓄热墙，花格式集热蓄热墙，水墙式集热蓄热墙，相变材料集热蓄热墙，快速集热墙等。

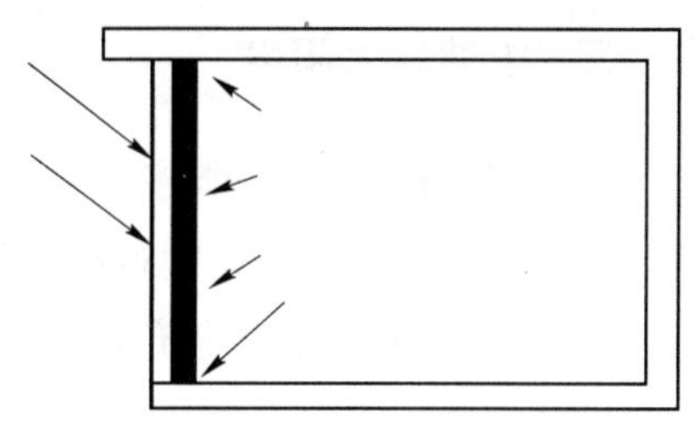

图 1-2　集热蓄热墙式太阳房

（三）附加阳光间式被动式太阳房

附加阳光间式被动式太阳房(图 1-3)是在普通住宅南面建造一个玻璃阳光间，阳光间受热后，通过对流交换将室内空气加热。阳光间附建在房屋南侧，其围护结构全部或部分由玻璃等透光材料构成。与房间之间的公共墙上开有门、窗等孔洞。阳光间得到阳光照射被加热，其内部温度始终高于外环境温度。所以既可以在白天供给房间以太阳热能，又可在夜间作为缓冲区，减少房间热损失。

此种类型适用于民用住宅。

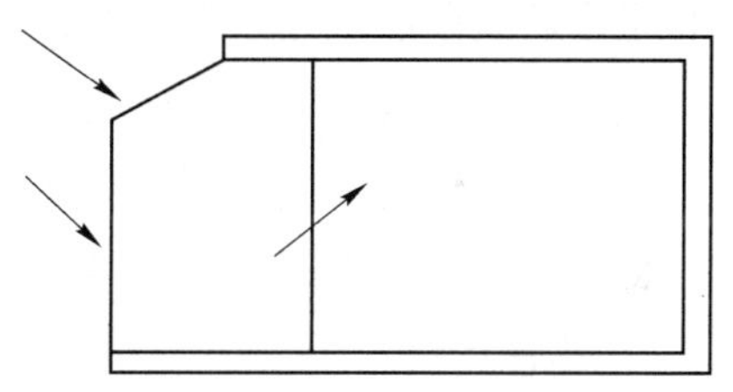

图 1-3　附加阳光间式太阳房

（四）屋顶池式被动式太阳房

屋顶池式太阳房兼有冬季采暖和夏季降温两种功能，适合冬季不甚寒冷，而夏季较热的地区。用装满水的密封塑料袋作为储热体，置于屋顶顶棚之上，其上设置可水平推拉开闭的保温盖板。冬季白天晴天时，将保温板敞开，让水袋充分吸收太阳辐射热，水袋所储热量，通过辐射和对流传至下面房间。夜间则关闭保温盖板，阻止向外的热损失。夏季保温盖板启闭情况则与冬季相反，白天关闭保温盖板，隔绝阳光及室外热空气，同时用较凉的水袋吸收下面房间的热量，使室温下降；夜晚则打开保温盖板，让水袋冷却。保温盖板还可根据房间温度、水袋内水温和太阳辐照度，进行自动调节启闭。

三、主动式太阳房

(一) 主动式太阳房概述

主动式太阳能建筑是通过高效集热装置来收集获取太阳能，然后由热媒将热量送入建筑物内的建筑形式。它对太阳能的利用效率高，不仅可以供暖、供热水，还可以供冷，而且室内温度稳定舒适，日波动小，在发达国家得到一定应用。但因为它存在着设备复杂，先期投资偏高，阴天有云期间集热效率严重下降等缺点，在我国目前尚未得到推广。

主动式太阳能建筑是由太阳能集热器、热水箱、循环泵、散热器、控制器和贮热器等组成的采暖系统或与吸收式制冷机组成的太阳能空调建筑。它与被动式太阳能建筑一样，围护结构应具有良好的保温隔热性能。太阳能供热系统可以用空气，也可以用水作为热媒，两者各有利弊。热风式集热器较便宜，热交换次数少，但集热用循环动力较大，风道和蓄热装置占据的空间也大。太阳热水集热器技术较复杂，价格较高，但综合考虑优点较多，所以仍将是今后太阳能供热系统的主要方式。

随着科技的发展，国内外在太阳能的利用方面开展了多方面的研究，使主动式太阳能建筑的优势更加明显。下面就最新的研究进展进行一下总结。

(二) 主动式太阳房的主要系统

1. 热管集热器

热管是1964年前后才付诸实用的具有很高热传输性能的元件，它集沸腾与凝结于一体。一般热管是由管壳、管芯(起毛细管作用的多孔结构物)和工作液组成的一个封闭系统。当在一端加热时，管内的液体蒸发，过量的蒸气在管的另一端冷凝，冷凝液借助在毛细芯截面中的毛细力返回到加热端。在某些太阳能采暖应用中，冷凝液的返回能够通过重力流动来实现。由于热管内的蒸发、冷凝过程几乎是在等温、等压下进行的，所以热管能在非常小的温差下从内部传递热量，对重力辅助热管，假如冷凝段在下而加热段在上，则工质液体回流中断。因此，热管具有控制热流方向的“热二极管”的作用。

热管式集热器与传统集热器比较，具有以下优点：

(1) 用热管传输热量，可避免普通集热器存在的集热管冬天晚间结冰问题。

(2) 由于重力辅助热管的“热二极管”的作用，热量只能从吸热板向换热器输送，能防止晚上或阴天时的倒流散热。

(3) 热容小，启动性能好。

2. 相变材料蓄热

由太阳能集热器得到的热收益为 Q，需要的热负荷为 L，当 $Q>L$ 时，多余的热能可储存在蓄热装置内；当 $Q<L$ 时，不足的能量可由贮热装置供应一部分，其余部分则由辅助能源补足。

相变材料在从固态转变为液态的过程中贮存热量，在相反过程中释放热量。当热传入蓄热器时，相变材料熔化；当热从蓄热器释放时，相变材料凝固。相变蓄热器比显热蓄热器更紧凑，这使得安装蓄热器时有较大的灵活性，并可以减少保温要求。

使用液体传热介质的太阳能采暖系统需要附加一个换热器，热由相变材料传到流过的水中被释放出来，然后热水再通过散热器加热空气。

当太阳能收集较少或温度过低时，使用辅助热源起补充作用。连续阴天和阳光不充足时，就只能依靠辅助热源保证采暖系统正常运转。

3. 太阳能热泵采暖系统

太阳能热泵采暖系统是利用集热器进行太阳能低温集热，然后通过热泵，将热量传递到温度为 35～50℃的采暖热媒中去。冬季太阳辐射量较小，环境温度很低，使用热泵则可以直接收集太阳能进行采暖。在太阳能资源丰富的地区可将太阳能集热器直接作为热泵系统中的蒸发器，换热器作为冷凝器，以克服环境温度低时，空气源热泵性能下降的问题，可以得到较高温度的采暖热媒，且制冷性能系数(COP)较大。

太阳能热泵采暖系统主要特点是花费少量电能就可以得到几倍于电能的热量，同时可以有效地利用低温热源，减少集热面积。这是太阳能采暖的一种有效手段。若与夏季制冷相结合，应用于空调，它的优点更为突出。

4. 太阳能低温热水地板辐射采暖

地板辐射采暖是配合太阳能采暖的最好的一种形式，地板辐射采暖是把系统管道埋于地下，靠整个地面和室内的热交换来使采暖房间达到设计温度。由于地板辐射采暖其散热面积大，而且主要的热交换方式为辐射换热，增加了人员的舒适性，所以，地板辐射采暖要求的供水温度比较低，一般低于 40℃，而且目前地板辐射采暖，其做法通常是利用 3～5cm 的豆石砂浆作填充层，使地面本身就是一种蓄热结构，增加了系统的热惰性。因此，不论从地板辐射采暖的使用条件，还是其结构特点，都特别适合与太阳能结合使用。

5. 太阳能集中供热系统

太阳能集中供热系统也是一种主要的主动式太阳房的应用形式，它可以分为短期蓄热集中供热系统（CSHPDS）和季节性蓄热集中供热系统（CSHPSS）。短期集中太阳能供热主要应用于别墅型住宅、城镇医院、小型旅馆、老年公寓、集体宿舍和体育馆等，这种系统在夏季可以提供80%～100%的生活热水，全年提供10%～20%的室内采暖和生活热水负荷，国内日益增多的热水供应工程可以归入此类。季节性蓄热太阳能集中供热系统主要用于超过100套别墅住宅的小区，通过季节性大型蓄热设备可以弥补太阳辐射强度在冬季的不足，全年可以提供50%的供热和生活热水负荷，国外已有该种运行系统。

第四节　太阳能在建筑中的应用概述

关于太阳能在建筑中的利用方式，主要分为两类：太阳能光—热利用，太阳能光—电利用。前者技术相对成熟，又可分为太阳能热水系统、太阳能供暖系统、太阳能空调系统等；后者利用光生伏打效应直接将太阳能转化为电能。

一、太阳能光热利用概述

（一）太阳能集热器

太阳能集热器是将太阳能转换为热能的装置，其性能的优劣对整个太阳能系统影响很大。目前太阳能集热器主要分为聚光式和非聚光式。聚光集热器能将阳光会聚在面积较小的吸热面上，可获得较高温度，但只能利用直射辐射，且需要跟踪太阳，聚光式又可分为反射式和折射式；非聚光集热器能够利用太阳辐射中的直射辐射和散射辐射，集热温度较低，非聚光式目前又可分为平板式和真空管式。

聚光型集热器主要应用在高温利用上，如太阳能热发电系统，造价比较高，系统复杂；非聚光型集热器是目前应用最为广泛的集热器形式，主要应用在热水、供暖、空调、干燥等系统中。

1. 反射式聚光型集热器

在反射式聚光集热器中应用较多的是旋转抛物面镜聚光集热器(点聚焦)和槽形抛物面镜聚光集热器(线聚焦)。前者可以获得高温，但要进行二维跟踪；后者可以获得中温，只要进行一维跟踪。这两种聚光集热器在20世纪初就有应用，几十年来进行了许多改进，如提高反射面加工精度，研制高反射材料，开发高可靠性跟踪机构等，现在这两种抛物面镜聚光集热器完全能满足各种中、高温太阳能利用的要求，但由于造价高，限制了它们的广泛应用。

2. 折射式聚光型集热器

利用光的折射原理可以制成折射式聚光器，但玻璃透镜比较重，制造工艺复杂，造价高，很难做得很大。所以，折射式聚光器长期没有什么发展。20世纪70年代，国际上有人研制大型菲涅耳透镜，试图用于制作太阳能聚光集热器。菲涅耳透镜是平面化的聚光镜，重量轻，价格比较低，也有点聚焦和线聚焦之分，一般由有机玻璃或其他透明塑料制成，也有用玻璃制作的，主要用于聚光太阳电池发电系统。

3. 平板型集热器

平板集热器分以下几类：一是按工质分，有空气集热器和液体集热器，目前多为液体集热器。二是按吸热板芯材料分，有钢板铁管、全铜、全铝、铜铝合金、不锈钢、塑料及其他非金属集热器。三是按结构分，有管板式、扁盒式、管翅式、热管翅片、蛇形管式集热器，还有带平面反射镜集热器盒的逆平板集热器。四是按盖板类型分，有单层或多层玻璃、玻璃钢或高分子透明材料、透明隔热材料集热器等。目前，国内外比较普遍使用的是全铜集热器和铜铝复合集热器。

平板集热器主要由以下四部分组成：

(1) 吸热体。吸热体是一块带有传热流体流动通道的金属薄板。板上有选择性吸收涂料，用以吸收太阳能，转换为热能，并传给吸热液体。

(2) 壳体。壳体由金属板、塑料或玻璃钢等材料制成，用来封装和保护吸热体，并与透明盖板和隔热材料一起组成封闭的扁盒。

(3) 透明盖板。在吸热体的上方，壳体的顶部，盖有一层或几层能够透过太阳辐射的盖板，此盖板可以阻止低温长波辐射，形成温室效应，同时减少对流损失。

(4) 隔热材料。隔热材料填充于吸热体的背部和侧面，减少吸热体向周围环境的传导热损失。

4. 真空管型集热器

真空管集热器分以下几类：全玻璃真空集热器、玻璃—U形管真空集热器、玻璃—金属热管真空集热器及贮热式真空集热器。全玻璃真空集热管结构简单，制造方便，可靠性强，成本低，具有许多突出的优点。它像一个拉长变细的暖瓶，有一个一端封闭的内玻璃管和一个同轴的外玻璃管、外玻璃管的开口端熔封在一起，而其管间的夹层抽成高真空，并封入带支架的吸气剂，一方面支撑内玻璃管的封闭圆头，另一方面当吸气剂扩散后吸收真空集热管在存放及工作过程中所释放的微量气。选择性吸收涂层沉积在内玻璃管的外表面，提高了对可见光区的吸收率，降低了红外光区的发射率。真空管太阳集热器可以在中、高温下运行，也能在寒冷地区的冬季及低日照与天气多变地区运行，扩大了应用领域。

(二) 太阳能热水系统

利用太阳能为人们的生产、生活提供热水的系统称之为太阳能热水系统。太阳能热水系统也是太阳能供暖、制冷等太阳能应用系统的基础。

按照集热器的不同，我国目前应用较多的三种类型为：闷晒式、平板式和真空管式。

太阳能热水系统的运行方式是指传热、蓄热工质在容器、管路内的流动情况、设备的工作原理等。一般可以分成整体式、循环式、直流式。

1. 整体式

整体式热水系统的特点是集热器与蓄热水箱合为一体，具有结构紧凑，设备简单，运行管理方便，造价低廉的优点，是一种深受用户欢迎、易于推广的家用热水系统。由于集热和储存热水都是在同一容器内进行，所以解决集热和保温的矛盾也是关键。能够运行整体式系统的热水器有两类：闷晒式热水器和储热式真空管热水器。

2. 循环式

按照形成水循环的动力，循环式又可分为自然循环式和强制循环式两种。

(1) 自然循环式

自然循环式热水系统中水的循环动力是靠管路内冷热水密度和液位差不同而产生的热虹吸压头来维持的。热水器中的水被太阳能加热后体积膨胀，密度减小，压强降低而上升。水箱下部的冷水由下循环管流入集热器，将被加热的水顶入水箱，不断循环。经过一段时间，整个水箱内的水就被加热到可以使用的温度。由于循环依赖于虹吸压头，所以热水箱必须高于集热器的上集管。能运行自然循环式系统的热水器包括平板式热水器、全玻璃真空管热水器和热管真空管热水器等。

(2) 强制循环式

强制循环系统是利用水泵在集热器和储热水箱之间建立循环。例如当集热器的上集管水温比水箱底部温度高若干度时，温控器启动水泵进行循环。反之，当两处的温度低于某限定值时，水泵停止运行。如此不断循环，最终将储热水箱内的水全部加热。管路中单向阀的作用是防止夜间水倒流，从而减少热损失。强制循环系统比较复杂，系统运行时还需要一定的电能提供循环动力，适于大面积应用。

3. 直流式

直流式热水系统中的水只通过集热器一次就被加热到所需温度。直流式热水系统的工作原理是当集热器出口温度达到预定温度时，集热器出口处的温度灵敏开关打开，热水被自来水顶入储水箱。当集热器出口温度下降时，温度灵敏开关立即关闭，停止供水。直流式热水系统所采用的热水器包括平板式热水器、同心套管式真空管热水器和U形管真空管热水器等，由于独特的运行原理，集热管可以任意角度放置，灵活性较大。

(三) 太阳能建筑空调系统

1. 太阳能建筑空调系统的优点

太阳能制冷具有以下几个优点：首先是节能，据统计，国际上用于民用空调所耗电能约占民用总电耗的50%。太阳能制冷用于空调，将大大地减少电力消耗，节约能源；其次是环保，根据《蒙特利尔议定书》，目前压缩式制冷机主要使用的CFC类工质因为对大气臭氧层有破坏作用应停止使用(美、欧等已停止生产和使用)，现在各国都在研究CFC类工质的替代物质及替代制冷技术。太阳能制冷一般采用非氟氯烃类物质作为制冷剂，臭氧层破坏系数(ODP)和温室效应系数(GWP)均为零，适合当前环保要求。

2. 太阳能制冷的途径

人们在太阳能制冷这一领域已进行了大量的研究工作，提出了各种不同的制冷方法，取得了一定的进展。实现太阳能制冷有两条途径：一是太阳能光电转换，以电制冷；二是太阳能光热转换，以热制冷。前一种方法成本太高，应用较少，以目前太阳电池的价格来算，在相同的制冷功率情况下，造价约为后者的4～5倍，所以目前普遍采用以热制冷。

3. 太阳能制冷研究的发展方向

太阳能制冷研究主要在三个方向上进行，即太阳能吸收式制冷、太阳能吸附式制冷和太阳能喷射式制冷，以这三种制冷方法为基础，或综合或增强，又延伸出一些新的制冷方法。其中吸收式制冷和喷射式制冷都已经进入了应用阶段，吸附式制冷还处在研究阶段。另外，太阳能压缩式制冷也得到过应用，但它是利用太阳能加热通过集热器的低沸点介质，经汽化后通入汽轮机驱动制冷机制冷。从制冷的角度上讲与普通的制冷系统没有原则上的区别。压缩式制冷要求集热器温度高，且集热器复杂、投资高，而工作的性能系数并不高，故目前使用的不多。

二、太阳能光伏系统

太阳能光伏系统的基础是太阳能电池，主要用途是太阳能电池方阵与建筑的结合。

(一) 太阳能电池

太阳能电池属于半导体光电器件，它将光能转化成电能，其基本的工作原理是光电转换原理和P—N结光生伏特原理。

太阳能电池可以分为单晶硅、多晶硅和非晶硅，另外还有利用其他化合物如硫化镉、砷化镓等的化合物半导体太阳能电池。单晶硅太阳能电池的转换效率实验室水平可以达到24%，产品效率在15%左右。随着技术的进步，性价比越来越高。太阳能电池组件通过连接组成太阳能电池方阵，应用于独立的光伏发电系统。

(二) 太阳能户用光伏系统

太阳能户用光伏系统是太阳能电池方阵与建筑的结合，为建筑物提供清洁的电能。太阳能户用光伏系统可以分为两种，一种是独立户用光伏系统，另一种是联网户用光伏系统。

独立户用光伏系统中，太阳能电池方阵与蓄电池共同使用，以便储存电能和维持供电的持续性。目前常采用的蓄电池种类有铅酸免维修蓄电池、普通铅酸蓄电池和碱性镍镉蓄电池三种。由于独立光伏系统必须配备复杂的储能系统，使其应用受到很大影响。

联网户用光伏系统不需要蓄电池，因此节省投资且对环境不造成污染。与附近电网连接，不仅能够为建筑提供电能，太阳能电池方阵所发电力不足建筑用电时，电网向建筑物提供电能，太阳能电池方阵发电有剩余时还可以将富余电能送上电网。太阳能联网户用光伏系统的优势有：建筑物能为光伏系统提供足够的面积，不需另占土地；能省去光伏系统的支撑结构，省去输电费用；光伏阵列可代替常规建筑材料，节省材料费用；安装与建筑施工结合，节省安装成本；分散发电，避免传输和分电损失(5%～10%)，降低输电和分电投资和维修成本；由于有光伏方阵和公共电网同时给负载供应电力，从而增加了供电的可靠性；光伏系统不必配备蓄电池作为储能装置，这样，可以降低系统造价，也可免除维护和定期更换蓄电池的麻烦；夏季，由于空调、制冷、电扇等设备的开动，形成用电高峰，而这时也正是光伏方阵发电最多的时期，联网光伏系统可以对公共电网起到一定的调节作用；联网系统中光伏方阵所发电力除供给负载外，若有多余，可反馈给电网。在阴雨天或在夜晚，负载可随时由电网供电。

无论是独立系统还是联网系统，太阳能电池方阵与建筑物的结合都是很重要的问题。如能将光伏组件与建筑材料一体化，用光伏组件代替屋顶、窗户、遮阳板、屋檐、护围栏和外墙(特别是价格不菲的幕墙玻璃)材料，形成光伏与建筑材料集成(BIPV)产品，既可以当建材，又能发电，这样就能进一步降低造价。现在已研制出了多种光伏与建筑材料一体化(BIPV)产品，为了与周围环境和谐协调，还生产出多种色彩的光伏组件，供建筑师选择。在 1997 年已经安装了数兆瓦 BIPV 的产品。总之，随着光伏产品价格的下降，光伏与建筑集成的 BIPV 产品，作为庞大的建筑市场和潜力巨大的光伏市场两者的结合点，有着无限广阔的发展前景，新的产品还在不断涌现。

第二章　我国能源基础对太阳能应用的影响

第一节　我国能源资源基础情况

中国能源的总体情况是：资源蕴藏丰富，人口基数过大，人均占有量极低，能源短缺问题突出，节能与开发新能源要并举。

一、我国能源资源基础情况概述

(一) 我国常规能源的采储量

世界煤炭储量为9842亿t，中国为1145亿t，占世界储量的11.6%，居世界第3位，世界储采比为218，我国储采比为92。世界石油探明可采储量为1434亿t，中国为38亿t，占世界储量的2.6%，世界储采比为41，我国储采比为24。世界天然气可采储量146.4万亿m^3，中国为1.37万亿m^3，仅占世界储量的0.9%，世界储采比为63，我国储采比为58。此外，虽然我国水能资源丰富，居世界第1位，但大部分集中于西南部。总之，我国化石能源勘探程度低，资源不足，人均煤炭探明可采储量仅为世界人均值的1/2，石油仅为1/10左右。我国能源资源分布不均，大多远离人口集中、经济发达的东南沿海地区。

(二) 我国人均能源资源的可采储量

中国的能源资源虽然丰富，但按人口计算的可采储量远低于世界的平均水平。据1980年第11届世界能源会议和其他有关资料，中国人均占有煤炭经济可采储量(101t)为世界平均量(222t)的46%；人均占有可开发水电量(1955度)为世界平均量(2423度)的81%；人均占有石油剩余可采储量为世界平均量的6.8%；人均占有天然气可采储量仅为世界平均量的1.5%。

(三) 我国能源资源的分布

中国能源资源的地区分布既普遍而又相对集中。如全国煤炭探明储量的64％集中在华北地区，石油剩余可采储量的51％分布在东北地区，西南地区则拥有全国可开发水力资源和天然气可采储量的68％。中国煤炭和石油资源集中在北方，水力资源偏在西南，华东和中南是能源资源缺乏的地区。

二、我国煤炭资源基础情况

煤炭是中国的主要能源。目前中国的一次能源构成，煤炭占71％，石油占22％，天然气占3％，水电占4％。中国煤炭资源储量多，分布广，煤质较好，品种较全。以煤种论，从烟煤到无烟煤以及石煤俱备。在煤炭探明储量中，炼焦用煤占36％，化工用无烟煤占17％，动力煤占45％，石煤占2％。1990年全国原煤产量达10.8亿t，居世界第1位。

(一) 我国各种煤炭资源介绍

1. 炼焦煤资源介绍

中国的炼焦煤资源中，气、肥、焦、瘦煤各种牌号均有一定比例，但强粘结性的主焦煤和肥煤比例小，弱粘结性的气煤比例大。据1980年初统计，主焦煤占17％，肥煤占13％，瘦煤占12％，气煤占56％，未分牌号的煤占2％。气煤在各区炼焦煤储量中的比例，华东为78％，东北为67％，华北为57％，西北为53％，中南为17％，西南为13％。

2. 无烟煤资源介绍

中国的无烟煤资源多属中灰(大于15％～25％)，中硫(大于1.5％～2.5％)或低硫(小于1.5％)，中等发热量(5000～7000cal/g)，高熔点(高于1250℃)，高、中机械强度(大于50％～65％)和中等或较好热稳定性的煤，一般用作气化原料、低灰、低硫、高发热量的优质无烟煤储量较少。

(二) 我国煤炭资源分布

煤炭资源的分布，中国大陆31个省、直辖市、自治区中，除上海市外，都有煤炭资源。全国2000多个县中，851个县有煤炭探明储量，但分布很不均衡。山西、内蒙古煤炭储量分别为2000多亿吨、1900多亿吨，贵州460多亿吨，安徽、陕西在200亿t以上，5省、区合计约占全国煤炭总储量的

75%，而江南9省、市的煤炭储量合计却不到130亿t，仅占全国的2%。按保有储量大小的顺序如下：山西省、鄂尔多斯北部、内蒙古东部、川滇黔边区、苏鲁皖边区、鄂尔多斯南部、豫中豫西、河北平原、贺兰山、天山南北、黑龙江省东部和沈阳市周围地区。除川滇黔边区外，其他11片煤炭基地都分布在北方地区。这12片煤炭基地的探明储量占全国总量的92%；炼焦煤占探明储量的37%，无烟煤占17%。

1. 山西煤炭基地

该基地是中国最大的煤炭基地，包括大同、宁武、西山、沁水、霍西和河东6大煤田。现有煤炭保有储量占全国保有总储量的1/3，煤炭年产量占全国总产量的1/6，均居全国第1位。山西煤炭牌号齐全，其中炼焦煤和无烟煤储量均约占全国同类储量的1/2 。现已形成以大同的动力煤，霍西、平朔及西山的炼焦煤，晋东南及阳泉的无烟煤为中心的大型煤炭基地。

2. 苏鲁皖边区煤炭基地

该基地是华东地区最大的煤炭基地，包括皖北两淮、苏北徐沛、鲁西南兖州、陶枣、腾南、济宁等7个煤田，探明储量330亿t，约占华东地区总量的80%，其中炼焦煤占90%。

3. 豫中与豫西煤炭基地

该基地是中南地区煤炭资源最集中之地，北起安阳、鹤壁、焦作，南至新密、平顶山，共有煤田16个，探明储量160多亿吨，约占中南地区总量的70%，其中炼焦煤和无烟煤占75%。

4. 内蒙古东部煤炭基地

内蒙古东部煤炭基地由呼盟的伊敏、大雁、扎赉诺尔，哲盟的霍林河，昭盟的元宝山和锡盟的胜利、巴彦宝力格、乌旗白音华8个煤田组成的褐煤基地，探明储量640多亿吨，占全国煤炭总量的10%，为全国褐煤总量的76%，是中国褐煤资源最集中的地区。

5. 川滇黔边区煤炭基地

川滇黔边区是中国西南煤炭资源最集中的地区，包括川南的芙蓉山、珙县、古宋、筠连、叙永，滇东的昭通、曲靖，黔西的织金、六盘水和兴义等煤田，探明储量530多亿吨，约占西南地区煤炭总量的80%。无烟煤占探明储量一半多，炼焦煤近1/4。

6. 鄂尔多斯煤炭基地

鄂尔多斯煤炭基地分成北部和南部两个基地。

鄂尔多斯北部包括准格尔和东胜两大煤田，探明储量 1160 亿 t，占全国总量的 18%，是中国第二大煤炭基地，均为动力煤。

鄂尔多斯南部包括陕北和渭北煤田，探明储量 210 亿 t，煤质以弱粘结煤为主，其次是炼焦煤和贫煤。

7. 其他煤炭基地

贺兰山东侧包括内蒙古的桌子山，宁夏的贺兰山、灵武、固原和萌城等煤田，探明储量 330 多亿吨，煤质为炼焦煤和不粘结煤。

天山南北包括乌苏、乌鲁木齐、阜康、奇台、南山、托克逊、吐鲁番—哈密 7 个煤田，探明储量 120 亿 t，为炼焦煤、弱粘结煤和褐煤等。

河北平原包括开滦、京西、邯邢 3 个煤田，探明储量 140 多亿吨，以炼焦煤和无烟煤为主。

黑龙江省东部包括鸡西、鹤岗、双鸭山、七台河和虎林等煤田，探明储量 100 多亿吨，以低硫、磷炼焦煤为主。

沈阳市周围地区包括抚顺、沈北、铁法、本溪、红阳和阜新等 6 个煤田，探明储量 60 多亿吨，煤种有炼焦煤、褐煤和长焰煤等，是中国目前主要的炼焦煤和动力煤产区之一。

三、我国其他常规能源资源基础情况

(一) 我国石油、天然气和油页岩资源基础情况

1. 我国石油资源基础情况

20 世纪 50 年代以来，中国石油资源的地质勘探主要集中在西部的塔里木盆地、准噶尔盆地、柴达木盆地和东部的松辽盆地、渤海湾盆地。至 80 年代初期，全国已在 19 个省、直辖市、自治区发现了油、气田，投入开发的达 122 个。主要油田有大庆、胜利、大港、任丘、辽河、克拉玛依、冷湖、玉门、吉林和南阳、江汉、江苏等。自 1978 年以来，中国原油的年产量均超过 1 亿 t，1990 年产量 1.396 亿 t，居世界第 5 位；稠油产量 734 万 t，占世界第 4 位。

在近海大陆架石油勘探中，先后发现了渤海盆地、南黄海盆地、东海盆

地、南海珠江口盆地、北部湾盆地和莺歌海盆地6个大型含油盆地，展示了中国海上油气资源的广阔前景。

中国石油资源的地理分布不均衡，勘探程度差别更大。目前石油探明储量多集中在黑、鲁、冀，这3个省油田探明的剩余可采储量约占全国总量的70%。位于黑龙江省的大庆油田是中国最大的油田，储量和产量均占全国总量的一半。大庆油田从1960年开始开发，原油产量平均每年递增28%。大庆油田及随后胜利油田、大港油田和任丘油田的开发，使中国石油不但完全自给，且有少量出口。80年代末以来，又开始开发柴达木盆地、塔里木盆地和吐鲁番—哈密盆地的油田。

中国石油资源前景虽广阔，但不如煤炭资源。当前石油工业的后备资源不足，石油可采储量的增长速度不及一些老油田产量的递减速度，储采比历年下降。

2. 我国天然气资源基础情况

中国的油系天然气和煤系天然气均有蕴藏，当前列入平衡表内的天然气储量是油系天然气，包括气田气和油田气。气田气主要分布在川、黔两省，储量约占天然气总量的70%。油田气分布在辽河、大港、南阳、青海、胜利、大庆等油田。与石油一样，目前中国油系天然气的后备资源不足。中国煤系天然气资源相当可观。今后在固定碳比高的地区选择埋藏较深的良好圈闭进行钻探，将会为中国寻找天然气资源开辟新领域。1990年天然气产量已达147亿m^3。

3. 我国油页岩资源基础情况

中国的油页岩资源较丰富，含油率一般为5%，已探明的储量折算成页岩油，相当于目前天然石油的可采储量。油页岩储量主要分布在吉、粤和辽3省，合计占全国总储量的90%以上。此外，陕、鲁、新、甘、内蒙古等地，也有油页岩资源的蕴藏。

(二) 我国水力资源基础情况

中国的水力资源，1949年前估算的理论蕴藏量仅1.49亿kW。1955年普查了全国较大的河流共1598条，流域面积占全国总面积的70%，河道总长度22.6万km，年总水量$2617\times10^9m^3$，按河流平均流量计算的理论蕴藏量为5.4亿kW。1977～1980年对全国各省(区)又进行一次普查，其范围包括理论蕴藏量在1万kW以上的大小河流共3019条，估算全国水力资源理论蕴藏量为6.76亿kW，相应的年发电量为5.9万亿度。全国可能开发的水力资源，单站装机容量在500kW以上的大中小型水电站共7600余座，总装机容量3.78亿kW，年发电量1.92万亿度，为理论发电量的1/3，相当于每年提供7亿t标准煤的能量。1990年全国水力发电量1267亿度，约占全国发电总量的1/5。

中国各省(区)都有可能开发的水力资源，但主要集中在西南地区(占68%)，其次为中南(15%)和西北(10%)地区，再次是华东(4%)和东北(2%)地区，最少是华北地区(占1%)。目前中国水力资源的开发利用程度尚低，1980年全国水力发电量还不到可开发水电量的3%。

金沙江流域是中国水力资源最丰富的地区，从虎跳峡到向家坝可建8级大型水电站，共可装机4900万kW，年发电量2600亿度。

长江干流从宜宾到宜昌段，包括三峡在内可建4级水电站，连宜昌附近的支流清江在内，共可装机3380万kW。其中有葛洲坝水电站(见葛洲坝水利枢纽)。

四川的雅砻江可建11级水电站，总装机1960万kW。

四川的大渡河中段可建11级水电站，总装机1920万kW；其中已建龚咀75万kW。

贵州的乌江可建9级水电站，共可装机531万kW；已建乌江渡63万kW。

云南西部的澜沧江中段可建4级水电站，共可装机800万kW。

西江流域从云南、贵州的南盘江到广西的红水河、黔江，可建11座水电站，装机1044万kW。

黄河上游从龙羊峡到青铜峡，可建16座水电站，已建成刘家峡等4座(见龙羊峡水电站、刘家峡水电站、青铜峡水利枢纽、三门峡水利枢纽)，以后陆续兴建其他各级，共可装机1260万kW。

华东的闽、浙、赣地区的水力资源虽已开发不少，但仍有1045万kW可供开发。

湘西的沅、资、澧水，可建大中型水电站32处，共可装机572万kW。

东北(除黑龙江国际河流外)也还有200万kW约60亿度可供开发。

华北地区有500万kW约150亿度可开发水力资源。

四、我国新能源资源基础情况

除常规能源外，中国的新能源资源例如原子核能、太阳能、地热能、风能、潮汐能等亦有广阔的利用前景。

(一) 原子核能资源

中国有比较丰富的核能资源，包括裂变反应用的核燃料和聚变反应的核燃料。中国目前已探明铀矿床200余处，大部分铀矿资源集中在中国南部。目前已建成杭州湾秦山核电站、广东大亚湾核电站。

(二) 地热能资源

据不完全统计，中国天然出露的温泉和人工揭露的地下热水露头有2700多处，遍及全国31个省、直辖市、自治区。但由于地热勘探起步较晚，目前尚未最后统计出全国地热资源储量。

温泉主要集中分布在东部沿海诸省和西藏、滇西、川西等地，形成两个温泉数量多、温度高、埋藏浅的地热带，分别称为胶辽—东南沿海地热带和藏滇地热带。

胶辽—东南沿海地热带共有温泉800多处，温泉水温超过90℃的就有几十处，有的超过100℃，如福州、漳州和汕头等地。

藏滇地热带共有温泉千余处，现已发现的高于当地沸点的水热活动区有近百处，是为高温水汽分布带。西藏羊八井地热田，在孔深200m以下获得了171℃的湿蒸汽；云南腾冲火山区，温泉温度则达105℃(见腾冲火山群)。

北起松辽平原、华北平原，南到江汉平原、北部湾海域，称为松辽—海南热水带。这一热水带地下热水产量大，温度高，水质好，分布广，层系多，但埋藏较深，多在千米以上。

冀热—雪峰带包括冀热山地、太行山、秦岭东段及湘西、桂东山区，有温泉近300处，多属中低温热田。呼伦贝尔—四川热水带，北起呼伦贝尔、陕北高原，南到四川盆地，也是深埋热水带。

中国地热能目前利用程度不高。已发现的2700多处地热点，被利用的还不及200处。主要用于采暖、空调、农业温室、工业过程、水产养殖、医疗卫生等方面，用于发电试验的地热点只有西藏羊八井、湖南宁乡县灰汤、江西宜春市温汤等8处。

(三) 风能资源

中国风能的季节性强。全国风能风流分布可归纳为 5 个区：

我国风能资源最丰富区包括以新疆哈巴河为中心的新疆北部、内蒙古的大部分地区(如巴彦淖尔盟、乌兰察布盟、锡林郭勒盟等地区)和辽东半岛，年均风速 4.0～5.0m/s 左右，是风能利用最理想的地区。

我国风能资源丰富区包括新疆克拉玛伊—福海以及奇台—伊奇一带，内蒙古大青山以南以及哲里木盟、伊克昭盟、昭乌达盟一部分地区和河套地区，黑龙江南部、吉林北部、辽中、青海北部、河西走廊、冀南、山东半岛，苏、浙北部，台湾和海南岛，以及长江中下游的九江—安庆—铜陵的狭长地带，年均风速在 3.0～4.0m/s，风能利用也很理想。

我国风能资源较丰富区包括新疆中部、黑龙江东北部、吉林南部、青海东部、甘肃北部、宁夏、晋北、冀北、鲁西、豫北、鄂北、皖、藏北，年均风速 2.5～3.0m/s。这一地区年均风速不高，但某些地区如湘北、青藏高原等地一年中某一段较长时间内，仍有风力可资利用。

我国风能资源贫乏区包括新疆南部、陕甘中部、晋南、湘南、滇东、青海中部和藏南，年均风速 2.0～2.5m/s，缺乏开发条件。

我国风能资源最贫乏区包括甘南、陕南、鄂西、湘中南、赣、浙西、闽北、粤北、桂、黔、滇西南、川、青南、藏东，年均风速多在 1.0～2.0m/s。

第二节　我国太阳能资源分布情况

一、我国太阳能资源基础情况

地球上太阳能资源的分布与各地的纬度、海拔高度、地理状况和气候条件有关。资源丰度一般以全年总辐射量和全年日照总时数表示。就全球而言，美国西南部、非洲、澳大利亚、中国西藏、中东等地区的全年总辐射量或日照总时数最大，为世界太阳能资源最丰富地区。

我国属太阳能资源丰富的国家之一，辐射总量在 330～836 万 kJ/m^2。全国总面积 2/3 以上地区年日照时数大于 2000h。我国西藏、青海、新疆、甘肃、宁夏、内蒙古高原的总辐射量和日照时数均为全国最高，属世界太阳能资源丰富地区之一；四川盆地、两湖地区、秦巴山地是太阳能资源低值区；我国东部、南部及东北为资源中等区。

我国太阳能资源分布的主要特点有：太阳能的高值中心和低值中心都处在北纬22°～35°这一带，青藏高原是高值中心，四川盆地是低值中心；太阳年辐射总量，西部地区高于东部地区，而且除西藏和新疆两个自治区外，基本上是南部低于北部；由于南方多数地区云雾雨多，在北纬30°～40°地区，太阳能的分布情况与一般的太阳能随纬度而变化的规律相反，太阳能不是随着纬度的增加而减少，而是随着纬度的增加而增多。

二、我国各地太阳能辐射量分区

按接受太阳能辐射量的大小，全国大致上可分为五类地区：

(一) 一类地区

全年日照时数为3200～3300h，辐射量在670～837万kJ/m²。相当于225～285kg标准煤燃烧所发出的热量。主要包括青藏高原、甘肃北部、宁夏北部和新疆南部等地。这是我国太阳能资源最丰富的地区，与印度和巴基斯坦北部的太阳能资源相当。特别是西藏，地势高，年太阳光的透明度也好，年太阳辐射总量最高值达921kJ/cm²，仅次于撒哈拉大沙漠，居世界第二位，其中拉萨是世界著名的阳光城。

(二) 二类地区

全年日照时数为3000～3200h，辐射量在585～669万kJ/m²，相当于200～225kg标准煤燃烧所发出的热量。主要包括河北西北部、山西北部、内蒙古南部、宁夏南部、甘肃中部、青海东部、西藏东南部和新疆南部等地。此区为我国太阳能资源较丰富区。

(三) 三类地区

全年日照时数2200～3000h，太阳能总量502～585万kJ/m²，相当于170～200kg标准煤燃烧所发出的热量。主要包括山东、河南、河北东南部、山西南部、新疆北部、吉林、辽宁、云南、陕西北部、甘肃东南部、广东南部、福建南部、江苏北部和安徽北部等地，为中国太阳能资源中等地区。

(四) 四类地区

全年日照时数1400～2200h，太阳能总量418～502万kJ/m²，相当于

140～170kg 标准煤燃烧所发出的热量。主要是长江中下游、福建、浙江和广东的一部分地区，春夏多阴雨，秋冬季太阳能资源还可以，是中国太阳能资源较差地区。

(五) 五类地区

全年日照时数 1000～1400h，太阳能总量 330～418 万 kJ/m^2。相当于 115～140kg 标准煤燃烧所发出的热量。主要包括四川、贵州两省，此区是我国太阳能资源最少的地区。

第三节 我国发展太阳能的综合效益和战略地位

一、采用太阳能的经济与社会、环境效益分析

能源发展的一个重要特点是替代周期长，重大能源新技术从概念设计到商品化，一般都需要 20～30 年的时间。因此，从现在开始就应着眼于我国 21 世纪中叶能源发展的战略考虑，在一些有重大发展前景的领域首先开展基础研究工作，为我国整个 21 世纪(2020 年之后)的长远能源发展做必要的准备。由于我国能源资源的特殊情况，决定了我国未来大规模使用化石能源将会受到限制，当然可以从国际市场得到部分补充，但不可能对国际市场过分的依赖。因此，除发展煤的洁净高效利用技术、可再生能源技术、天然气联合循环发电和天然气液化燃料技术外，太阳能利用在我国长远能源发展战略重点中应加以考虑。

太阳能是无所不在、取之不尽、用之不竭而又无污染的绿色能源。我国西部地区光照充分，而且我国在继前苏联、美国和日本之后成为第四个拥有较高效率的光—电转换技术的国家，自行研制的砷化镓太阳能电池其转换效率已达 15.8%。随着太阳能利用技术的不断完善，在西部地区建设大型太阳能电站也将成为可能。

建筑中采用太阳能，具有巨大的经济效益、社会效益和环境效益。

(一) 建筑中采用太阳能的经济效益

应用太阳能热水系统带来的最直接经济效益是节能效益。太阳能利用的预期节能率可达到 60%以上，以生活热水估算，每平方米太阳能热水器/系

统的年平均获热量（每年按 360 天计）相当于 1200 度电、500kg 普通煤和 180kg 液化气通过相应装置得到的热量。以别墅型系统 $3m^2$ 计，住户年节约用电 3600 度；以会所太阳能热水系统 $300m^2$ 计，年节约用电 36 万度、150t 普通煤或 54t 液化气，节能效果显著。

(二) 建筑采用太阳能的社会效益

太阳能代热技术与建筑整合，不仅改善了建筑功能和环境，而且代表和体现了“绿色建筑”的内涵。通过工程应用获得良好效果后，会在房地产开发市场上发挥出其独特的竞争优势。当今人们对居住环境和舒适度的要求越来越高，而太阳能建筑的单位面积初增投资并不是太高，只要推广措施得力，将来的市场竞争力一定会越来越强。

(三) 建筑采用太阳能的环境效益

降低粉尘、有害气体、温室气体排放，减少空气污染，减少温室效应，是建筑中应用太阳能所能产生的最直接环境效益。以太阳能热水系统分析，每 $100m^2$ 太阳热水器/系统每年减排粉尘 2.5t、SO_2 0.25t、CO_2 0.9t，环境效益明显。

在环境和资源保护方面，我国每年投入的环保资金已达到我国 GDP 的 1%以上，但环境污染的形势依然十分严峻，太阳能利用带来的环境效益和由此派生出来的经济效益无疑都是十分巨大的。

二、我国发展太阳能的战略意义

中国目前具有 1.5 万 kW 的太阳能发电容量，光伏产业也形成了较好的基础，虽然光电成本仍然高于煤电，但在边远地区，与拉设电网相比，小型太阳能发电设施仍然相对便宜适用，在西藏地区已经有 7 个县靠太阳能解决了用电困难。另外，太阳能热水器已经成为中国太阳能利用中应用最为广泛、产业化发展最迅速的领域，1998 年中国的热水器产量就已占据世界第 1 位，去年这个产业的总销售额达到 35 亿元。

与此同时，中国还拥有丰富的太阳能资源亟待开发。据统计，每年中国陆地接收的太阳辐射总量，相当于 24000 亿 t 标准煤，全国总面积 2/3 地区年日照时间都超过 2000h，特别是西北一些地区超过 3000h。另一方面，随着当前世界光电技术及其应用材料的飞速发展，光电材料成本成倍下降，光电转换率不断提高，这将带来太阳能发电成本的大幅度下降。据黄毅诚预计，不到10年，太阳能发电的成本就会接近并低于煤电，这为中国大力开发太阳能资源提供了可能。

专家认为，未来20年中国将面临十分严峻的能源问题。因为从石油、煤炭价格的井喷，到全国范围内拉闸限电，能源已经成为制约中国腾飞的关键！而专家指出，由于我国石油、天然气、煤炭等能源的过量开采，中国已面临严重的能源危机：石油储量仅可维持到2020年，天然气仅能延续到2040年，煤炭至多还能用200～300年。触目惊心的数字正在告诉我们，在未来，中国最缺的将是能源。因此，从国家的可持续发展角度，能源问题必然要受到高度关注。而问题的另一方面，煤炭价格的井喷早让火电公司苦不堪言，而水电的发展又受制于水利资源的是否丰富。因而从国家战略发展角度，发展新型能源，已经是当务之急。这样，一个朝阳的能源产业——太阳能产业面临新的发展机遇。

而更重要的是，发展太阳能并不会对人类环境造成污染，因而我们相信，太阳能有望成为中国能源战略的新希望。

第三章 研究的理论基础

第一节 可持续发展理论

一、可持续发展理论的起源和发展

(一) 可持续发展理论的起源

20 世纪 70 年代以来，面对着资源和环境这威胁人类发展的两大危机，特别是以全球气候变暖、臭氧层损耗和生物多样性消失等为代表的环境问题，使人们认识到一味地向大自然索取、只注重产出而无视代价的传统发展模式最终将会使人类走向毁灭，因此必须寻求一条新的发展道路。1972 年 6 月，联合国人类环境会议在瑞典召开，会议通过了《联合国人类环境宣言》，倡导各国政府和人民为维护及改善人类环境、造福子孙后代而共同努力。《人类环境宣言》中宣布了 7 个共同观点及 26 项共同原则，共同观点包括：

(1) 人是环境的产物，也是环境的塑造者；

(2) 保护和改善人类环境，关系到各国人民的福利和经济发展，是人民的迫切愿望，也是各国政府应尽的责任；

(3) 人类总是要不断地总结经验，有所发现，有所发明，有所创造，有所前进。人类改变环境的能力，如果妥善利用，可为人民带来福利；如果运用不当，将对人类和环境造成不可估量的损害；

(4) 发展中国家多数环境问题是发展迟缓引起的，因此，他们首先要致力于发展，同时要注意保护和改善环境；

(5) 人口自然增长对环境的压力不断增大，应采取适当的方针和措施，解决这些问题；

(6) 当今的历史阶段，要求人类必须更加谨慎地考虑其计划和行动给环境带来的后果，人类必须运用知识，同自然取得协调，以便建设良好的环境；

(7) 为达到这个环境目标，要求每个公民、机关、团体和企业都负起责任，共同创造未来的世界环境。

在共同观点的指导下，26 项基本原则可归纳为以下 8 个方面：

(1) 人人都有在良好的环境里享受自由、平等和适当生活条件的权利，同时也负有为当今和后代保护和改善环境的神圣职责；

(2) 保护地球上的自然资源，包括空气、水、土地和动植物，特别是自然生态系统和濒于灭绝的野生动植物；

(3) 经济和社会的发展是人类谋求良好生活和工作环境、改善生活质量的必要条件；

(4) 各国制定发展计划时要统筹兼顾，使发展经济和保护环境相协调；

(5) 因人口增长过快或人口过分集中而对环境产生不利影响的区域，或因人口密度过低而阻碍发展的区域，有关政府应采取适当的人口政策；

(6) 一切国家、特别是发展中国家应倡导环境科学技术的研究和推广，鼓励向发展中国家提供不造成经济负担的环境技术；

(7) 依照联合国宪章和国际法原则，各国具有按其环境政策开发资源的主权，同时也负有不致对其他国家和地区的环境造成损害的义务；

(8) 国家不论大小，应本着平等、合作的精神，通过多边和双边合作，对所产生的不良环境影响加以有效控制和消除，妥善处理有关国家的主权和利益。

联合国人类环境大会是一次具有跨时代意义的盛会，它标志着环境问题已经开始列入人类发展的议程。以此为开端，人类开始对实现资源、经济、社会、环境协调统一的新发展模式进行深入探索。

1980 年，联合国向世界发出呼吁："必须研究自然的、社会的、生态的、经济的以及利用自然资源过程中的基本关系，确保全球持续发展"。同年，由国际自然保护联盟(IUCN)牵头，联合国环境规划署(UNEP)和世界野生生物基金会(WWF)等国际组织共同参与的研究团体，发表了题为《世界自然保护大纲》的重要报告，该报告分析了保护和发展间的关系，首次提及可持续发展一词，报告中将可持续发展理解为"为使发展得以继续，必须考虑社会和生态因素，考虑生物及非生物资源基础”。1981 年，美国世界观察研究所所长 L. R. Brown 出版《建设一个可持续发展的社会》一书，阐明了可持续发展的社会属性。1983 年 12 月，联合国成立了由挪威首相布伦特兰(Ms Gro Harlem Brund tland)夫人领导的世界环境与发展委员会(WCED)，该委员会于 1987 年向联合国大会提交报告——《我们共同的未来》，报告中提出了可持续发展的定义：“可持续发展是既满足当代人的需求，又不对后代人满足其需求的能力构成危害的发展。”对此又做了进一步的解释，“可持续发展包括两个主要概念，一个是需求的概念，尤其是世界贫穷者生活上必需的需求，应给予优先考虑；另一个是限制的概念，由于技术和社会组织现状使环境满足当代和后代需求的能力是有限的。”同时，该报告以可持续发展为基本纲领，提出了一系列政策和建议，这是首次对可持续发展概念的明确，标志着可持续发展战略的初步形成。

(二) 可持续发展理论的发展

1989 年，联合国环境规划署通过了《关于可持续发展的声明》。1991 年，国际自然保护联盟、联合国环境规划署和世界野生生物基金会又联合发表了一份重要报告——《保护地球——可持续生存战略》，该报告中提出应通过以下两个方面来改进人类状态：一方面是保证人类社会广泛深入地信守可持续生存这种新的伦理观，并将这种伦理观的原则付诸实施；另一方面是使“保护”与“发展”相结合，“保护”要求人类的行为不能超越地球本身所容许的范围，“发展”要使人类都能够享受到长期的、健康的和充实的生活。1992 年 6 月，在巴西里约热内卢召开的联合国环境与发展大会，以“可持续发展”为指导方针，通过了《里约环境与发展宣言》、《21 世纪议程》和《关于森林问题的原则声明》，签署了《联合国气候变化框架公约》和《生物多样性公约》。这次会议是人类发展历程中一个重要的里程碑，它正式确立了可持续发展作为人类社会共同发展战略和全球行动纲要的关键角色，并开始将可持续发展从理论引入实践，在各项活动中付诸实施。2002 年 9 月，在南非的约翰内斯堡召开可持续发展世界首脑会议，会议通过《可持续发展世界首脑会议实施计划》和《约翰内斯堡可持续发展宣言》，进一步重申了各国政府对可持续发展在思想和行动上所做的承诺，制定了一系列具体的环境和发展目标，明确了当前的共同责任是在地方、国家、区域和全球范围内促进和加强经济发展、社会发展和环境保护这三个可持续发展支柱。

可持续发展是人类传统发展观念的一次重大转变。自正式提出可持续发展概念以来，国内外众多学者对其所包含的深刻内涵进行了概括和总结。有的学者认为，可持续发展包括三方面的含义：人类与自然界的共同进化思想；当代与后代兼顾的伦理思想；效率与公平目标兼容的思想。有的学者认为，可持续发展的内涵体现为：可持续发展不否定经济增长，尤其是穷国的经济增长，但需要重新审视如何推动和实现经济增长；可持续发展以自然资源为基础，同环境承载力相协调；可持续发展以提高生活质量为目标，同社会进步相适应；可持续发展承认并要求在产品和服务的价格中体现出自然资源的价值；可持续发展的实施以适宜的政策和法律体系为条件，强调综合决策和公众参与。有的学者认为，可持续发展的要点在于：发展的内涵既包括经济发展，也包括社会的发展和保持、建设良好的生态环境；自然资源的永续利用是保障社会经济发展的物质基础；自然生态环境是人类生存和社会经济发展的物质基础；控制人口增长与消除贫困，是与保护生态环境密切相关的重大问题。还有的学者认为，对可持续发展的认识和理解应强调以下方面：可持续发展的核心是发展，发展包括经济发展、社会发展和保持建设良好的生态环境；可持续发展的重要标志是资源的永续利用和良好的生态环境；可持续发展要求既考虑当前发展的需要，又考虑未来发展的需要，不以牺牲后代人的利益为代价来满足当代人的利益；实现可持续发展战略的关键在于综合决策机制和管理机制的改善；实施可持续发展战略的最浓厚根源在于民众之中。

二、可持续发展的原则

可持续发展是从环境保护和资源持续利用的角度提出的关于人类长期发展的战略，它特别强调环境和资源的承载能力及其对经济和社会发展的重要性，实现可持续发展的过程即是依靠科技进步、节约资源与能源、减少污染排放、采取清洁生产和绿色消费，由资源型发展模式转变成技术型发展模式的过程。可持续发展体现了以下五个原则：

(一) 发展性原则

可持续发展强调维持新的平衡，谋求经济、社会与生态系统的协调发展。正如在《我们共同的未来》中明确指出的，“为了公平地满足今世后代在发展与环境方面的需求，寻求发展的权力必须实现。”这里的发展主要包括转变经济增长方式、减少贫穷、改善工业技术、提高资源利用效率、降低环境污染和改进人民生活质量等。

（二）公平性原则

可持续发展强调机会选择的平等，要求实现社会公平，这包括当代人之间的代内公平、当代人与后代人之间的代际公平和资源在人们之间的分配公平。代内公平指要满足全体人民的基本需求和给全体人民机会以满足他们要求较好生活的愿望，当今世界是一个贫富悬殊、两极分化的世界，若想实现可持续发展，其首要任务就是消除贫困。代际公平指当代人不应为自己的发展和需求而损害世世代代满足需求的条件——自然资源与环境，人类赖以生存的自然资源是有限的，当代人必须给子孙后代留以公平利用自然资源的权利。资源分配公平指有限的自然资源应在不同国家和不同人群中公平分配和利用，占世界人口较少部分的发达国家消耗了世界绝大多数的资源，发达国家的发展以掠夺发展中国家的有限资源为代价，这是不公平的，人类均具有平等利用资源和环境的权力。

（三）可持续性原则

发展要以资源和环境承载能力为极限，忽略了资源和环境的可持续性，则长远发展必将丧失牢固的根基，因此，需转变不可持续的生产和消费模式，保持自然资源的持续利用和生态环境的持续改善。人类应根据生态系统的承载能力，调控自身的行为，确定合适的生活方式和消费标准，合理开发利用自然资源，使资源和环境能够被人类持续享用。

（四）整体性原则

可持续发展包括经济可持续发展、社会可持续发展和生态可持续发展。经济可持续发展是指在不损害生态环境和自然资源质量水平的前提下，实现经济的增长和发展；社会可持续发展是指发展应以提高人民生活质量为目标，满足人类不断增长的物质需求和精神需求，同时要兼顾公平和效率；生态可持续发展是指经济和社会的发展要以节约利用资源和保护生态环境为基础，不能以破坏生态环境为代价，生态可持续发展又可分为资源可持续发展和环境可持续发展。可持续发展主张必须维护经济、社会和生态的整体协调统一，不能只注重某一方面而忽视其他方面，这样才能确保经济、社会和生态不断地持续向前发展。

（五）共同性原则

由于世界各国历史文化、自然条件和发展水平各异，在制定可持续发展战略时所考虑的各因素的重要性必有所不同，可持续发展的目标、模式和途径也不可能是惟一的，但是，作为全球发展的总目标，可持续发展所体现的基本原则是共同的。同时，由于各国之间经济、社会、资源和环境的相互信赖性，每个国家不可能单独实现本国的可持续发展，而必须联合起来，采取共同的行动，实现全球的可持续发展。

三、“能源—经济—环境”一体化系统的协调发展

（一）能源与经济的关系：相互促进和相互制约

能源在社会发展中的重要地位，首先表现为经济发展对能源的需求。作为生产和生活中不可或缺的根本要素，能源的开发利用为经济发展提供了燃料和动力，是经济持续增长的有力保障。能源供给充足可推动经济大规模、高速度地向前发展。同时，能源对于推动科技进步，扩大生产规模、带动关联产业发展，提高劳动生产率，改善人民生活等方面也发挥了巨大的贡献。反之，经济增长的步伐加快，需要更多的能源投入，将扩大对能源数量、质量和品种结构等方面的市场需求。伴随着经济的发展，能源结构经历了从以木柴为主到以煤炭为主、再到以石油为主的发展过程，而当今世界各国又正在寻求替代石油的无污染型新能源。经济收入的增长又会带来科学技术水平的提高，为能源的开发利用在资金、技术和设备等方面提供了强有力的支持，增强了能源开发利用的效率，大大促进了能源的发展。但是，能源若被过度开采和消费，将引发供不应求的尖锐矛盾，导致工业生产动力不足、人民生活缺乏便利，严重制约经济增长，能源短缺已经成为全球性的敏感问题。而经济增长若有所减缓，也将会从需求、资金等方面限制能源的开发和利用，阻碍能源发展的步伐。因此，能源与经济之间是相互促进和相互制约的关系，两者具有较强的依赖性。

能源在经济中的重要性可取决于能源与非能源投入之间的替代弹性系数。在短期内，非能源替代能源投入的可能性很小，即替代弹性系数较低，

那么能源投入的减少将对整个经济产生重大的负反馈效果；在长期内，能源应用设备可以被设计为更加有效率，则非能源投入替代能源投入的可能性增大，替代弹性系数增高，那么能源投入的减少将对宏观经济产生较小的影响。

（二）能源与环境的关系：能源是环境污染之源

在导致生态环境质量下降的众多影响因素中，能源的开发和利用是其中最为关键的部分。首先，在能源开发过程中，可能造成地面塌陷、水土流失、地质恶化、植被破坏、自然景观改变、动植物种类减少和区域内小气候改变等，致使原有生态平衡遭到破坏；其次，在能源使用过程中，经燃烧排放出的化学物质，可能会对大气、水和土壤造成严重污染，影响人类生存环境和危害人体健康。当前大量使用的化石能源尤其是煤炭的燃烧对环境造成的影响主要表现为酸雨、烟雾和全球气候变暖。

1. 酸雨

化石能源燃烧产生的 SO_2 和氮氧化物排入大气后，同大气中原有物质发生化学反应，合成硫酸和硝酸等，然后以雨、雪或雾的形式返回地面，由于其 pH 值低于大气中蒸馏水的 pH 值(5.6)，因此称之为酸雨。极具腐蚀性的酸雨严重污染了农田、森林、河流、湖泊，造成农作物减产、动植物死亡，缩短建筑物和机械设备的使用寿命。

2. 烟雾

煤炭燃烧产生的微小颗粒与大气中其他污染物相结合，形成空气中弥漫的烟雾。烟雾被人吸取后，最终导致心血管疾病、慢性气管炎和呼吸道疾病等。

3. 全球气候变暖

白天，炽热的太阳通过紫外线的方式向外辐射光和热，被地球吸收后促使地球表面变暖；夜间温度降低时，变暖的地球表面又以红外线的方式向宇宙空间辐射热量。能源燃烧排放出的 CO_2、O_3、CH_4 和氮氧化物等温室气体悬浮在大气层中。太阳的短波辐射可透过大气层到达地面，而仅在宇宙中散失少量热量，但是温室气体却吸收了地球的长波辐射，阻碍地球热量向外扩散，形成温室效应致使地球表面温度升高。CO_2 是对温室效应影响最大的气体，对全球气候变暖的贡献率约占 50%左右。据资料显示，自 19 世纪末至今，地球表面的平均气温升高了0.3～0.6℃；而预计到21世纪末，地球表面的平均气温将升高1～3.5℃。全球气候变暖将改变生物物种已经适应的生存环境，破坏生态系统的平衡，严重威胁人体健康，CO_2减排已成为全球面临的严峻问题。

(三) 实施可持续发展战略：建立“能源—经济—环境”一体化系统

经济增长以能源充足供应为依托，能源消耗直接导致环境污染，环境污染影响人类生产和生活方式，造成一定的经济损失，阻碍经济持续发展，能源、经济、环境三者之间存在十分密切的联系。传统工业化进程中，只考虑经济而忽略了能源和环境因素，其经济增长是以任意掠夺能源、不顾环境质量为代价的，所造成的能源危机和环境问题正在危害当代人和后代人的生存与发展。此时，仅从单一经济系统角度指导人类活动的局限性越来越突出，遵循可持续发展原则，将能源系统、经济系统、环境系统进行整合，建立“能源—经济—环境”一体化系统(3E，energy，economy and environment)，实施能源可持续发展战略，已成为实现经济、社会和生态可持续发展的迫切需要。

3E系统中包含能源、经济和环境三个子系统，其中环境子系统分散于另外两个子系统周围，3E系统的内在活动机理为：第一，环境子系统是能源、经济两个子系统形成和发展的基础，能源子系统和经济子系统所需的空气、水、土壤、矿藏等自然资源均来源于环境子系统；第二，能源子系统中，大部分能源以生产要素或生活消费品的形式进入经济子系统，而少量能源以废弃物的形式返回到环境子系统；第三，经济子系统中，社会生产和生活过程消耗掉能源及其他各类资源，并在产品产出和消费的同时，向环境子系统排放出大量的废水、废气、废渣、废热等废弃物。

只有当三个子系统间相互联系的链条均正常运转时，才能实现一体化系统内的良性循环，推动经济的增长和社会的进步。但是，依据热力学定律，人类若对能源肆无忌惮地开发和利用，必会导致其中某些链条损坏而转化为制约经济增长的桎梏。

根据热力学第一定律——能量守恒，能量既不能创造也不能消灭，因此开采出的能源总量与经消耗后转化成的废弃物总量是相等的。若过度开采和消费能源，当能源子系统和经济子系统排放的废弃物超出环境子系统自身的容纳和吸收能力时，环境子系统即无法为经济活动提供合适完备的资源要素，此时环境子系统与经济子系统间的资源供给链条可能断开。

根据热力学第二定律——熵在增加，能量从一种状态转化为另一种状态，不是完全有效的，总有部分能量失效，因此能源在进入经济子系统的过程中，始终会有一部分没有参加经济活动而直接返回环境子系统。若在生产和生活过程中无限度地消耗能源而忽略能源的形成周期，不可再生能源在一定期限内会完全耗尽，形成能源短缺，此时能源子系统与经济子系统间的能源输送链条可能断开。

在3E系统内，能源、经济和环境的发展可能存在以下几种组合模式(见表3-1)：

"能源—经济—环境"一体化系统的组合模式　　表3-1

序　号	能　源	经　济	环　境
Ⅰ	高投入	高产出	高污染
Ⅱ	高投入	高产出	低污染
Ⅲ	高投入	低产出	高污染
Ⅳ	高投入	低产出	低污染
Ⅴ	低投入	高产出	高污染
Ⅵ	低投入	高产出	低污染
Ⅶ	低投入	低产出	高污染
Ⅷ	低投入	低产出	低污染

模式Ⅰ、Ⅲ、Ⅴ和Ⅶ属于高污染型发展组合，即经济的增长是以对环境高度污染为代价的。其中模式Ⅰ为典型的"富裕污染"类型，指发达国家在工业化进程中疯狂掠夺资源和能源，加快工业生产速度而不顾环境污染，以此达到经济快速增长的目的。模式Ⅲ为典型的"贫穷污染"类型，指不发达国家工业化程度低，人民生活水平较差，但人口增长使得人类生存的粮食、水、土地及其他各种必需资源日益增长，因此贫穷国家不得不通过破坏生态环境来维护人们的生存，环境高度污染减弱了对经济增长的有力支撑，而经济低速增长又无力投资于环境改善，这形成一种恶性循环。模式Ⅴ和Ⅶ虽然都是在能源低投入的前提下获得经济的增长，但是仍带来环境的高污染，这两种模式并不符合社会发展的实际情况。由于这四种模式都没有考虑到环境

的利益，因此不是3E系统协调持续发展的理想模式。

模式Ⅱ、Ⅳ、Ⅵ和Ⅷ属于低污染型发展组合，即经济的增长对环境产生的是较低污染。但其中模式Ⅱ和Ⅳ中能源浪费严重，表明在重视保护生态环境的同时却忽略了对能源的稀缺性，没有同时兼顾能源、经济和环境三者的利益，因此也不是3E系统协调持续发展的理想模式。模式Ⅷ为典型的“原始经济”类型，即在原始社会和农业文明时期，由于人们对资源和能源的认识能力和利用能力较为低下，生产力水平十分落后，因此能源投入少，产生的环境污染程度低，能够被环境自身容纳和吸收，人与自然的关系总体上是和谐的。但是这种“原始经济”的发展模式已经一去不复返，现代社会更加重视科学的进步和经济的增长，模式Ⅷ不再适应当今的社会发展浪潮。模式Ⅵ宣扬的是较少的能源投入、快速的经济增长和低度的环境污染，充分考虑到了能源、经济和环境三者的共同利益，正是3E系统协调持续发展的理想模式，将有助于实现经济、社会和生态可持续发展的目标。

因此，为保证经济和社会的持续稳定发展，促进能源可持续发展战略的实施，必须从“能源—经济—环境”一体化系统的整体角度出发，做到统一安排，统一部署，兼顾三者共同利益，在制订各项经济决策和从事各种经济活动时，坚持遵循能源安全和环境保护的原则，采用“低投入、高产出、低污染”的发展模式。

第二节 外部性理论

一、外部性理论的起源与发展

（一）外部性理论的起源

外部性概念最初源于新古典经济学的代表人物马歇尔1890年发表的《经济学原理》一书，他在书中提到：“我们可把因任何一种货物的生产规模之扩大而发生的经济分为两类，第一类是有赖于该产业的一般发达所形成的经济，它往往因许多性质相似的小企业集中在特定的地方而获得，第二类是有赖于从事该产业的具体企业的资源、组织和效率的经济，前者称为外部经济(external economies)，后者称为内部经济(internal economies)”。此时他明确指出外部性在生产中的存在，但对外部性的理解只局限于积极的一面——外部经济。

随后福利经济学创始人庇古(Pigou)于1920年出版《福利经济学》一书，在马歇尔的基础上对外部性理论进行了拓展和完善，补充了外部性既包括外部经济又包括外部不经济这一重要思想，并将外部性的研究从外部因素对企业的影响转向企业或居民对其他企业或居民的影响。庇古引入“私人边际成本”和“社会边际成本”、“私人边际收益”和“社会边际收益”的概念。他认为：如果每一种生产要素中的私人边际收益与社会边际收益相等，而产品价格等于其边际成本时，意味着资源配置达到最佳状态；但实际上私人边际成本和私人边际收益并非任何时候都等于社会边际成本和社会边际收益，当两者之间存在差异时，就产生了外部性。同时他还指出存在外部经济时，私人边际成本高于社会边际成本；存在外部不经济时，私人边际成本低于社会边际成本。

（二）外部性理论的发展

1952年，英国经济学家鲍莫尔(Baumol)在其发表的《福利经济及国家理论》一书中，提到“由于工业的规模扩大，特别是在该工业中其他厂商情况不变之下增加了成本，使得一家厂商生产成本降低(提高)了，这样就出现了外部性。”他还对垄断条件下的外部性问题、帕累托效率与外部性、社会福利与外部性等进行了深入的考察。

除此之外，一些著名的经济学家也都对外部性进行了相应的阐述。萨缪尔森认为“当生产或消费对其他人产生附带的成本或效益时，外部经济效果便发生了。更为确切地说，外部经济效果是一个经济人的行为对另一个人福利所产生的效果，而这种效果并没有从货币或市场交易中反映出来。”

斯蒂格利茨认为“只要一个人或一家厂商实施某种直接影响其他人的行为，而且对此既不用赔偿、也不用得到赔偿的时候，就出现了外部性。”

兰德尔将外部性与资源经济学联系起来，他指出“外部性是用来表示当一个行动的某些效益或成本不在决策者的考虑范围内的时候所产生的一些低效率现象，也就是某些效益被给予或某些成本被强加于没有参加这一决策的人。”

布坎南和斯塔伯比恩从效用函数角度出发，认为外部性是指某个人的效用函数的自变量中包含了其他人的行为，指出“外部性可以表述为：$U^A = U^A(X_1, X_2, \cdots\cdots, X_n, Y_1)$，$U^A$ 表示 A 的个人效用，它依赖于一系列活动(X_1，X_2，……，X_n)，这些活动是 A 自身控制范围内的，但是 Y_1 是由另外一个人 B 所控制的行为。”

鲍莫尔和奥茨提出了外部性出现的两个条件：条件之一，当某个经济主体的效用或生产函数包括了一些实际变量，其取值由忽略对其本身的福利影响的其他主体决定时，外部效应就出现了；条件之二，其活动影响他人效用水平或进入他人生产函数的经济主体，如果没有以补偿的形式为其活动获得(或支付)等于对他人造成的效益(或费用)的价值量，就会产生外部效应。

皮尔斯、科斯、阿罗、卢卡斯等众多学者将外部性引入资源配置问题、交通问题、环境污染问题、人力资本问题、货币问题等众多领域，对其进行了深入的研究和探讨，并针对外部不经济提出了各种各样的解决措施。

迄今为止，外部性理论已经历了一个多世纪的发展演变，逐步融入微观经济学、制度经济学、福利经济学、政治经济学、发展经济学、生态经济学、环境经济学、资源经济学、能源经济学等多个学科之中，并且结合了公共选择理论、寻租理论、委托—代理理论、博弈理论等多种现代方法论的研究，在政策制订和实践指导中得到了广泛的应用。尤其自可持续发展理念提出以来，在人类美好的生存空间越来越受重视的情况下，外部性成为各国环境政策和能源政策制定的理论基础。

二、能源的外部性特征

能源由于在生产和消费过程中给他人造成了未预料到的影响，而行为主体并没有为此付出应有的代价，因此具有外部性。结合外部性的分类及影响程度的重要性，能源的外部性特征表现为：

(一) 外部不经济

按照影响效果，外部性可分为外部经济和外部不经济。外部经济也称正外部性，指一些人的行为给其他人的生产或消费带来额外收益而没有收取相应费用；外部不经济也称负外部性，指一些人的行为给其他人的生产或消费带来额外损失而没有支付相应费用。能源对周围环境产生酸雨、气候变暖、地质恶化等种种影响，在造成经济损失的同时又损害了人的身心健康，且其生产者或使用者支付的成本小于污染损失的社会成本，因此表现为负外部性，即外部不经济。

（二）消费外部性

按照产生领域，外部性可分为生产外部性和消费外部性。生产外部性指由于生产活动导致的外部性；消费外部性指由于消费活动导致的外部性。若结合按影响效果的分类方式，外部性可进一步细分为生产的外部经济、消费的外部经济、生产的外部不经济和消费的外部不经济四类。能源在生产、运输和消费过程中都可能对其他人产生外部不经济的影响，但是由于能源在消费环节中经过燃烧后产生的化学物质对环境产生严重污染，其影响范围和影响程度远远超过了生产环节，因此主要表现为消费外部性。

（三）交互外部性

按照作用方向，外部性可分为单向外部性和交互外部性。单向外部性指一方的行为给另一方带来了外部性而反之则无；交互外部性指双方或多方的行为均给对方或其他方带来了外部性。交互外部性发生于所有当事人都有权利接近某一资源并可给对方带来影响的情形。能源的使用者都对生态环境造成了污染，互相之间彼此都存在外部不经济效应，因此表现为交互外部性。

（四）可转移外部性

按照产生的影响在时空上能否转移，可分为可转移外部性和不可转移外部性。其中若按在时间上能否转移，可细分为代内外部性和代际外部性。代内外部性指仅对当代人产生影响，不影响后代人；代际外部性指产生的外部性影响可随时间向后推移，不仅对当代人，对后代人同样也会产生影响。若按在空间上能否转移，可细分为区内外部性和区际外部性。区内外部性指仅对本地区有影响，对其他地区无影响；区际外部性指产生的外部性影响可在空间上转移，不仅对本地区，对其他地区同样也会产生影响。由于能源燃烧主要是对大气产生污染，污染的后果在时间上是可以延伸的、在地域上是可以扩散的，因此表现为可转移外部性。

（五）公共外部性

按照影响特征，外部性可分为私人外部性和公共外部性。私人外部性指个体与个体之间的外部性，通常可以通过互相谈判或协商能以解决；公共外部性指外部性具有公共产品的非竞争性和非排他性特征，即在其影响范围内会给所有的成员无一例外地带来额外收益或额外损失。能源消费所产生的外部不经济，任何受到影响的个体都无法通过自身的能力加以拒绝，一个人对环境污染的消费并不会减轻其他人受损害的程度，因此表现为公共外部性。

三、外部性内部化的理论

外部性的存在使市场均衡偏离了帕累托最优状态，由此带来了市场资源配置的低效率或无效率。解决外部性问题的基本方式是外部性内部化。但如何进行外部性内部化，经济学家之间却产生了激烈的争论，形成了两大流派。

（一）庇古税理论

市场机制对于外部性的作用会表现为失灵，不能实现资源的有效配置，但市场机制对于大部分资源还是有效的。因此，政府解决外部性的方法通常是以弥补市场机制的不足为目的，而不是完全代替市场。利用一定的政策工具将外部性内部化，其中有代表性的就是庇古税，它是英国福利经济学家庇古 1920 年在《福利经济学》中提出，政府应当根据污染所造成的危害对排污者征税，这种税被后来的福利经济学家和环境经济学家称为“庇古税”。这是一种以市场为基础向私人提供符合社会效率的激励政策，按照庇古思想，在存在外部效应的情况下，生产的边际社会成本与边际私人成本才有背离。并且厂商的生产规模比社会最优规模大。在这种场合，需要对厂商课以等于边际外部成本的税收，以弥补社会边际净损失，同时又将厂商私人边际成本提高到社会边际成本的水平，从而迫使厂商将产出拉回社会最适规模，污染水平同时下降为最优污染水平。庇古税可以理解为通过税收调节，解决边际私人成本和边际社会成本之间的差异，进而消灭外部性影响。对产生正外部性的活动进行补贴和对产生负外部性的活动征收庇古税，原理是一样的。

政府可以运用的另一个方法是政府管制，如制定法律规范，利用强制力执行实施。还可以进行宣传教育，以促进人们自我道德规范的树立。

（二）科斯定理

科斯于 1960 年在其出版的《社会成本问题》中对庇古理论进行了批判，并且指出在产权界定明晰的情况下，政府干预是不必要的，外部性问题可以通过重新分配产权得以解决。后来的经济学家斯蒂格勒将其观点总结为著名的科斯定理。

科斯定理一：当交易费用为零时，无论权利如何界定，均可通过市场交易和自愿协商达到资源的最优配置。

科斯定理二：当交易费用不为零时，不同的产权界定会带来不同效率的资源配置，此时法律制度对于产权的初始安排和重新安排的选择是重要的，即可以通过合法权利的初始界定和经济组织形式的优化选择来实现资源的优化配置。

关于利益各方达成经济协议解决外部性的做法，科斯定理表明：如果没有产权的界定、划分、保护和监督的规则，产权交易就难以进行，即产权制度是人们进行交易、优化资源配置的前提。外部性的内部化问题，无需抛弃市场机制，通过法律手段和相互协商即可得到解决。

科斯认为，在许多情况下，外部影响之所以导致资源配置失当，是由于财产权不明确。如果财产权是完全确定的并得到充分保障，则有些外部影响就可能不会发生。例如，某条河流的上游污染者使下游用水者受到损害。如果给予下游用水者以使用一定质量水源的财产权，则上游的污染者将因把下游水质降到特定质量之下而受罚。在这种情况下，上游污染者便会同下游用水者协商，将这种权利从他们那里买过来，然后再让河流受到一定程度的污染。同时，受到损害的下游用水者也会使用他出售污染权而得到的收入来治理河水。利益各方达成经济协议是有条件的，首先要对各方的产权给与法律上的限定，其次就是在达成协议的过程中交易成本要足够小。达成经济协议的交易成本只有小于解决外部性而获得的利益时，利益各方才会为此支付成本，否则利益各方只会选择让问题不了了之，这时外部性依然存在。

另外，对于外部性问题可以采用自我道德规范的做法。它是指在道德信念的支配下，受市场机制激励的交易双方自觉地考虑到社会效益、环境效益，而不是完全以经济效益为目标，例如上述的石油供应双方充分考虑到社会承受环境污染的能力，自觉将交易量控制在社会最适量的水平上，这是一种对付外部性的道德约束。对正外部性则恰好相反，例如在道德信念激励下，生产者可能会以社会效益为目标开发推广先进技术。自我道德规范的模式存在很多，教育、宣传、慈善组织等都是鼓励或促进人们遵循道德规范的常见做法。

四、能源外部性内部化的可行措施

(一) 对于能源问题可能无效的一些措施

针对能源具有的外部性特征，在上述一些外部性内部化的解决措施中，以下几种对于能源可能是不适用的：

1. 押金—退款

押金—退款实际为征税和补贴组合的变形，它是指对一些可能引起环境污染的产品在购买或使用初期向消费者收取押金，而当产品经使用后返回处理或循环再利用环节时将押金退还给消费者的一种方法。该措施主要适用于一些废弃后可以收集起来以供集中处理或回收利用的固体物质，避免这些废弃物对环境造成污染，如塑料制品、纸制品、玻璃瓶、易拉罐等。而能源的消耗过程主要是发生化学反应的过程，使用后排放的废弃物多为气体，无法收集，更无法循环利用。因此，押金—退款制度不适用于能源外部性问题的解决。

2. 自愿协商

自愿协商是指产生外部性与受到外部性影响的双方(如污染者和受污染者)聚集到一起，通过自愿谈判和协商，使用贿赂和赔偿等手段来弥补受害者的损失，最终达成一致意见，确定一个双方均满意的最优污染水平。该措施能够顺利进行的前提是市场机制发展完善，资源产权划分明确。目前我国正处于市场经济转轨阶段，整个社会的市场机制没有充分建立，部分行业和部门仍留有计划经济体制的弊端，完全由市场来自行解决能源外部性问题的时机尚未成熟。此外，能源的公共外部性和代际外部性特征，决定了谈判和协商的过程无法进行。首先，能源的公共外部性使得受外部性影响者众多，污染者不可能和受污染者一一进行谈判；同时，由于受污染者的经济收入水平高低不一，也无法确定统一的赔偿金额，即双方不能达成一致意见。其次，能源的代际外部性使得当代人消耗能源带来的环境污染将延续影响到后一代甚至后几代人，而后代人根本无法同前人进行谈判，更谈不上索取赔偿了。因此，自愿协商制度也不适用于能源外部性问题的解决。

3. 排污权交易

排污权交易是经济学家戴尔斯在科斯定理的基础上提出的，他将政府作用和市场机制融合起来共同解决外部性问题。排污权交易制度的具体做法是：首先由政府向企业发放排污许可证，企业根据排污许可在特定区域内排放一定数量的污染物；排污许可证及其所代表的污染权是可以买卖的，企业及其他经济主体可以根据自身的需要，在市场上买进所需的排污量或卖出多余的排污量。排污权交易的主体主要是政府和企业以及企业和企业。而能源的消费外部性特征表明，除在工业生产中广泛应用能源之外，家庭生活用能也占据较大比重，因此存在消费者分布零散、排污量小者数目较多的特点。若采用排污权交易，一方面政府无法针对个人或家庭发放排污许可证，另一方面政府无法对排污权的市场交易进行有效监控。因此，利用排污权交易制度解决能源外部性问题同样是不适用的。

（二）对于能源问题可行的一些措施

为消除能源的外部不经济，政府干预市场过程中能够采取的可行措施包括：

1．征税

对产生外部不经济的行为征收税款或收取费用，既增加了政府的财政收入，又直接抑制了外部不经济的行为。

2．补贴

对减少外部不经济的行为提供财政补贴、税收或贷款优惠等激励措施，其作用与前一种措施是互补的，补贴资金的来源，主要就是对产生不经济行为的征税。

3．立法

由国家制订相应的法律法规禁止执行外部不经济行为，是发达国家行之有效的方式。当然，鉴于法律干预的特殊性，采用法律干预的领域应当谨慎选择，而且应该与经济手段密切配合。

4．管制

由政府部门利用行政指令对产生外部不经济的行为进行管制，也是一种可行的方式。不过由于国家干预对市场具有较强的破坏性，因此，管制的领域、方式、强度应当谨慎选择。

第三节 公共选择理论

一、公共选择理论的起源和发展

公共选择理论起源于20世纪40年代末至50年代初，是针对传统经济学领域中的一些争论而产生和发展起来的。第二次世界大战之后，凯恩斯主义成为新的主流经济学，使得通过政府干预来弥补市场缺陷的理论研究达到高潮。凯恩斯理论认为市场经济的内在缺陷必然导致经济衰退和严重失业，而只有国家的干预才能解决市场失灵问题。但是在随后的实践中证明，政府对市场经济的干预并不像理论所设想的那样有效，财政赤字、通货膨胀和失业等问题仍严重困扰着国家经济。而且，随着公共经济活动的扩大，政府干预对经济产生了不利的影响，表现为效率降低、稳定破坏以及收入分配不公平愈演愈烈。经济学界对传统经济学理论的不满情绪逐渐广为传播，公共选择理论就是在这种情况下孕育而生的。公共选择学派将经济学的分析方法引入政治领域，运用效用最大化、供求分析等经济学方法对政府机构、政党、利益集团和选民在政治决策过程中的行为模式进行系统研究，开拓了经济理论研究的新篇章。

早在1896年，瑞典的威克塞尔(Wicksell)在《财政理论研究》一书中就提出了现代公共选择理论的三个基本要素——方法论上的个人主义、个人行为的有限理性、政治和社会对经济的作用，他认为仁慈君主和国家谋求公众利益在自由市场经济条件下是不可能的，认识到资源配置和再分配之间区别的重要性，并且认识到必须以各自独立的投票程序来作出这些决策。

1938年亚伯拉姆·柏格森(Abram Bergson)在对社会福利函数的创新性分析中表明，可以将经济学家的个人主义、功利主义伦理学融入政府的目标函数之中。

1951年肯尼斯·阿罗(Kenneth J. Arrow)《社会选择与个人价值》一书在柏格森论文的基础上，刻画了社会福利函数得以实现的市场或政治过程的特征。以此为起点，相关文献开始大量涌现，这些文献研究的焦点集中于在个人偏好给定的情况下应当选择何种社会状态的问题，其中对社会福利函数的研究发展成为规范性公共选择的主要部分。

被誉为“公共选择理论之父”的詹姆斯·M·布坎南(James Mcgill Buchanan)于1954年发表了两篇专门研究公共选择的文章——《社会选择、民主政治与自由市场》和《投票中的个人选择与市场》，着力探讨了市场中的个人选择与投票中的个人选择之间的关系。

安东尼·唐斯(Anthony Downs)于1957年发表《民主的经济学理论》，试图通过把注意力集中于政党行为而建构起一种类似于市场理论的政府理论，他指出在西方民主制度下，政治家们制订经济政策时主要考虑的是政策对再次当选可能性的影响，而对社会总福利函数的改进和效率提高的努力只不过是这一过程的副产品。邓肯·布莱克(Duncan Black)于1958年发表的《委员会与选举理论》，对政治的公共选择和全体成员投票程序进行了创造性研究。

1962年詹姆斯·M·布坎南(James Mcgill Buchanan)和戈登·塔洛克(Gordon Tullock)合著的《同意的计算》，为现代公共选择理论奠定了强有力的基础。

1969年布坎南和塔洛克在弗吉尼亚共同创建了公共选择研究中心，并编辑出版了《公共选择》杂志。1982年，公共选择研究中心扩展到乔治·梅森(Geroge Mason University)大学，吸引了越来越多的学者加入公共选择学派，他们利用公共选择理论来研究公共财政政策、分析市场失灵与政府失灵，为经济、政治机制的运行奠定理论基础，公共选择理论由此得到迅猛发展。

二、公共选择理论的主要内容

经济领域和政治领域是相互依赖的，一方面，政治领域的主体——政府需对经济领域中的市场失灵问题进行调控和整治；另一方面，社会经济状况的好坏决定了政府能否赢得人民的支持，而政府为了获得人民的支持(以投票形式表现)，将如何有效配置资源、干预经济领域、制定和实施政策作为它的一项重要工作。公共选择理论是架在经济领域和政治领域之间的理论桥梁，主旨在于应用经济学的理论假定和分析方法来研究非市场决策的选择与制订，其在政治经济学、公共财政理论的基础上对传统经济理论进行延伸和扩展，从理性的利己主义行为假定中发展出了一系列解释性和预测性的定理。

(一) 投票理论

投票理论是针对公共物品的理论。公共物品(public goods)是指“不论每个人是否愿意购买它们，它们带来的好处不可分开地散布到整个社区里的产品”，其具有三个基本特性：效用的不可分割性、消费的非竞争性和受益的非排他性。例如国防、治安、教育、医疗、环保、交通、市政建设等公共设施及公共服务，每个人对这些物品或服务的消费既不会阻止、也不会减少其他任何人对该种物品或服务的消费。由于公共物品具有与私人物品完全不同的特征，因此市场机制无法有效地配置公共物品的供给和需求。公共选择理论则认为公共决策（非市场决策）的形成是社会中不同个体之间利益平衡的结果，阐明了将个人偏好转化为公共决策的方法和程序——投票规则。肯尼斯·阿罗将投票描述成“一种纯粹的社会选择行为……社会按照选定的投票制度加总选票作出选择”，投票已经成为解决公共物品资源配置的有效机制。

投票理论的主要内容包括：

1. 个体理性

首先，人是理性个体。公共选择理论认为人都是关心个人利益的，是理性的“经济人”，并且是效用最大化的追逐者，他将根据自身的偏好及有限的社会资源迫使自己就需要进行选择的问题作出合适的决策。它假设政治领域中的个人像市场中的个人一样，理性地按照他们自己的获益方式行动，选择确保实现自身利益最大化的相应决策。由于公共物品是向社会上的所有人共同提供的，因此必须借助于集体选择过程来进行决策。集体选择即是个体效用函数中的各种差异得以逐渐协调的过程。当个体选择通过某种特殊的决策规则而被结合在一起时，集体选择就成为个体选择的结果。

其次，个体理性是有限的。同时，公共选择理论也认为个人掌握的知识是不充分的、信息是不完全的，在政治过程中，个体参与者对于自身选择的决策会对自身带来何种后果是不确定的，这种特殊的不确定性因素限制了个体理性在公共选择中的实用性。公共选择是由个体通过民主政治过程来决定公共物品的供给和产量，当出现个人利益相互冲突的情况时，只能通过一定的投票规则来达成意见一致。

2. 一致性规则

由于公共物品能使所有人都从中受益，因此从理论上讲，公共物品供给的投票规则似乎应该是全体一致同意。威克塞尔（Wicksell）是第一个将所有人从集体行为中受益的可能性与全体一致通过规则联系起来的学者，他认为政治代理人的决策必须受到全体一致同意规则的制约，建议通过一致性规则使每件公共物品由一项独立的税收来融资，由此构成税收“新原理”。利用一致性规则，能够获得达到帕累托最优状态的公共物品的数量和公共决策的制订规则，确保全体成员都能得到最大程度的满足。但是在现实生活中，全体一致同意是很难达到的，原因主要在于：其一，在各个成员偏好不相同的大型社区内，寻找符合帕累托标准的一个均衡点可能需要相当长的时间，一些成员在寻找一致性过程中的时间损失可能会超过他们获得的收益，这种情况下他们宁可投否决票而不愿再浪费时间去要求一致性的通过；其二，当不同成员之间的效用函数存在较大差异时，为达成一致意见就要经过谈判和协商，参加协商的人员越多，所需费用就越高，达成一致意见的可能性就越小，而当决策成本相当高时，社会就会因为缺乏决策效率而遭受损失；其三，由于信息是不对称的，当某个成员掌握更多信息时，他可能会迫使其他成员投赞同票以使自身获得最大利益，但如果还有其他成员也掌握同样多信息并采取同样行动时，最终结果就取决于双方讨价还价的能力。

3. 多数通过规则

由于一致性规则难以实现，经半数以上投票人同意即获得通过的多数通过规则成为广泛适用的投票规则。多数通过规则可能会诱导人们去结盟以及为了得到再分配的利益去重新解释议案，因此必然导致议案的循环。当出现无休止的循环时，多数通过规则只有专断，否则无法选出获胜的议案。

多数通过规则虽然可以弥补一致性规则中决策成本过高的不足，但也有其自身的缺点，例如容易产生专制行为，决策结果不断循环，少数人操纵投票过程，策略性投票等。这两种投票规则适用于不同的假设条件下(见表 3-2)。

多数通过规则和一致性规则的假设条件　　表 3-2

假　设	多数通过规则	一致性规则
1. 对策的性质	冲突的，零和的	合作的，正和的
2. 议案的性质	再分配，产权(某些利益、某些损失)，单维的相互排斥议案	配置效率改善(公共物品、外部性消除)，具潜在多维度议案，且所有人都可从中获益
3. 强度	所有议案相等	无假设
4. 委员会的组成方式	非自愿性，成员是外生地、随机地聚在一起	自愿性，有共同利益和相似偏好的人联合在一起

续表

假　　设	多数通过规则	一致性规则
5. 退出的条件	阻碍的，代价昂贵的	自由的
6. 议案的选择	外生地或无偏好地提出	由委员会成员提出
7. 议案的修正	为避免循环而有约束或排斥的	委员会决策过程中内生的

4. 不可能性定理

美国经济学家阿罗在其《社会选择与个人价值》中提出了“不可能性定理”，证明在投票过程中多数通过规则并不能代表多数社会成员的意志，或者说，无强制或无独裁的公共选择并不存在。阿罗提出，要真正体现全体社会成员的意志，达到符合帕累托原则的社会状态，社会福利函数必须能够同时满足以下五个假设条件：

(1) 全体一致性(帕累托假设条件)

如果某人偏好没有招致他人相对立偏好的抵制，该偏好可以保留在社会偏好序列中。

(2) 非独裁性

没有任何一个人能够享有这样的权利，即无论何时当他在任意两个备选方案中表达出某种偏好而所有其他人表达出相反的偏好时，他的偏好却总能保留在社会偏好序列中。

(3) 传递性

社会福利函数对所有可行的备选方案给出一种一致的序列。也就是说，(aPbPc)→(aPc)，以及(aIbIc)→(aIc)

(4) 值域性(无限制的区域)

存在着这样一种“普遍的”备选方案 u，它使得对任一对其他备选方案 x 和 y 以及对每个人，u、x 和 y 之间六种可能的严格序列中的每一种序列必定被包括在个人对所有备选方案的某种可接受的排列之中，即社会选择过程允许三个备选方案 x、y 和 u 的任何一种可能的排序。

(5) 无备选方案的独立性

对任意两个备选方案之间的社会选择，必须仅仅取决于人们对它们的排序，而不依赖它们相对于其他备选方案的排序。

阿罗强调指出，在现有的信息条件下，根本没有一种办法，能够同时满足以上五个条件。对此可举例进行简单说明(见表 3-3)：

阿罗不可能性定理的证明　　表 3-3

选择顺序 / 选民	方案		
	X	Y	Z
甲	第一	第二	第三
乙	第三	第一	第二
丙	第二	第三	第一

在表 3-3 中，按照三位选民对备选方案的选择，利用多数通过规则，可排列出三种方案的次序：首先，比较方案 X 和 Y，由于甲和丙均选择 X 优于 Y，因此可得出 X 优于 Y 的结论；其次，比较方案 Y 和 Z，由于甲和乙均选择 Y 优于 Z，因此可得出 Y 优于 Z 的结论；最后，比较方案 X 和 Z，若按照传递性原则，X 优于 Y 和 Y 优于 Z 可得出 X 优于 Z 的结论，但实际上乙和丙均选择 Z 优于 X，此时就会出现多数通过规则无法满足多数选择意愿的状态，即“投票悖论”。

阿罗的不可能性定理提示了政治决策过程中矛盾的内在原因，表明政府在制定政策时若想使全体社会成员的福利实现最大化，是根本不可能的，政策制定和执行中的强制性和独裁性是不可避免的。

(二) 俱乐部理论

俱乐部理论的奠基人是布坎南和蒂鲍特(Tiebout)，布坎南描述了俱乐部规模的确定，即提供准公共物品的数量和最优条件；蒂鲍特则将该理论引申到地方性公共物品的提供，建立了使整个社会达到帕累托最优状态的“用脚投票”模型。这里的俱乐部是指一个提供排他性公共物品的自愿协会，行政社区和地方政府是广义上的俱乐部。俱乐部使其所有成员从准公共物品中获得收益，而成本由全体成员共同分担。俱乐部理论可广泛应用于社区与城市规模、公用事业、行业规模、政府分权、决策制订等方面的研究。

1. 布坎南的“俱乐部均衡理论”

布坎南使用了游泳俱乐部的模型来研究自愿俱乐部的效率性质，在该模型中个人对公共物品和私人物品有着同样的爱好。假定游泳池规模和总成本是固定的，俱乐部成员的爱好和收入是相同的，则成本可以平均分摊。增加一名新成员给老成员带来的边际收益表现为老成员成本负担的减少，而从新成员获得的额外收益将随着俱乐部人数的增加而逐渐下降，俱乐部的最优规模将由新增一名新成员带来的边际成本上升和其分摊不变成本而给老成员带来的边际收益下降相等的点来确定。该理论也可用来说明纯公共物品和私人物品的情况，对纯公共物品而言，多增加一名新成员不会减少老成员对整体利益的享用，因此俱乐部的最优规模是无限的；而对私人物品而言，多增加一名新成员将使得老成员损失的效用大大降低，可能超过由此带来的收益，因此俱乐部的最优规模为 1，即只有一名成员。

2. 蒂鲍特的“用脚投票理论”

公共物品按时空划分，可分为全国性公共物品和地方性公共物品，地方性公共物品由地方政府提供，受益范围为地方政府管辖区，而随着消费者的增加，会产生规模经济和拥挤成本，降低原有消费者的效用，从而具有了消费的竞争性。不同的区域可能会提供不同的公共物品(如税收、公用事业等)，当人们在不同社区或城市之间可以自由流动时，就会主动地选择使自己效用达到最大化的社区或城市居住，从事自己的工作，维护和接受当地政府的管辖，这种通过迁移流动而显示自己偏好的行为，就像是无言的用脚投票，传统投票机制中的缺陷将得以消除。“用脚投票”达成的全体一致性规则，是一种分权决策机制，具有获得地方公共物品最优配置的内在动机，可以自动地实现全社会的帕累托最优状态。但是，“用脚投票”达到全局最优必须符合以下的假设条件才能实现：

(1) 有市民的完全流动性；

(2) 所有社区(俱乐部)特征的完整知识；

(3) 社区(俱乐部)可能选择的范围涵盖了市民希望的公共物品可能性的所有范围；

(4) 没有生产公共物品方面的规模经济和(或)没有相对于人口规模的最小生产的最优规模；

(5) 社区之间没有溢出效应；

(6) 人们没有关于收益的区位约束。

(三) 官僚经济理论

投票理论和俱乐部理论是从需求角度探讨公共物品的最佳数量，而官僚经济理论则是从供给角度对公共物品进行研究，主要分析公共部门的行为动机、行为约束及效率问题。以戈登·塔洛克(Gordon. Tullock)和安东尼·唐斯(Anthony Downs)为代表的公共选择学派认为，官僚是以追求个人利益而存在的理性“经济人”，官僚机构是公共物品的供给者，官僚行为与官僚机构之间遵循制度约束下的刺激反应。威廉·尼斯坎宁(William A. Niskanen)首次尝试了在公共选择框架内系统研究官僚政治，他列举了一个官僚可能的目标：薪金、职务的特权、公众中的声誉、权力、庇护人的身份、部门的产出、作出改变的自由自在感和管理该部门的自豪感；并认为除最后两项之外，其他各项都与预算的规模有着正向的单调联系，预算是官僚的动机或目标函数，官僚追求预算的最大化以满足个人效用的最大化。由于部门权力和该部门控制的资源规模成正比，官僚既掌握了一切有关公共费用的信息，同时又负责拟定政策草案，如果他们拟定的政策得以实施的话，所属的政府部门将会获得与之相适应的预算。因此，在拟定预算时，官僚所要求的预算成本总是超出实际所需成本，官僚行为必然会带来政府机构膨胀的趋势，并且会阻碍社会福利的增加。

官僚(政府官员)虽然有追求预算最大化的欲望，但它同时也要受到法律或决策制订者的约束和制裁，官僚机构内部一些揭发腐败内幕的官员会随时给执法者提供预算超额的信息。决策制订者以决策如何很好地服务于人民的利益为依据来争取群众的支持(投赞同票)，官僚则以如何很好地评价他们给决策制订者提供的产出为依据来争取晋升和奖金。这两类主要行为者之间的利益有时会发生冲突，如官僚为创造更大的产出，可能会制订超出人们期望水平的预算；而预算过高，将使得选民对决策的制订产生怀疑而投出否决票。

公共选择学派认为市场失灵并不是政府干预经济的充分条件，相反政府也存在失灵的领域，具体体现在公共物品的供给不足、公共部门预算过高、供给成本超过实际所需成本从而造成社会资源浪费等方面。但是，如果一个官僚机构必须与其他机构一起来竞争预算资金，那么它的控制能力会被削弱，将被迫公布较低的预算金额。因此，为抑制官僚机构的规模扩张和消除公共部门的低效率，首先，必须在公共部门中引进竞争机制，打破公共物品供给的垄断；其次，必须强化政府机构的监管力度，成立专门机构科学地评价政府官员的绩效，对提供虚假及超额预算者给予严厉的惩罚。

(四) 寻租理论

按照安娜·克鲁格(Anne Krueger)的定义，寻租是指“那种利用资源通过政治过程获得特权，从而构成对他人的伤害，有理由说对他人损害大于租金获得者收益的行为”。企业集团或个人通过影响政府的公共决策为自己谋取利益的行为即为寻租。戈登·塔洛克(Goraon. Tullock)在其1967年发表的论文《关税、垄断及偷窃的福利成本》中，第一次系统地讨论了寻租行为。

由于政府可以帮助创建、提高或维护某个集团的垄断地位，因此集团将通过游说、贿赂和收买政府官员等方式以求获取垄断特权、得到垄断租金。这种寻租行为将导致社会资源的浪费，詹姆斯·布坎南将对社会来说可能是浪费的寻租支出划分为三种类型：

(1) 这种垄断权的潜在获得者的努力和支出；

(2) 政府官员为获得潜在垄断者的支出或对这种支出作出反应的努力；

(3) 垄断本身或政府所引发的第三方资源配置的扭曲。只要信息和流动性的不对称阻碍着资源的流量，就存在着租金，而只要有租金，就会不可避免地产生寻租行为。公共选择中有可能出现政治家和政府机构凭借特权和垄断信息优势，对利益集团和广大选民的利益造成侵害，使政府的寻租行为恶化整个资源配置环境，造成资源配置的社会成本增加，引起收入的不公平分配和政治秩序的混乱，同时还会出现政府部门极度膨胀，增加市场经济的运行成本，使市场经济效率和政府自身效率降低。在政府规制政策、国际贸易中关税和配额政策以及公共投资项目中都存在明显的寻租行为。寻租的结果是使部分集团和个人的利益获得提高，而社会的整体福利降低。寻租理论证明，政府干预有时候正是资源配置扭曲之源，它可能带来更多的寻租行为和更高的交易成本。因此，政府在对市场失灵领域进行干预的同时，必须考虑到如何避免寻租行为，其中最重要的一点就是要尽量避免建立可能创造租金的制度，这样才能从根本上打击为获取租金而进行的权钱交易行为。

三、太阳能建筑相关激励机制和政策的公共选择要求

从制度经济学的角度看，政府制订的行政法规、经济政策等都是公共部门提供的公共物品。能源具有的外部性特征已经表明政府制订相关的能源政策对市场进行干预是十分必要的。公众对政府当局制订公共决策施加影响的

方式有很多，例如投票、利用私人关系、舆论监督、行贿、为政府官员提供不同形式的便利条件等。依据公共选择理论，能源政策的制订应满足以下几方面的要求：

（一）增加社会福利

各国发展的经验均表明，政策制订必须符合大多数人愿望，以增加社会整体福利为目的，才能受到公众的支持和拥护，政策才能顺利实施。制订一项能源政策，需致力于从根本上解决当前阻碍各国发展的能源问题，要从长远利益出发，制订既维护当代人利益又不使后代人利益受损的能源可持续发展政策。如果随意采用单独处理某个问题的战略，盲目出台只着眼于当前或本地区能源问题的政策，治标不治本，在缓和某一方面的同时却又使另一方面恶化而带来新的难题，最终的结果仍是降低了整个社会的福利。而同那些为实现单个目标的行动相比，人们更愿意为同时实现多个目标的行动付出代价，即只有那些能够同时解决能源短缺、环境污染和全球气候变暖等多方面问题的能源政策，才会有更多的人投赞同票。

（二）吸引人们“用脚投票”

假设有两个社区A和B，社区A内政府颁布实施了一定的能源政策，社区B内则没有实施能源政策，能源政策涵盖的范围即为社区的规模，成员进入社区A，须执行能源政策的规定；进入社区B，则无须执行能源政策的规定。假设社会成员在社区A和社区B内是可以自由流动的，那么依据蒂鲍特的“用脚投票”理论，每一名成员都会从自身利益最大化角度出发，自觉地选择能够最大限度上满足个人偏好的社区居住。如果人们认为能源政策的颁布实施可以增加自身的福利，他们就会主动地执行政策的相关规定，即选择进入社区A，从中享受政策给自己带来的增量收益；如果人们认为能源政策的颁布实施并不会增加自身的福利，他们就会逃避执行政策的相关规定，即选择进入社区B(特殊情况下，即使政策为强制性法律规定，也会有一些人甘愿冒违法的风险而拒不执行)，宁可维持现状而避免产生利益损失。这种无言地表达自身偏好的方式，即是公众对能源政策“用脚投票”的结果。

只有当一个人加入社区A所获得的净收益增量等于或者大于他离开社区B所失去的净收益增量时，迁移才是可能的。因此，政府在制订能源政策时，必须从政策涉及主体的利益角度出发，考虑如何确保集团或个人的利益不受侵害，这样才能真正有效地推动政策的广泛实施，最终实现政策制订的目的。

(三) 避免政府失灵

由于政府中存在寻租行为和官僚思想，在政府干预市场失灵领域时，政府失灵也是会同时出现的。任何新政策制订实施后，总会有一部分人收益增加，而另一部分人收益减少，此时某些集团或个人就会通过直接或间接地干扰公共决策的行为为自己谋求更多的利益，在面对收益减少者的巨大贿赂时，政府有可能会降低政策的执行力度或使新政策形同虚设。由于人们将花费更多的时间组织游说政策制订者和监管者，用更少的时间去执行政策及按规定生产物品和提供劳务，政策执行难以达到预期效果，经济进步将受到限制。而政府官员作为公共决策的提供者和公众的代理人，拥有双头垄断的地位，对个人利益的追求将促使成本不断增加，部门预算不断扩充，而导致社会效率的降低。因此，能源政策制订和实施过程中，要尽量避免包含可能导致贿赂行为的政策条款，对有寻租倾向和官僚行为的政府官员进行严格的监督和管理，采取一切措施降低政府失灵的概率。

第四章　太阳能建筑发展的国内外对比研究

进行国内外的对比研究是发现我国太阳能建筑产业发展不足和发展潜力的重要途径，也是制定和实施有效的激励机制和政策的重要依据。

本书在进行国内外太阳能建筑发展的对比研究时，同样将“太阳能化建筑”一并考虑在内，统称为“太阳能建筑”。

第一节　国内外太阳能建筑发展状况的对比研究

目前世界范围内90%以上利用的是太阳能的光热和光电两大类型，本书对太阳能建筑国内外应用状况的对比也主要是对光热利用和光电利用两大应用领域的对比。能反映太阳能建筑光热应用状况最直接指标是太阳热水器的各类数据，目前学术界和产业界较为通用的是太阳集热器面积的数量指标；能反映太阳能建筑光电应用状况最直接指标是光伏电池的各类数据，目前较为通用的是光伏电池容量指标和成本指标，因而上述两类产品国内外的不同数据是本文对比的主要依据。

一、太阳能建筑光热应用国内外对比

(一) 数量对比

1. 应用数量对比

我国太阳热水器产业相对其他国家来说起步较晚，但由于太阳热水器行业技术含量并非很高，再加上国内需求非常庞大，因而我国太阳热水器产业发展非常迅猛，从1979年以前的几乎一片空白，到上世纪末，已成为全世界最大的太阳热水器生产国和使用国，无论太阳热水器的保有量还是年新装量，都稳稳占据了世界第一的位置，且远远领先于其他各国。

据中国五金制品协会、国家信息中心等部门2003年的一项调查和预测，

目前我国城镇家庭拥有燃气热水器、电热水器和太阳热水器的比例分别为57.4%、31.3%和7.6%，但由于燃气价格和电价偏高，再加上近些年太阳热水器的迅猛发展，未来三年家庭预期购买的三者比例分别是35.8%、30.2%和23.2%。太阳热水器所占市场份额是飞速增长的，三年时间所占份额就增到三倍，增长极具潜力，而另两种市场份额下跌的热水器，燃气热水器下跌速度最快，主要由于近年来国际市场石油能源的价格变化较大且总体呈增长趋势，因而导致消费者对未来的判断：常规能源价格必将继续走高，所以在考虑选用热水器时对太阳能给予了充分的考虑。

2. 人均占有量对比

单纯比较一国太阳集热器总体数量，可以反映出该国太阳热水器产业发展状况，但并不能完全以此作为衡量该国光热利用水平的高低。尽管中国太阳热水器应用在总量上占据世界第一的位置，但考虑到我国同样拥有世界第一的人口，因而，在人均拥有太阳集热器面积数量上，我国处在较低的水平。人均占有量较低，从另一个角度看，也意味着该市场具有较大的提升空间。

（二）技术形式对比

目前太阳热水器目前主要有四种应用形式：平板型、真空管型、简易型(闷晒型)和聚光型，在对四种技术形式进行对比前，首先对其分别介绍：

1. 聚光型

聚光型主要是利用反射光在反射镜面的焦点处将能量聚集的特性，在技术上属于较为高端产品，目前只有美国对其实现了产业化。聚光型太阳热水器虽然效率较高，但由于其特性要求在外观造型上必须作成有湖面或者球面的存在，因而增加了与建筑的结合的难度，所以这也是其未得到广泛应用的原因之一。

2. 真空管型

真空管太阳能集热器的结构类似热水瓶胆，二层玻璃之间抽成真空，大大地改善了集热器的绝热性能，提高了集热温度。同时，真空管内壁采用选择性涂层，有的集热管背部还加装了反光板，因此具有较高集热效率。真空管型的热损耗率最低、热效率最高，适合于高纬度或寒冷但不缺乏太阳能资源的地区使用。我国在1978年从美国引进全玻璃真空管的样管，经过多年努力，已建成拥有自主知识产权的具有现代化生产能力的全玻璃真空管产业。

3. 平板型

平板型主要是在集热器中利用铜、铝或者铜铝合金等金属制作的热管来吸收太阳能。尽管易于吸收，但热损耗率也较高，热效率要低一些。由于成本和价格较低，因而在低纬度或温度较高地区较受欢迎。

4. 简易型

简易型大多属于太阳热水器早期产品，以家庭自制居多，主要是通过一较大储水容器进行闷晒，热效率非常低，且受天气影响很大。目前，该类产品处于逐渐被淘汰的趋势，但在一些热带国家因为太阳能资源极其丰富对热水器效率要求不高，所以仍然具有相当市场。

大多数国家都采用后三种中的一种、两种为主要应用型式，具体选用时，主要还是要与当地的气候条件相结合。

国外主要以平板型太阳热水器为主，我国以真空管型太阳热水器为主，这主要因为一方面与我国拥有真空管型太阳热水器的自主知识产权是分不开的；另一方面是因为我国太阳能资源较丰富地区大多集中在西北、华北和整个北方大部分地区，相对来说年平均温度较低，因而对太阳热水器的热效率要求较高，所以真空管型在我国应用较广。

截至 2003 年，真空管型太阳热水器在我国的市场份额已达到了 83%以上，而简易型太阳热水器市场份额已经缩小至 2%左右，由此可见，我国太阳热水器整体应用水平在提高，简易型逐渐淘汰，平板型保持一个较稳定的应用水平，而真空管太阳热水器的应用在我国发展非常迅速，而且具有广阔的前景，极具进一步开发的潜力。

(三) 应用领域对比

太阳热水器的主要功能是为家庭、系统、单位提供热水，而所提供的热水主要用于洗浴、采暖及其他作用。各国根据各自发展水平不同及社会文化习惯不同，因而对太阳热水器的热水要求和应用领域也不尽相同。发达国家技术水平相对先进，因而太阳热利用应用的领域较为广泛且高端，如奥地利、德国、美国、日本等，除了利用太阳热水器提供家庭热水和热水工程以外，分别还用于采暖、空调、工业用水、泳池加热等对技术要求较高的领域，特别是美国，太阳热利用主要是应用于泳池加热，而这相对于发展中国家甚至一般的国家来说，都是属于比较奢侈的生活需求。此外，一些国家结合本国特点，对于太阳热利用又有一些特殊的要求，如希腊和日本，由于国土部分或者全部临海，淡水资源相对缺乏，因而开发应用了太阳热淡化海水技术。

中国太阳热水器主要用于生活热水和热水工程领域，其中生活热水占绝对优势地位。这说明，受经济及技术条件限制，中国及类似国家对太阳热利用的开发程度距世界水平尚有较大距离，人们对太阳热利用的需求仍停留在提供生活热水这一较为普通的层面上。

(四) 进出口对比

产品进出口数量也是衡量一种产业发展和相关技术成熟程度的重要指标。一般认为，一种产品的进口数量大小在一定程度上反映了该国此种产品的国内产量的市场饱和程度，如果进口数量很小，表明本国产量足以满足国内需求，如果进口数量很大，则表明本国产量相对市场需求存在一定空缺；而出口数量大小除了可以反映该国此种产品生产能力大小外，还可以反映该国此种产品技术水平在国际上的地位。另外，某一段时间的进出口量与该国此类产品的产业政策有关。除国内市场外，太阳热水器也像任何其他产品一样存在着一个国际市场，存在着各国间的交易。

2001 年，美国出口太阳能热水器 7.8 万 m^2，奥地利更是达到了 25 万 m^2，而中国仅为 1.1 万 m^2。这充分说明，由于产品检验和认证制度的限制，以及技术含量偏低的影响，中国太阳热水器产品对欧洲等发达国家的出口量较小，导致总体出口量偏小，据权威部门统计，中国太阳热水器 100 多亿元的产业规模，年出口量仅 1000 万美元左右，不及总量的 1%。

(五) 相关企业对比

各国太阳能热利用发展和应用水平不尽相同，因而相关企业的状况也差别很大。

1. 企业数量和技术水平方面

在一些先进国家如澳大利亚有太阳热水器生产厂商 20 多家，技术较为先进，管理正规，生产执行严格的标准，产品寿命担保 12 年，大多产品寿命都可达到 20 年，这些国家的产品不仅可以牢牢占领本国市场，一些行业领先者如苏拉哈托等品牌在国际市场也有较好的声誉和广泛的销量；而在发展中国家如土耳其，全国范围有12个中等生产厂和一些小规模制造厂，但由于整体技术水平较低，尽管有国家标准但未能严格执行，因而其产品质量较差，维护成本较高，无形中变成该国进一步发展太阳热利用的障碍。

类似的情况同样存在于中国，据不完全统计，目前中国国内有太阳热水器生产厂商3000多家，但年销售额500万元以上只有31家，行业前10名的厂家所占整体市场份额仅为17%左右，产业集中度太低，真正能达到技术先进、规模经济的还很少。大部分企业普遍存在规模较小、技术水平低、无统一标准、质量和价格参差不齐的现状，部分企业恶性竞争、质量低劣产品寿命甚至只有3～5年。因而整个太阳热水器行业发展缓慢、市场混乱。但是在国内也存在一些太阳热利用市场的先行者，一些大企业，如清华阳光、山东皇明和力诺瑞特等重视科技研发和技术改造，投入大量资金用于生产和企业扩张，并逐步引进国际先进技术，生产满足国际规范和标准的产品，有望成为太阳热水器的龙头企业。这一发展也符合国家《新能源和可再生能源的产业发展“十五”规划》，其中明确提出计划在2005年形成5～10家具有国际竞争力的骨干企业。

2. 企业服务方面

太阳热水器作为一种使用周期较长的产品，要想培育完善成熟的市场，不仅仅应该强调质量，更要重视其售后的服务及维护。发达国家成立了较多的太阳热利用服务公司，提供太阳热水器使用、维护和经营的售后服务和技术支持，在太阳热利用市场上作为一种有力补充，发挥了巨大的作用，建立了能源服务市场，促进整个太阳能市场健康发展。例如在美国，1997年有40家太阳热水器生产企业，而相关的技术服务公司多达116家，生产企业与服务企业的比例为1∶3，能源服务机制应用较为普遍。而在我国，大多数公司仍停留在只注重销售的的基本层面，仅有少数正规太阳热水器企业拥有销售及售后服务网点，生产厂商与服务公司的数目之比接近4∶1；至于能源服务的概念更是没有得到大多数投资者认可。

(六) 发展规划对比

可再生能源在全球范围的大力推广和广泛使用为太阳能技术和市场提供了广阔的前景。无论是国内还是国际市场，太阳能热利用都存在极大发展的可能。

目前在我国，太阳热水器城镇销量占总销量很大的比例，但从我国国情出发，农村地区拥有巨大潜在市场。我国13亿人口中，75%生活在农村。伴随着农村经济快速增长，城市化建设的推进，新建农宅和小城镇住宅大量增加，国内现有村镇房屋建筑面积约175亿m^2，在今后的十五年内将新增85亿m^2，增长量将近50%。伴随农村和小城镇人口对生活质量要求的提高，住宅新增量中对生活热水的需求也大幅增加。到2010年，如果农村地区太阳热水器的普及率达到20%，则全国农村太阳热水器的拥有量将达到5000万台，折合约1亿m^2。

根据原国家经贸委2000年颁布的《2000～2015年新能源和可再生能源产业发展规划要点》中，对太阳热水器的具体规划是：到2015年全国家庭住宅太阳热水器普及率达20%～30%，市场拥有量约2.32亿m^2。形成一批年产200～300万规模，并具有较强产品开发能力的骨干企业。国外市场也有很大的发展前景。目前住宅安装太阳热水器比率最高的是以色列，80%的住宅安装了太阳热水器，其他发达国家太阳热水器普及率较之中国有很大提高，这为太阳热水器的进一步推广提供了一定基础。近年来，欧盟对太阳热水器的市场十分关注，提出了2010年安装1亿m^2太阳热水器的规划目标，各国也分别制定了相应的实施计划，因此政策带动了需求迅速增加。欧洲太阳能协会对2020年的市场预测更高达14亿m^2。在发展中国家，太阳热水器已经逐渐被越来越多的家庭使用和接受。预计2010年世界主要国家太阳热水器保有量将达到2.4亿m^2，国外市场将超过1.3亿m^2。

二、太阳能建筑光电应用国内外对比

(一) 应用数量对比

近年来伴随着可再生能源的推广应用，各国加大对光伏电池的研发和生产，全世界光伏电池总产量以每年超过30%的速度增长，2002年世界光伏电池产量559.3MW，2003年更是达到了762MW，增长速度达到了36.24%。其中日本和德国是世界光伏电池的两个巨大市场，推动着世界光伏电池的整体需求。

我国太阳光伏电池的研究始于上世纪70年代，自上世纪80年代后期，随着几条光伏电池生产线的引进，才开始了真正推广应用。我国光伏产业从无到有、持续不断地发展，特别是上世纪九十年代以来，一批先进生产线的引进和几家专业厂商的组建，使我国光伏产业逐渐形成。2003年，我国光伏产业总的生产能力达到了38MW，实际产量达到了15MW。但总体上说，我国太阳光伏应用技术水平仍然较为落后，生产及应用数量较少，与发达国家相比还存在相当大的差距，截止至2002年，世界光伏系统总装机容量达到2.2GW，而中国光伏系统装机总容量仅为40MW。2003年，全世界光伏电池产量762.00MW，中国(大陆)产量仅为15MW，占世界产量的1.96%，世界排名甚至位列印度(26.1MW)和我国台湾地区(18.5MW)之后。

(二) 技术类别对比

1. 电池品种方面

世界光伏电池可分为多晶硅电池、单晶硅电池、非晶硅电池和其他金属化物电池，其中多晶硅和单晶硅统称为晶硅。在各类产品中，由于晶硅电池研制时间较早，成本较低，性能稳定，光电转换效率高，因而应用较为广泛，在整个世界光伏市场的占有率将近90%；晶硅产品中，多晶硅技术最为成熟，所占市场分额也最高，在全部产量中达到了50%以上，对于整个光伏产业的促进作用很大。在我国的光伏电池产业也与世界保持了一致的方向，其中多晶硅占有绝对的比例。2003年，我国光伏总的生产能力达到38MW，其中非晶硅电池3MW，晶硅电池35MW；在35MW的晶硅电池中，多晶硅电池为27MW；2003年，我国光伏电池的实际生产量为15MW，其中晶硅电池13MW，非晶硅电池2MW。

2. 在电池技术性能方面

衡量光伏电池技术性能的一项重要指标是光电转化效率，即对于吸收的光能转换为电能多少的度量标准，一般主要从实验室条件状态下和生产条件状态下两个方面进行考察，前者代表了光伏电池的研究水平，后者代表了光伏电池实际的生产能力。单晶硅电池的研究水平，世界是24.7%，我国是20.3%；单晶硅电池的生产水平，世界是20.1%，我国是14.7%；多晶硅电池的研究水平，世界是19.8%，我国是14.5%；多晶硅电池的生产水平，世界是16.8%，我国是12.5%。我国的技术水平距离世界水平还有一定的差距。

3. 电池成本方面

20 世纪 90 年代末，世界各国由于技术水平不断提高，生产规模迅速扩大，晶体硅光伏电池组件也由最早的军用扩展为民用，经过多年的发展，光伏电池制造成本下降了两个数量级，目前世界主要生产商成本已降到 2.3～2.5 美元/Wp，发电成本为 0.1～0.25kWh。我国光伏电池的制造成本也在不断降低，已由 80 年代的 65～70 元/Wp 降到 2003 年的 26～30 元/Wp，仍高于世界水平。

(三) 相关企业对比

因为光伏技术的高端性和非普遍性，世界光伏产品市场相对其他产品来说具有较强的集聚性和垄断性，几家知名大企业的产量就占据了整个市场的绝对多数分额。以 2003 年统计数据为例，世界光伏电池的产量中，排名前十的公司产量之和就达到 615.3MW，占世界总产量的 80.75%。其中：日本夏普公司为 197.9MW，占世界总产量的 25.97%，居第一位；日本京瓷公司为 72MW，占 9.45%，居第二位；英国 BP Solar 公司为 69.3MW，占 9.1%，居第三位。在产量最大的十家公司中，日本就占有了四家，足见其太阳光伏产业的发达，其余基本由英德两国瓜分。

根据另外一项统计，世界光伏产量前十名的公司中，排名第三的 BP Solar 所属的 BP 公司在全球 50 强能源公司中排名第三，排名第四的 Shellsolar 所属的 Shell 公司排名第二，可见世界著名能源公司除了在传统能源业务上保持领先外，在可再生能源尤其是太阳能光伏利用方面也做了巨大的投入。此外，日本的四家公司夏普、京瓷、三菱和三洋也均是世界知名的电气生产商，西班牙 Isofoton 则为欧洲第一大可再生能源生产商。

相比较而言，中国光伏生产厂商在规模上和产量上和世界知名企业相距甚远，同时整个中国的总产量和其他主要国家相比也差距甚远。20 世纪 80 年代末，中国光伏生产企业都是在半导体器件厂基础上引进国外生产线而逐步开始光伏电池的生产，因没有光伏生产自主知识产权的技术，因而在规模扩大和后期投入上无法实现跨越式发展。进入 90 年代后，一些具有自主研发能力的企业进入高速发展阶段，其中以无锡尚德太阳能电力有限公司最为明显。无锡尚德公司 2002 年底建成一条 10MW 多晶硅电池生产线，2003 年扩大为 25MW。据不完全统计，2004 年年中，尚德公司已达到 50MW 的生产规模，达到光伏产量世界排名第八。根据尚德公司计划，2005 年末将达到年产 150MW 的规模，进入世界排名前五。

(四) 发展规划对比

新千年伊始，许多国家纷纷制定推动光伏技术和工业发展的各项规划。日本通产省(MITI)第二次新能源分委会宣布了光伏、风能和太阳热利用计划，其中光伏发电装机容量在 2010 年达到 5GW；欧盟的可再生能源白皮书及相伴随的“起飞运动”是驱动欧洲光伏发展的里程碑，总目标是 2010 年光伏发电装机容量达到 3GW；美国能源部制定了从 2000 年 1 月 1 日开始的新 5 年国家光伏计划和 2020～2030 年的长期规划，以实现美国能源、环境、社会发展和保持光伏产业世界领先地位的战略目标，按照预计的发展速度，2010 年美国光伏发电装机容量将达到 4.7GW；澳大利亚计划于 2010 年使光伏发电的装机容量达到 0.75GW；发展中国家多年一直保持在世界光伏组件生产产量的 10%左右，预计未来 10 年仍会占据 10%甚至更高的比例，2010 年将达到 1.5GW 以上，其中中国《新能源和可再生能源产业发展规划要点》中就明确提出，到 2010 年，中国光伏发电的装机容量将达到 320MW，比现有的 40MW 翻了三番。

这些规划的实现意味着近 10 年内世界光伏产业将以 28.5%的平均年增长速度高速发展，到 2010 年，世界光伏系统累计安装容量将达到 15GW 以上，世界年生产量将达到 3.2GW。但我们也应该清楚地看到，中国 2010 年的规划量 320MW，只占全世界总体规划量 15GW 的 2.13%，从份额上看非常低，与光热利用在世界上的领先地位形成了鲜明的对比。

三、国内外太阳能建筑发展状况对比研究结论

(一) 国内外太阳能建筑光热利用对比结论

以太阳能建筑热利用重要产品代表太阳热水器为研究对象，从总体应用数量、人均占有量、技术形式、应用领域、进出口数量、相关企业及发展规划等七个方面，对国内外各类数据资料进行详尽的对比，因而在我国太阳能建筑热利用方面可以得出如下几条结论：

1. 中国的太阳热水器产业及其所代表的太阳能热利用市场较为成熟，数年来保持着世界第一的发展速度，已建成全球最大的市场，技术水平基本

与国际市场保持了同步。

2. 尽管市场非常庞大，但人均占有量和世界其他国家相比属于较低水平，而且分布不太均衡，相关产品产销量上仍然存在很大的上升空间。

3. 因为气候条件的原因，我国在太阳热水器技术形式上仍将以真空管为主，并且发展潜力巨大。

4. 热利用技术及产品仍然以普通应用为主，主要应用领域仍是热水提供，在常规技术上拥有自主知识产权，甚至能代表国际先进水平，但高端技术及产品的研发应用距离国际水平尚有一定差距。

5. 生产企业繁多，存在鱼龙混杂、良莠不齐的现象，有的仍停留在手工作坊的阶段，但也有部分企业已经拥有国际先进水平，达到集团化生产规模，建议国家加大对这一类企业的扶持力度。

6. 出口量偏小，与成熟的国内市场及庞大的生产能力不相称，应在尽快提高技术的基础上，扩大出口量，进一步带动市场的发展。

7. 太阳能热利用市场仍然是生产企业占据主角，能源服务企业数量很少，服务机制发展缓慢，与国际成熟市场经验相违背，建议尽快鼓励能源服务企业的建立与发展。

(二) 国内外太阳能建筑光电利用对比结论

以太阳能建筑光电利用重要产品代表光伏电池为研究对象，从总体应用数量、技术类别、相关企业及发展规划等四个方面，对国内外各类数据资料进行详尽的对比，因而在我国太阳能建筑热利用方面可以得出如下几条结论：

1. 中国光电市场从无到有发展较快，但与成熟的国际市场相比，国内市场的容量还是非常小，应用推广程度还是非常落后。

2. 中国光电应用技术水品进步较快，但与国际先进水平相比仍有较大差距，并且没有自己的优势产品，很多企业仍是以进口国外生产线的方式进行生产，没有自主的知识产权。

3. 光电企业规模、实力及投入力度都不大，难以形成规模效应，在国际市场很难占有一席之地。根据目前国际流行趋势，建议国家鼓励国内大型能源企业(诸如国家电力公司、中石油、中石化、中海油等)介入可再生能源行业特别是太阳光伏应用行业，以其庞大规模、强大实力带动光伏事业的发展。

4. 中国光电发展规划偏于保守，规划中的发展速度及总体数量都远远低于世界水平。必须要制定跨越式发展目标，才有希望赶上世界水平，建议国家相关部门加大对光伏研发、应用、推广的投入力度。

第二节　国内外太阳能建筑激励机制与政策对比研究

太阳能建筑作为一种新型的、符合可持续发展要求的建筑，在目前的发展阶段还存在着造价偏高的问题，这使其与仅利用常规能源的建筑难以有效竞争，没有必要的激励机制和政策，是难以被开发商和用户接受的。国内外的发展经验都充分证明了这一点。进行国内外太阳能建筑激励机制和政策的对比研究，可以发现我国太阳能建筑激励机制和政策的不足和潜力，并为我国制定和实施适合我国目前国情的激励机制和政策提供依据。

作为一项新产品的激励机制和政策的研究，需要参考对比的内容较为广泛，从对象上讲，包括该事物已有的激励机制和政策，以及针对那些具有类似背景、相似或相关事物的激励机制和政策；从内容上讲，包括针对同一对象的法律政策、技术政策和一些相关的经济规程和标准；从范围上讲，包括国外相关政策、国内相关政策以及一些地方性的政策；从效果上讲，包括已取得一定效果的政策、正在体现效果的政策和被事实证明是失败的政策。

作为本论文要研究的我国太阳能建筑的经济政策，根据上述对比研究范围，可以确定本文需要参考和对比的内容包括：已有的关于太阳能开发利用的一些经济、法律和技术政策等，针对与太阳能有着类似背景和类似发展历程的其他可再生能源(如风能)的发展政策等，与主题相关联如能源管理政策等，涉及的范围包括国内、国外的宏观、微观激励机制和政策，特别是以国外已取得一定效果的激励机制和政策为主。

一、国外相关激励机制和政策

(一) 美国的相关激励机制和政策

美国是世界上能源消耗最大的国家，为了鼓励使用太阳能等可再生能源，美国制定和实施了一系列的激励机制和政策。

1978年的能源税法规定从1977年到1985年12月，民用节能投资和可再生能源投资的税收优惠是15%(最多不超过300美元)，其中包括保温、挡雨门窗、密封条和采暖炉的改进技术；1992年的能源政策法规定对太阳能和地热能项目永久减税10%；对风能和生物质能发电实行为期10年的产品减税，每1千瓦时(kWh)减少1.5美分(根据当时物价水平确定)；对于符合条件的新的可再生能源及发电系统(1993年10月1日至2003年12月30日之间开始运行的)，并属于州政府和市政府所有的电力公司和其他非盈利的电力公司也给予为期10年的减税，减税额为1.5美分/kWh。

此外，国会先后通过了《太阳能供暖降温房屋的建筑条例》和《节约能源房屋建筑法规》等鼓励新能源利用的法律文件。在经济上也采取有效措施，不仅在太阳能利用研究方面投入大量经费，而且由国会通过一项对太阳能系统买主减税的优惠办法。因此，美国太阳能建筑的发展极为迅速，无论是对太阳能建筑的研究、设计优化，还是材料、房屋部件结构的产品开发、应用，以及真正形成商业运作的房地产开发，美国均处于世界领先地位，并在国内形成了完整的太阳能建筑产业化体系。

早在1978年，美国就颁布了《公共事业管理政策法》(PUREA)，要求电力公司按可避免成本购买可再生能源电力。1992年颁布的《能源政策法》(EPACT)，要求到2010年可再生能源供应量比1988年增加75%，对可再生能源开发给予投资税额减免。1998年又颁布了《国家综合能源战略》，要求加快可再生能源发电技术开发，到2010年非水电可再生能源发电容量至少达到25000MW。

针对可再生能源的利用，目前已有纽约州等11个州提出了对购买和安装可再生能源设备者减免个人收入税的决定；有12个州对集体所拥有的可再生能源设备给予企业所得税减免；有11个州对可再生能源设备的制造、安装和运行所需材料、设备的销售税予以抵扣。

美国“百万太阳能屋顶计划”是规模最大、涉及部分最多、正在逐步实现的项目计划。该计划是1997年6月克林顿总统对国会所作的关于环境和发展的报告提出的，是美国面向21世纪的一项由政府倡导、发展的中长期计划。到2010年将在100万个屋顶或建筑物其他可能的部位安装太阳能系统，包括太阳能光伏发电系统、太阳能热水系统和太阳能空气集热系统。届时，安装的光伏组件总量将达到 3025MW(1996 年全球光伏组件产量只有 90MW)，完成后每年可减少 CO_2 排放量 351 万 t，相当于现在 85 万辆汽车的排放量。目前，美国已有 18 个州通过法律大力推进太阳能的利用，并将太阳能发电供应纳入了可再生能源份额标准的框架之中。以德克萨斯州的经验为例，1999 年通过技术进步和大规模的生产，到 2010 年预计光伏发电成本将从现在的 6.5 美元/Wp 降至 2.0 美元/Wp，相应的电价也将从现在的 22 美分/kWh 降至 7.7 美分/kWh，一些有条件的城市如亚特兰大等城市将成为“太阳城”。

目前，光伏发电比常规发电的成本高，如果没有价格上的优惠政策，将极大影响用户对光伏系统应用的积极性，上述计划和项目也难以实现。因此，美国政府制定了一系列配套政策，以鼓励用户积极采用光伏系统，收到了良好效果。例如，为住宅用太阳能系统提出了新的税收信贷，对屋顶系统提供额外的优惠。如在洛杉矶的政府节能计划中，鼓励每家每户使用太阳能，有关的设备投资，政府可承担一部分。加州电力公司则是以抵消电费来鼓励家家户户去用太阳能发电。另外，美国实施的能源投资减税制度，利用太阳能，可享受投资额 15%的税收优惠，再加上一般的投资减税 10%，最多可减税 25%。萨克拉门托市政公用公司(SMUD)1993 年开始在其辖区内推出“光伏先驱”项目，在 100 户自愿者屋顶上安装并网光伏系统，实行“绿色电价”，以后每年发展 100 户。该项目得到用户的热烈响应，每年有 500～1000 户报名参加。到 1997 年底，已经安装了 450 套光伏系统，总容量 6MW，其中用户光伏系统超过 420 套，其余为商业建筑、停车场、太阳能路灯等。计划在 1998～2002 年的第二个五年中，将安装 3000 套屋顶并网光伏系统，总容量 10MW。此外，政府的公用事业改造计划中还提出：将建立系统保险金，以扩大可再生能源发电；制定可再生能源保险业务标准，确定可再生能源发电的最低标准，确立网上计量及标准化互连。如今太阳能电池的价格只有 20 世纪 80 年代的 1/3。不但在应用规模上不断扩大，且在太阳能电池板与建筑环境有机融合，太阳能利用与建筑一体化设计方面做得很成功。美国的光伏—建筑一体化是政府利用融资杠杆，寻求多方合作，联系社会、人口、经济、资源、环境的一项长期系统工程。多年实践证明，光伏—建筑一体化项目的实施，不仅达到了创造舒适的建筑环境、降低建筑物能耗、减少温室气体排放的目的，而且扩展了能源选择、创造了大量新的就业机会，并促进相关产业的发展，使美国的太阳能产品在世界上更具竞争力，给美国带来相当可观的环境和经济效益。

(二) 日本的相关激励机制和政策

日本的可再生能源政策核心集中在国家和私人企业共同研究开发项目，开发的重点是太阳能电池和风能。日本1994年开始实施"朝日七年计划"，到2000年安装16.2万套联网屋顶光伏系统，光伏组件总安装容量185MW。1997年之前推行"万户屋顶"计划，通过对电力消耗征收附加税的方式筹资，对所有装备太阳能装备的家庭，予以相当于设备成本1/3的津贴，同时电力部门承诺以市场价格回购太阳能装置生产的超出家庭消耗需求的电。1997年又再次宣布实施"7万太阳屋顶计划"，光伏组件总安装容量280MW。2000年，政府对1～10kW和1～4kW光伏系统的补贴分别为2505美元和1670美元。2000年近19000户家庭安装了光伏系统，其安装总数从1994年计起已达51899户家庭。1999年，日本的光伏装置容量为205MW，到2010年，其装置容量将达到50亿W。

据最新数据，到2001年底，日本国内已建设光伏系统5.2万套，光伏组件总安装容量312MW，日本政府提出"新阳光计划"将发展太阳能光伏发电作为国策，发展目标是，到2010年，光伏组件总安装容量4820MW。计划期间要推进万户家庭住宅屋顶装备太阳能设备，为此国家的财政投入从1994年的2000万美元增加到1.47亿美元。

1997年通过的新能源法，重点集中在技术发展方面，计划到2010年使日本可再生能源占全部能耗的3.1%。计划的主要政策手段是，政府动员各大能源供应商积极购买通过可再生能源方式生产的电力。电力公司要对用可再生能源设备生产的电力支付零售电价。购电合同期为15年，合同期内购电价水平依市场电价随时调整。日本着重开发太阳能电池，计划到2010年全国太阳能发电装机总容量达5000MW，计划期间要推进万户家庭住宅屋顶装备太阳能设备，为此国家的财政投入从1994年的2000万美元增加到1.47亿美元。计划还有一个重要的目标是发展大规模生产太阳能电池能力，这也是日本制造业能够在1997年就实现出口35MW太阳能电池装置的主要原因。

为了加快建筑物中可再生能源的推广应用，1974年7月，日本制订了第一个新能源技术开发的长期规划——“阳光计划”，主要用于研究开发太阳能、地热能、氢能和风力发电等新能源。1980年5月，又通过了旨在“减轻日本经济对石油依存度，促进国民经济稳步发展和人居生活安定”的《促进石油替代能源开发和利用法》，其中增添了太阳能、新燃料油、生物能和海洋能等替代石油的新能源利用技术的开发。为了确保石油替代能源战略的顺利进行，日本于1980年开始征收电力开发税和石油税，将税收收入用于新能源技术的开发利用。并组织建设了一些新能源利用的示范工程，例如1994年在通产省推行700户住宅用光电发电系统，由政府给予90万日元/kW的补贴；1997年推行的一个称之为“万户屋顶”的太阳能利用项目，该项目通过对消耗电力征收附加税的方式筹资，对所有装备太阳能设备的家庭，提供相当于设备成本1/3的津贴，同时电力部门承诺以市场价格回购太阳能设备生产的超出家庭消耗需求的电力；近几年来，政府承诺为安装太阳能设备的家庭提供50%的赞助。1997年6月，日本制定了《新能源利用促进特别措施法》，规定政府、能源使用者、能源供给者及地方公共团体对新能源的发展利用应尽的责任和义务，并由政府在财政、融资等方面提供一系列优惠政策。

(三) 欧盟的相关激励机制和政策

太阳房在欧洲等地有了很大的发展。欧洲已实行了《在建筑和城市规划中应用太阳能》的欧洲宪章，对城市、建筑环境、建筑材料及建设方式、建筑的使用等方面利用太阳能做了具体的规定，对规划师、建筑师提出了明确的要求。在欧洲许多国家，太阳能装置市场仍然持续增长，在德国、芬兰、奥地利等国家安装太阳能装置可获得25%～35%的补贴。

在过去的20年，欧洲各国积极推动了太阳能技术的发展。所有欧盟成员国都建立了支持欧洲太阳能工业发展的投资计划。按照1994年6月可再生能源的马德里会议宣言，欧洲又制定了“可再生能源活动计划”，确定了到2010年，在欧洲联盟中将以可再生能源替代常规能源需求总额的12%的总目标，到2020年这个比重要达到20%。欧盟能源委员会不仅提出这两个阶段性目标，还将总目标分解到每一年，对每年所要达到的目标作出具体规定，甚至根据不同国家经济发展状况及能源资源分布提出了针对各国的可再生能源每年发展目标，所有目标的累积正好可以保证总目标的实现。欧洲丁

1997年左右也宣布了百万屋顶计划，计划于2010年完成。

鉴于欧盟各国都在不同程度上着手开展本国的太阳能热利用产品认证工作，2000年欧洲标准化委员会(CEN)决定，在欧盟范围内实施太阳能热利用产品统一认证，命名为“SOLAR KEYMARK”（项目编号：AL/2000/144）。

(四) 英国的相关激励机制和政策

英国是通过一种称为“非化石燃料义务”的政策手段，来促进可再生能源发展。在“非化石燃料义务”政策框架内，电力供应商必须购买一定量的非化石能源电力。如非化石能源生产的电力成本高于化石原料电力就从向煤电征收的税款(1995～1996年度税收为1.6亿美元)中拨付补助金。政府通过向所有的电力征收的税收支持一切利用非化石燃料发电的企业。这类企业要取得政府资金支持，需要风力协会、小水电协会参加竞争，取得有关协会的技术认证。竞争投标获胜者可以获得为期15年的长期供电合同。这种竞争投标定期举行，到1999年共有5轮。最近一轮竞标将促进在今后20年增加1000MW的可再生能源装机容量。

目前，英国房地产商在出售房屋时要缴纳印花税，税率按房屋售价确定。售价在6万英镑以下，则税率为零；售价在6万英镑～25万英镑，则税率为1%；售价在25万英镑～50万英镑，则税率为2.5%；售价在50万英镑以上，则税率为3.5%。对于建筑房屋所用隔离层和三层玻璃等材料，英国房地产商要缴纳17.5%的增值税。英国的住房人要缴纳住房财产税。政府将应税房屋价值按地区不同划分为A～H8个级别，并规定了各个级别应纳税额的法定比例。如在英格兰，价值高于32万英镑的住宅属H级，其适用税率为2%，需纳税6400英镑。

为了促进可持续发展战略的实施，英国政府将主要通过税收优惠政策，鼓励居民在今后10年内建设100万栋“绿色住宅”。“绿色住宅”计划鼓励居民采用环保技术建造或装修房屋，建设有益于环境保护的新型住宅。这种新型住宅将采用太阳能电池板、洗澡用水的循环使用处理装置、三层玻璃窗户和隔离层、有利于环境保护的无污染涂料等。凡是采用这些方法建造“绿色住宅”，建筑商将享受减免印花税、减免隔离层和三层玻璃材料的增值税等优惠政策，而以传统方式新建住宅则不享受这些优惠。根据“绿色住宅”

计划，自建和装修房屋的英国人也可以享受税收优惠。

(五) 德国的相关激励机制和政策

法律条款和经济政策对于光伏发电的发展起到了关键性的作用，德国10万屋顶计划是一个很好的例子。项目自1999年开始实施，2000年颁布可再生能源法，2003年结束，2001年光伏发电的安装量即为2000年的230%。

1. 2000年颁布的可再生能源法关于光伏的主要内容

电网公司有义务收购可再生能源所发的电，并支付上网补偿电价；在固定的时间范围内，享受固定的上网电价(20年)；新建光伏发电的上网电价每年递减5%；2000年4月颁布实施；成本均摊，高于常规电价的部分由全国2个电力公司均摊；光伏最初的上网电价是50.6cent/kWh，2003年下降到45.7cent/kWh。

有了这样的法律，安装光伏发电的用户可以通过销售绿色电力获得收益，银行的贷款可以如数回收，光伏生产厂家通过销售太阳电池赚钱，政府达到了推行清洁能源的目的，电力公司通过销售绿电购买绿电，经济上不亏损(取之于民用之于民)，还完成了减排义务，政府通过媒体的广泛宣传，那些自愿购买绿色电力的人知道自己是为保护环境和能源的可持续发展在做贡献。结果是多方共赢的局面。

与“可再生能源法”配套的还有银行贴息贷款政策和自愿认购绿电的政策。

2. 德国开发银行(KfW)对于安装光伏系统的贷款支持

国家补贴的长期低息贷款；贷款期分别为10、12、15、20年甚至30年，前2～3年或5年不用偿还；固定利率至少10年不变；允许与其他带有补贴性质的项目相结合(但贷款额不能超过总投资额)。

德国还有其他有补贴性质的项目，仅以德国开发银行(KfW)的几个项目为例：

(1) KfW10万屋顶计划；

(2) PV与建筑相结合；贷款利率：1.9%，大多数1999～2003年可以完全偿还；完成345MW容量的光伏系统(大部分为私人住宅)；

(3) KfW CO_2 减排项目；

(4) PV安装在居民住宅上；贷款利率：2.7%～4.2%；贷款允许100%

投资额度；

(5) KfW 环境保护项目；

(6) PV 安装在非居民住宅(商业或工业建筑)；贷款利率：4.4%～4.9%；贷款额度为投资额的 75%，与其他环保或节能项目结合，也可以拿到 100%。

所谓“购买绿电”政策是指由国民自愿购买绿色电力，绿色电力价格比常规电力(依地区不同 5～10 欧分/kWh)高 2～3 欧分/kWh，电力公司将销售绿电的收益用于购买高价绿色电力。

3. 10 万光伏屋顶计划

德国的 10 万屋顶计划取得了成功，主要表现在：10 万屋顶计划得到顺利实施；光伏系统安装数量超过预期的 300MW，实际安装 345MW；利用价格调整，促使光伏真正按照市场规律进行推广；绿电收入购买高价绿电；银行贷款已经全部收回；提供了数以千计的可再生能源就业机会；光伏系统价格从 1999 年到 2000 年下降了 8%，而且在此后数年中持续下降。

德国政府在欧洲百万屋顶的框架下于 1998 年 10 月提出了一个光伏工业 20 年来最庞大的计划——在 6 年内安装 10 万套光伏屋顶系统，总容量在 300～500MW，每个屋顶约 3～5KW，总费用约 9.18 亿马克。该计划提供 10 年无息信贷，政府提供 37.5%的补贴。此外，德国太阳能热水器市场比较大，已经开始对太阳能热水器产品进行认证，主要由 DINCERTCO(简称 DIN)来负责实施。

(六) 荷兰的相关激励机制和政策

荷兰政府的政策是对家用太阳能热水器系统，按得热量分类进行补贴：年得热量在 2～3GJ 的系统，每户可从政府得到 455 欧元的补贴；年得热量超过 3GJ 的系统，可得补贴 700 欧元。对大规模使用的太阳能热水器系统，每平方米补贴 135 欧元。荷兰也要求所有系统必须通过国家检测中心的检测才能得到补贴，今后 1～2 年内认证制度正式实施后，补贴政策将直接与产品认证挂钩。荷兰在 2002 年上半年开始试点，对工厂批量制造的太阳能热水系统(器)产品进行认证，由能源性能市场开发基金会(EPK)负责，目前已有 3 种产品获得了认证证书，认证费用比较高，每种产品需向认证机构第一次支付 25000 欧元，以后每年支付约 12000 欧元(根据销售量而有所变化)。

该项制度计划于 2003 年全面正式实施。

目前世界上装机容量最大的太阳能发电居住区坐落于荷兰阿姆斯特丹市，有 6000 栋单元式住宅组成，可居住 10 多万人口，用了 6 年多时间建成，太阳能光伏发电能力 1.3MW。该项目发电部分由负责当地供电的荷兰第四大能源输送公司(RENU)负责实施，太阳能发电与当地电网并网。该项目作为荷兰政府的一个实验项目，在技术上、社会效果、与居民的产权关系、利益等方面进行了有益的探索。主要有以下几种模式：

第一种是为低收入者提供的住房。对于屋顶安装了太阳能发电(PV)的住户来说，屋顶的所有权与使用权归 RENU 能源公司所有，住户在买房时不买屋顶，从而使得房价相对便宜并且不负责维修。由 RENU 公司投资建设的屋顶 PV 光电设备，其中发电量的 20%属于屋顶下的住户。每户家里都装有两块电表，一个是住户从电网上购买的点，另一个是住户屋顶 PV 系统发出并卖给网上的点，其中 20%的收入归住户所得。两个电价是一样的。这一小区域的政策首先是通过电力能源公司与开发商签订大协定，然后开发商与住户签订协议，明确双方的产权、使用权和收益，协议双方完全自愿。绝大多数住户都十分愿意签订这样的合同，并引以为豪。

第二种是居民自己拥有屋顶的所有权和使用权，并投资购买太阳能光伏设备，其中政府补助投资发电部分的 75%。住宅用能达到零能耗，通常称为“零排放”，即住户用的电与屋顶发的电基本持平。这样的住宅有 500 栋，包括学校、托儿所等公共建筑。

第三种模式是能源公司拥有全部的屋顶，但投资分别由政府(包括欧盟、荷兰政府、电力能源供应公司)提供 75%的投资，另外 25%由房屋开发商投资，这一部分由开发商从提高租金中返还。由于目前太阳能光伏系统采用的单晶或多晶硅光电板，光电转换效率 12%，发电的实际成本约 1.25 荷兰盾/1kWh(约折合人民币 4.20 元)，而常规的电仅 0.40 荷兰盾/1kWh(约折合人民币 1.40 元)，所以目前还没有赢利。但前景十分看好：一是荷兰政府制定了鼓励新能源的经济政策，对发展新能源的研究开发与工程投资可从常规能源价格内的生态税 0.15 荷兰盾/1kWh 中支付；二是对与常规能源来说，对高峰用电峰值需要投资 7.5 荷兰盾/峰瓦，而发展太阳能新能源，能够大大降低高峰用电投资。

(七) 其他国家的相关激励机制和政策

1. 希腊的相关激励机制和政策

希腊的太阳能热水器年产量20万m^2，其中出口欧洲其他国家约10万m^2，国内销售10万m^2。标准配置为200L/户，相应的集热面积为3m^2，价格约为2000美元，包括安装的人工、材料费以及售后服务费等。在20世纪80年代中期和90年代初期，希腊分别设立了两个国家项目支持太阳能热水器产业发展，当时的优惠政策是提供25%～30%的补贴。目前，希腊主要实施税收优惠政策，即太阳能热水器产品销售税(15%左右)的70%可以从家庭所得税中扣除。希腊希望能够积极参与欧盟的太阳能热水器项目，并通过欧盟对本国太阳能热水器产品提供15%的补贴。在希腊，所有产品也要求通过国家检测中心的检测才能在市场上销售。太阳能热水器产品热性能和耐久可靠性在本国DEMOKRITOS实验室进行检测，电气安全性能由本国标准机构ELOT下属实验室检测。

2. 葡萄牙的相关激励机制和政策

葡萄牙政府通过补贴和税收减免两种措施来鼓励使用太阳能热水器。对公共机构采用太阳能热水器系统的，给予投资额20%～40%的补贴；对家庭用户，实行税收减免，即太阳能热水器系统总投资的30%(约700欧元)可从个人所得税中扣除。从2001年开始，政府也要求所有产品必须通过检测认证之后才能得到补贴。葡萄牙太阳能产品认证工作由CERTIF负责，产品包括太阳集热器和工厂批量制造的太阳能热水系统(器)。集热器和热水系统热性能试验与耐久可靠性能试验都要求由INETI进行。

3. 澳大利亚的相关激励机制和政策

澳大利亚于1997年用立法的形式颁布了强制性可再生能源的目标。根据这一法令，澳大利亚电力零售商和配电公司到2010年必须从可再生能源获得20%额外的电力，即从1997年160000GWh总电力中的10%(16000GWh)为可再生能源电力，提高到2010年2125GWh总电力中的12%(25500GWh)为可再生能源。在目标具体实施上，澳大利亚引入了可再生能源绿色证书系统。澳大利亚确定的可再生能源为：太阳能、小型水电、风能、海洋能等。合格的可再生能源厂商每生产1MWh的电量就得到一份绿色证书。电力零售商和配电公司可通过与可再生能源厂商签订合同获得绿色证书，也可从个别当事人处协商购得绿色证书，证书可以在市场上交易。每年年末，应履行义务的电力批发商和零售商都要向管理者提供足够规定配额量的绿色证书已证实自己完成了规定的义务。对未完成规定配额量的责任人处以罚款，处罚标准定在40澳元/MWh；同时规定，如果在以后三个季度内弥补了以前应完成的配额，则可退回罚金。预计到2010年，该政策的事实将使电力的平均价格提高1.3%～2.5%。

二、我国相关激励机制和政策

我国大规模开发新能源和可再生能源始于20世纪70年代。经过两次世界能源危机的警示，针对我国经济发展出现的能源供应紧张，特别是农村能源短缺(半数农民每年缺柴3～6个月)、热效率低下(只有9%)和大气污染、生态恶化等问题，国务院提出了“因地制宜、多能互补、综合利用、讲求效益”的十六字方针，有力地推动了可再生能源的开发利用工作。

(一) 推动可再生能源发展的法律法规综述

与可再生能源直接有关的法律法规主要有：

1. 电力法(1995-12-28颁布，1996-04-01施行)，其中关于可再生能源的内容表述为：国家鼓励和支持可再生能源和清洁能源发电；电力生产企业要求并网运行，电力经营企业应当接受。

2. 节约能源法(1997-11-01颁布，1998-01-01施行)，其中关于可再生能源的内容表述为：国务院和省级政府应当安排用于支持能源合理利用及新能源和可再生能源开发的资金；各级政府应当加强农村能源建设，开发利用沼气、太阳能、风能、水能、地热等新能源和可再生能源。

3. 森林法(1984-09-12颁布施行)，其中关于可再生能源的内容表述为：森林包括以生产燃料为主要目的的薪炭林。

4. 水法(1988-01-02颁布施行)，其中关于可再生能源的内容表述为：鼓励开发利用水能资源；建设水电站，应当保护生态环境，兼顾防洪、供水、灌溉、航运、渔业等方面的需要。

5. 大气污染防治法(1987-09-05颁布，1995-08-29和2000-04-29修订，2000-09-01施行)，其中关于可再生能源的内容表述为：实行总量控制；实行大气污染物排放征收排污费制度；推广清洁能源的生产和使用。

6. 水污染防治法(1984-05-11 颁布，1996-05-15 修订)，其中关于可再生能源的内容表述为：与水电工程、火电厂含热废水排放、地热利用、大中型沼气工程等有关。

7. 环境噪声污染防治法（1996-10-29 颁布，1997-03-01 施行)，其中关于可再生能源的内容主要是与风电场建设等有关。

8. 原电力部“并网风力发电的管理规定”（1994 年)，其中关于可再生能源的内容表述为：规定电网管理部门应允许风电场就近上网，并收购全部上网电量，上网电价按发电成本加还本付息、合理利润的原则确定，高出电网平价电价部分，其价差采取均摊方式，由全网共同负担，电力公司统一收购处理。

9. 国务院批转国家计委、科技部“关于进一步支持可再生能源发展有关问题的通知”（1999 年)，其中关于可再生能源的内容表述为：3000kW 以上的可再生能源发电项目，银行贷款给予 2%的财政贴息；确认 1994 年原电力部制定的“并网风力发电的管理规定”中关于风电场电价的规定，并将这一政策的适用范围扩大到所有可再生能源。

10. 国务院批准发布的“当前国家重点鼓励发展的产业、产品和技术目录”(2000-07-27 发布，2000-09-01 施行)，其中关于可再生能源的内容表述为：太阳能、地热、海洋能、生物质能及风力发电；秸秆分解利用新技术及关键设备制造，城市垃圾处理技术开发及设备制造。

11. 国务院批准发布的“中西部地区外商投资优势产业目录”(2000-06-23 发布)，其中关于可再生能源的内容表述为：水电、风力和太阳能发电建设及经营。利用外资项目，进口的自用设备免征关税和进口环节增值税，减按 15%税率征收企业所得税。

12. 国务院《新能源与可再生能源产业发展“十五”规划》(2001-10 发布)，其中关于可再生能源的内容表述为：明确提出太阳能光热利用是发展的重点之一；应坚持以市场为导向，以企业为主体，以技术进步为支撑，加强宏观引导，培育和规范市场，推动和促进太阳热水器产业迈上一个新台阶。

(二) 推动建筑领域开发可再生能源的规定综述

建筑领域是能源消费的大户，是节约能源工作的重要方面。为在建筑领域贯彻节约能源的方针，建设部制订了一系列规定，如：

1. 于1986年制订了《民用建筑节能设计标准(采暖居住建筑部分)》。

2. 1995年制订了《建筑节能"九五"计划和2010年规划》，其中提出的根据当地条件可以推广的建筑节能技术中，包括有太阳热水器和太阳能建筑技术，并具体提出要"在村镇中推广太阳能建筑，到2000年累计建成1000万m^2至2010年累计建成5000万m^2。"

3. 1996年印发了《建筑节能技术政策》提出："在太阳能资源丰富的地区积极推广太阳能利用"。

4. 1997年建设部制定了《中国"住宅阳光计划"纲要(草稿)》指出，推广太阳能热利用技术在住宅建筑中的应用，可以替代和节约常规能源，实现可持续发展。为尽快提高太阳能在建筑上的应用水平，建设部积极筹备，希望通过制定"中国住宅阳光计划"来推动太阳能在住宅建筑中的应用。实施该计划的指导思想是：认真贯彻"因地制宜、多能互补、综合利用、讲求效益"的新能源发展方针，以住宅建筑市场为导向，以太阳能产业为依托，发挥政府行政部门的推动作用，组织跨部门跨行业的联合、大力协同，共同促进太阳能热利用技术与设备在住宅建筑中的应用，最大限度地替代常规能源的消耗，减少环境污染，改善和提高人们的居住功能与生活水平。该计划的重点与优先领域包括：广泛推广应用太阳能热水器，为广大居民提供生活用热水；大力开发推广太阳能热水与建筑地板采暖方式与技术；因地制宜，积极推动综合太阳房技术的应用；积极开发通过太阳能与建筑相结合，开展地下空间采光等方面的应用。

5. 1997年印发了《1996～2000年建筑技术政策》，在《中国节能技术政策大纲》中提出：要"开发利用太阳能、风能、地热能、潮汐能、海洋能、生物质能等新能源和可再生能源，并积极支持科学研究，推进产业化，替代补充常规能源"；同时在"重视建筑节能"和"加强城乡民用能源管理"等节中进行了详述。

6. 2000年印发了《民用建筑节能管理规定》，提出把"太阳能、地热等可再生能源应用技术及设备"和"空调制冷节能技术与产品"，列为"国家鼓励发展的建筑节能技术(产品)"。

7. 2002年以建科(2002)175号文印发了《建设部建筑节能"十五"计划纲要》。明确提出了"全面执行《民用建筑节能管理规定》的50%设计标准，研究开发利用太阳能、地热能、地下水、河水、湖水、海水等可再生能源的建筑应用关键技术与设备，继续研究推广太阳能建筑，到 2005 年累计建成太阳能建筑 5000 万 m^2。通过太阳热水器利用技术与建筑一体化的研究，在太阳能资源较丰富的地区，大力推广应用太阳热水器，到 2005 年太阳热水器集热板使用面积达到 6000 万 m^2，太阳热水器使用率占城市家庭的 10%～12%。利用太阳能发电、采暖与空调的建筑以及利用地下能源等可再生能源的建筑面积达到 2000 万 m^2 的目标。最终实现建设部所提出的《人居环境健康标准》。

(三) 推动可再生能源发展的技术政策综述

国家科技部(2001)在《科技型中小企业技术创新基金若干重点项目指南》中对于可再生能源技术及产品明确“重点支持：

(1) 太阳能热管技术产品；

(2) 太阳能冷管技术产品；

(3) 太阳能空调系统。”

国家经贸委(2001)1020 号文件，在《新能源和可再生能源产业发展“十五”规划》中明确提出发展重点：太阳能光热利用重点发展热管型平板集热器、内置金属流道的玻璃真空集热管、真空管闷晒热水器以及太阳热水系统的应用软件和硬件研究和开发太阳能热利用、采暖、空调等与建筑一体化技术。

国家经贸委(2002)880 号文件在《关于组织实施资源节约与环境保护重大示范工程的通知》中对于可再生能源的开发利用项目明确“以太阳能热电利用、采暖、空调等与建筑一体化为主要内容的太阳能光热利用技术”。

技术政策的支持主要是中央和地方政府给从事可再生能源技术研究开发、示范和推广的机构提供行政事业费和科研经费，也包括为一些具有推广前景和市场潜力的技术进行发展规划、科技立项、试点示范。如新疆自治区、青海省和内蒙古自治区政府每年提供的可再生能源研究开发费分别为 100、50 和 30 万元；全国省、县、乡镇政府支出的农村能源技术推广费用，1981～1996 年累计 20.6 亿元。科技部 1996～2000 年支出的可再生能源重点科技攻关项目费用每年约 1 亿元。

(四) 推动可再生能源的经济政策综述

目前我国可再生能源经济政策中主要采用的手段有：贴息贷款、税收优惠和补贴等。

1. 贴息贷款

1987 年，国务院决定建立农村能源专项贴息贷款，由中央财政出资，按商业银行利率的 50%补贴可再生能源项目，包括小型风力机制造(累计 5000 多万元)，风电场建设(1996 年达 8.5 亿元)，光伏电池生产线(累计 1000 万元)，太阳能热水器生产，蔗渣发电(1996～2000 年计划 1 亿元)等。

2. 税收优惠

1998 年 1 月 1 日起，进口 300kW 以上风力机免征关税和进口环节增值税(VAT)。小水电和沼气 VAT 分别按 6%和 13%征收(VAT 统一税率为 17%)。企业所得税统一税率为 33%，内蒙古风电场投产后 2 年内免征，新疆合资风电场投产后 2 年内免征，以后 3 年减半，后 5 年按 15%征收。广东省 2000 年起规定可再生能源还贷期内所得税全部返还。

3. 补贴

(1) 投资贴息：国家经贸委可再生能源贴息贷款每年 1.2 亿元，水利部小水电贴息贷款每年 3 亿元。

(2) 扶贫、农村电气化资金：1991～1995 年在西藏投资 700 万元，新建 4 个光伏发电系统，总容量 85kW。

(3) 用户补贴；内蒙古牧民购买 1 套 100W 风力发电机或 16W 光伏系统补贴 200 元，新疆每套补贴 50～200 元，青海和甘肃每套光伏系统补贴 300 元。

(五) 将推行的可再生能源政策综述

本论文介绍将推行的政策专指正在制定中的《可再生能源法》。

2003 年 6 月，全国人大常委会将可再生能源立法列入了 2003 年立法的计划，并决定了由全国人大环境和资源保护委员会负责组织起草。2003 年 8 月，全国人大环资委委托国家发展和改革委员会组织起草建议稿。随后国家发改委组织国内有关单位的可再生能源专家、法律专家、经济和财政专家等着手起草建议稿。在起草建议稿的一年多时间里，先后举办了 5 次大型国内国际研讨会，广泛征求了国际、国内专家、企业界和非政府组织人士的意见和建议；听取了有关部门的意见；组织了地方和国际考察，吸收地方政府和企业的意见和国际组织的成功经验，几经修订完成了建议初稿，并从最初的

《可再生能源开发利用促进法》改名为《可再生能源法》，更好地奠定了该部法律的重要地位。目前此建议草案稿已提交全国人大审议，预计明年年初会得以通过并开始实施。该法具有深远的意义，是我国第一次对可再生能源的开发利用从法律进行完整系统的规定，从政策上进行推动和保障。

从调研过程中掌握关于该法政府建议稿的材料来看，在该法中与本论文主题相关的内容主要包括：

1. 关于可再生能源定义和法律适用范围

依据国内外通行的定义和法律、政策上的规定，草案建议稿第二条规定："本法所称的可再生能源是指小水电、风能、太阳能、生物质能、地热能、海洋能等在自然界不断再生，直接或者通过加工、转换而取得有用能的各种能源资源。"并在附则中定义小水电是指总装机容量小于或等于 5 万 kW 的水电站。具体明确了本法的适用范围。

2. 关于可再生能源项目建设管理

国家对能源建设项目，特别是国家投资或者享受优惠政策的能源项目，要经一定的行政许可程序。为此，在草案第十七条中规定："国家对可再生能源项目的建设实行分级分类管理。""可再生能源发电和生物液体燃料重点建设项目的开发经营权由国务院能源主管部门许可，其他发电和生物液体燃料项目由县级以上人民政府能源主管部门许可，按照公开、公平、公正的原则，通过招标、拍卖和协议等方式确定。""可再生能源供热、供气等项目由企业和个人根据国家有关规定自主开发和经营。"

3. 关于可再生能源配额

规定能源生产或消费中可再生能源的总量(或者比例)，是促进可再生能源开发利用，营造可再生能源市场的有效措施。世界上已经有若干国家实施了可再生能源配额制度，并取得了成功，我国也进行了多年的跟踪研究，具备了一定的实施基础。但是，考虑到配额制度需要通过配套措施逐步加以实施，因此草案建议稿第二十六条规定："国家实行可再生能源配额制度，规定能源生产或消费中可再生能源的总量目标。可再生能源配额制度实施办法由国务院能源主管部门另行制定。"

4. 关于可再生能源发电并网

明确规定电网全额收购符合标准的可再生能源电力并为并网提供便利，

是为可再生能源发电营造基本的市场环境，鼓励各种市场主体积极开发可再生能源并网发电的重要措施，同我国现行可再生能源并网发电的政策也相衔接。为此，草案建议稿第二十八条规定："电网企业必须全额收购符合标准的可再生能源上网电量。""电网企业必须为可再生能源发电项目提供上网便利。经国家许可建设的可再生能源发电项目送出工程，电站(场)升压站至第一门型架部分由可再生能源发电企业投资建设，其余部分由电网企业投资建设。"

5. 关于可再生能源电价和分摊

合理的价格和价格形成机制是利用市场引导可再生能源开发利用的关键，有利于向市场主体提供准确的信息，有利于引导市场主体向可再生能源发电投资，有利于加快可再生能源发电的规模化和商业化。依照我国电价改革的实际情况和促进可再生能源发电的要求，并借鉴一些发达国家的成功经验，草案建议稿相应规定了分类电价和分摊制度。其中在草案建议稿第三十三规定："国家对可再生能源上网电价实行分类电价制度。""分类电价由政府价格管理部门根据同类发电项目先进成本水平测算确定，并定期向社会公告。""政府招标项目不适用分类电价，其上网电价由政府通过招标方式确定。"在第三十五条规定："可再生能源电价实行分摊制度。""电网企业收购可再生能源上网电量的费用，由全国电网企业共同承担，以省级电网企业为单位统一核算，年终进行网间结算，余缺调节，转移支付。具体核算和结算办法由国务院能源主管部门另行规定。"

6. 关于经济激励

考虑到现阶段可再生能源开发利用的投资成本还比较高，需要国家给予必要的扶持，以加快技术的开发和市场的形成。这也是国际上通行的做法。因此，草案建议稿分别就设立可再生能源发展专项资金，为可再生能源开发利用项目提供优惠贷款和信贷支持，对列入产业指导目录的可再生能源开发利用项目提供税收优惠等作了规定。

三、国内外太阳能建筑激励机制和政策对比研究结论

美国、欧洲等一些国家的太阳能建筑发展迅速，最主要的原因是强有力的政策、法规支持。目前世界各国已提出的或正在实施的促进太阳能建筑发

展的政策法规可分为三大类：强制性政策、经济激励政策、自愿政策。

通过上述国内和国外各类政策的对比，我们不难看出我国的可再生能源政策与国外部分可再生能源推广较为成功的国家的相关政策存在一定的不同点，主要体现在：

（一）法律保证不同

强制性政策是许多国家促进可再生能源发展的法律基础。但不同国家的法律形式有所不同。

大部分国家在开发利用可再生能源之前所做的第一步就是立法，通过立法的形式确定可再生能源的法律地位，从法律的角度明确开发可再生能源的必要性，通过法律条款或者补充条例的形式确立可再生能源的目标。在法律的框架下，制定相关的经济政策；在法律的强制力作用下，保证经济政策的顺利执行。

我国一直缺乏一部专门用于指导可再生能源开发利用的法律，尽管在很多相关门类的法律，如《电力法》、《节约能源法》、《大气污染防治法》中对于可再生能源开发利用的内容有所涉及，但是没有完整系统的法律依据为指导，很多经济政策在制定过程中往往重复规定，标准不一；在执行的过程中也缺乏有力的法律保障，不具有强制性，使得很多政策规定难以实施开展。

不过可喜的是，我国的第一部《可再生能源法》即将出台，我国可再生能源工作即将上升到具有强制力的法的地位。通过上述的介绍，我们大致可以看出这部法律的基本内容，从可再生能源的概念界定到使用范围，从项目建设管理到可再生能源配额制，从可再生能源的电力并网到经济激励政策，在法律上都有详细的规定和表述，对于指导我国未来可再生能源的开发应用、市场推广具有非常重要的意义。

（二）政策指向不同

我国政策的最大特点是：注重政策的宏观性、重要性和必要性的论述，政策指向以抽象宏观为主。优点是具有一定灵活性，可以有多种选择；缺点是如果没有与之相配合的实施细则（例如就政策如何支持，怎样鼓励，支持到什么程度，鼓励维持到什么时候等问题作出相应的具体规定），否则这些条文和要求将无法变为现实。

国外政策是即有宏观性的论述，又有具体政策的规定，政策指向具体微观，因而这些政策看起来明确具体、界限清楚、要求严格。国外的可再生能源政策一般都会明确制定出一国或地区一定目标时期内，可再生能源在能源市场的比例，并且逐级制定细化的目标，使政策执行更具有可操作性。另外，政策制定的目标也并非一成不变，政策制定者总是及时审视，随时调整，即根据客观实际需要和形势变化而不断地调整或制定新的政策，保持目标的动态性。例如，欧盟“可再生能源活动计划”，原计划到2010年，在欧洲联盟中将以可再生能源替代常规能源需求总额的10%的总目标，到2020年这个比重要达到15%。但在实际执行过程中，因各国支持有力，技术水平提高较快，因而目标被修正为，2010年达到12%总目标，2020年达到20%的总目标。

（三）经济激励政策的侧重点不同

激励政策的制定是参照该国政治体制、经济体制、经济水平和产业发展状况而制定的，因而不仅是我国和国外，就是各个国家之间差别也是很大。例如补贴手段，同样是最为常见的激励政策，但各国对该手段的运用就大不相同，存在诸如给谁以补贴，是投资者、生产者还是消费者，以及补贴的资金从何而来之类的种种问题。以补贴资金来源问题为例，根据美国和西欧的经验，一是通过系统效益收费来筹集；另一个是征收化石燃料税。我国则主要由政府财政支付，而我国是发展中国家，财政收入有限，需要补贴支援的事业很多，所以依赖政府财政的支持不是长久之计。

（四）研究开发力度不同

重视可再生能源的研究开发工作是各国共同的特点，但各国对于研究开发的力度是有很大差别的，这种差别包括两方面：

1. 资金投入强度相差悬殊。以“九五”（1990～1995年）为例，我国政府用于“九五”国家科技攻关项目的经费不足1亿元人民币，而美国政府投入可再生能源研发的资金高达14.56亿美元，差距悬殊不言而喻。

2. 在可再生能源的研究开发方面，我国只有一个积极性，即中央政府的积极性，地方和工业界、企业家基本上没有介入或介入很少。近年来状况虽然有所改善，但实际投入的人力物力和财力则屈指可数。而发达国家不仅有中央政府的投入还有工业界、企业家和个人的投资，一些地方政府还设立了专门的研究开发项目和计划。

（五）市场策略倾向性不同

愈来愈多的实践证明，在阻碍可再生能源技术发展的众多因素中，运行机制是一个比技术问题和经济成本更难以解决的问题。西方国家按照市场经济运行了几十年甚至上百年，市场经济体系已经成熟，因而，市场意识根深蒂固，在可再生能源政策制定中涉及的市场推广策略切实可行；而我国走市场经济的道路只有二十年左右的光景，而且市场经济的建设仍在进行中，所以政策中所体现的市场意识较为薄弱，也影响了可再生能源的进一步推广。

第三节　国内外太阳能建筑投资模式对比研究

一、我国太阳能建筑投资现状

（一）我国家用太阳能热水器投资现状

我国太阳能建筑领域中技术最成熟、应用范围最广、产业化发展最快的是家用太阳能热水器(系统)。我国太阳能热水器利用开始于上世纪 80 年代，经过 20 多年的发展，生产规模不断扩大，目前有规模的生产厂家已发展到 1000 多个，销售网点几万家。据 2003 年底统计，太阳能热水器年生产量达 1200 万 m^2，累计保有量达 5000 万 m^2，从业人员达 25 万多人，年产值 120 多亿元，年替代能源约 600 万 t 标准煤，节能环保效益显著，生产能力和保有量都居世界第一，全国太阳能热水器年销售量是全欧洲的 10 倍左右。本行业已出现了具备一定规模的骨干企业，年产值超 1 亿元的企业有 10 多家，形成了山东、北京、江苏三大太阳能热水器生产基地，规模最大的山东皇明太阳能有限公司年产值达 10 亿元，北京清华阳光公司年产值近 4 亿元。产品的技术水平有了很大提高。我国有自主知识产权的全玻璃真空管集热器和真空热管的生产技术在世界上处于领先地位，主要零部件和系统设计、制造技术已接近世界先进水平。产品档次有了很大提升，开发出了闷晒式、平板式和真空管式等多种类型的产品，产品外形设计美观，集热效率高，保温性能好，质量可靠，安装维修使用方便，受到城乡居民、工商业使用者的喜爱。市场不断扩大。我国热水器生产量和使用量都以年 20％以上的速度增长。太阳能热水器是继燃气热水器、电热水器之后发展起来的新型节能热水器产品，市场遍布城乡。为保证产品质量，规范市场，在国家有关部门的支持下，先后制定了产品主要零部件，产品整体性能和安装使用等技术标准和技术规范14项，已建立3个国家级产品检测中心和认证中心，形成了较为完整的标准化体系。太阳能热水器已成为一个发展迅速的新兴产业，具备了加快推广使用的物质、技术基础。

据评估测算，到2020年，当我国进入小康社会时，人均每天需要生活热水约40kg，全国年需求量将达到约200亿t，年消耗化石能源将达1.3亿t标准煤。太阳热水器不消耗化石能源，清洁、安全、方便、成本低，可广泛用于住宅、宾馆、饭店、休闲娱乐和体育保健等场所，尤其适于在农村地区和小城镇应用，既可分散单户使用，也可用于大型集中热水工程，市场发展潜力巨大。

面对全球环境压力，欧盟制定了太阳能热水器的应用计划，2010年太阳热水器使用量将达1亿m^2。据欧洲太阳能热利用产业协会研究预测，到2020年欧盟原来15个成员国的市场潜力将达14亿m^2，为我国太阳能热水器的出口提供了商机。

目前我国人均太阳能热水器使用量与国外先进国家相比还很低，如果到2020年我国达到目前欧洲先进国家的人均水平（每百人约30m^2），总计使用量达5亿m^2，年可替代化石能源约6000万～7000万t标准煤，产值超过1000亿元。据测算，用太阳能热水器替代电热水器，每平方米年可节电300多kWh，5亿m^2可节电1500亿kWh，减少电力装机负荷2亿kW，相当于目前全国总装机容量的1/2，可有效地缓解用电高峰期的电力紧张状况。

（二）我国其他太阳能与建筑一体化项目投资市场现状

我国太阳热水器的生产和销售取得了巨大的成功，但是作为一种使用周期较长的产品，售后服务及维护具有更重大的意义。但是在我国，大多数太阳热水器的生产公司仍然只生产和销售，仅有少数正规太阳热水器企业拥有销售及售后服务网点，专门的能源服务公司非常少且没有形成规模。

光伏利用技术是更有前途的太阳能与建筑一体化项目，但中国光伏生产厂商在规模上和产量上和世界知名企业相距甚远，且自主研发能力薄弱。

我国被动式太阳房虽然发展规模较大，但是由于主要是在农村地区开展，并没有真正成为一种产业，也没有形成具有一定开发实力的专业性的被动式太阳房的开发商。至于主动式太阳房和“零能建筑”，就更是停留在试点和科研的层面上。

二、国外太阳能建筑投资现状

(一) 国外太阳能建筑投资综述

联合国能源机构最近的调查报告指出。太阳能建筑将成为 21 世纪初市场的一个热点，成为 21 世纪最重要的新兴产业。同时，太阳能建筑的普及将有力地推动传统建筑业和建材业的革新。

在发达国家，建筑用能已占全国总能耗的 30%～40%，对经济发展形成了一定的制约作用。因此，发展太阳能建筑就具有了巨大的市场潜力。这有力地吸引了众多厂商向太阳能建筑投资，据统计，美国、德国、日本、荷兰，加拿大以及中东地区的 20 多家石油、电力财团已向太阳能开发及商品化生产领域投入巨额资金。世界上最大石油企业之一的皇家荷兰壳牌石油公司从 1995 年起实施一项重要的产业结构调整计划，计划用 5～8 年时间形成强有力的阳光产业系列产品生产能力，包括光电池板、风力发电机组、太阳能建筑构件等。近几年，壳牌石油公司还收购了海外 20 多家生产太阳能构件的企业，表明跨国集团进军阳光产业的决心。盛产石油的沙特阿拉伯和阿联酋也不愿错过开发太阳能的时机，目前已拥有 5 家光电池生产工厂。印度过去 5 年在发展太阳能建筑和设备上投入 5 亿美元，其中 45%为世界银行和国际财团的投资。据预测，21 世纪初，国际资本进入第三世界太阳能应用领域将形成热潮，这将为发展中国家发展太阳能产业带来良好的机遇。

美国太阳能工业协会(Solar Energy Industries Association)最近的调查报告指出，由于科技成果商业化进程不断加快，越来越多的国家已坚定地将普及太阳能列为 21 世纪推动能源结构优化的重要战略途径。目前，这方面的投资陆续增加，新项目不断上马，显示太阳能应用方兴未艾。

(二) 美国与日本太阳能建筑应用投资现状

1. 美国太阳能建筑应用投资现状

美国太阳能建筑的发展极为迅速，无论是对太阳能建筑的研究、设计优化，还是材料、房屋部件结构的产品开发、应用，以及真正形成商业运作的房地产开发，美国均处于世界领先地位，并在国内形成了完整的太阳能建筑产业化体系。

目前，美国已有40多家建筑公司在经营太阳能住宅，其中的11家已有8年以上建造太阳能住宅的历史。美国是世界上最重要的太阳能设备出口国，仅2000年太阳能建筑构件出口就获利19.5亿美元。

2. 日本太阳能建筑应用投资现状

上个世纪90年代中期，日本政府制定了一个庞大的太阳能光伏发电“屋顶”计划，预计在10～15年内，在日本民用住宅的屋顶上安装户用太阳光伏发电系统，总装机容量将达200MW。为此，一方面日本政府拨出80亿日元巨资用于大规模生产太阳光伏电池，其目的就在于降低太阳光伏电池成本；另一方面许多大型企业也表现出极高的热情，如丰田(TOYOTA)汽车公司、三菱(Mitsubishi)公司、金陶(KYOCERA)公司和佳能(Canon)公司都投入到太阳光伏发电领域中，这无形中增加了日本在太阳能利用领域的技术开发和市场竞争能力。

日本在主动式太阳房的研究应用领域也处于世界前列。1974年，日本通产省制定了“阳光计划”，并按此计划建造了数幢典型太阳能采暖空调试验建筑，如矢崎实验太阳房等。而且多年来日本的太阳能采暖、空调建筑一直稳步发展，并已应用于大型建筑物上。日本自1987年以来开始兴建多功能的综合太阳能利用住宅体系，目前已建设住宅2000座，这种体系也越来越被更多的国家认可。

日本国内有100多家建筑商自20世纪90年代初开始转产，以发展太阳能住宅为主，生产太阳能建筑构件并出口到海湾地区。

三、国外太阳能建筑投资对比研究结论

通过对比，可以发现我国太阳能建筑投资与国外发达国家太阳能建筑投资存在着较大的区别：

(一) 投资的侧重点不同

我国太阳能开发企业投资的侧重点是太阳能热水器，而且已经形成了一定的规模和市场竞争力。

而美国、日本等发达国家太阳能开发企业投资的侧重点已经超越了太阳能热水器，转向到光伏技术，甚至是真正意义的太阳能建筑方面，而且已经

初步具备了市场竞争力。

这就表明我国太阳能建筑投资还只能集中于低水平的领域，对高水平的发展领域还难以形成有效的投资。

（二）投资主体不同

我国的太阳能热水器基本是伴随着太阳能热水器的兴起而兴起的，都是新兴的中小企业。

而美国、日本等发达国家的太阳能开发企业，却有相当比重的是相关行业的世界知名企业进入而形成的，如世界最大石油公司之一的皇家荷兰壳牌石油公司，世界最大综合电子公司之一的日本夏普公司等。

虽然新兴的行业必然要伴随着新兴的企业，但完全依靠新兴的中小企业来发展太阳能建筑这种投资巨大、投资回收周期漫长的新兴行业，是难以真正促进这个行业的成熟的。

第五章 我国太阳能建筑评价体系研究

第一节 我国太阳能建筑发展现状案例评析

进行我国太阳能建筑评价体系研究，需要有一定的范例作为研究的依据。下面介绍我国以及世界各地太阳能建筑的范例。

一、太阳能热水系统范例

（一）云南地区太阳能热水系统范例

云南省地处祖国的边陲，这里海拔高，纬度低，山高峪深，气象万千，遍布丰富的风能、水能、生物能和太阳能资源。云南省全年平均日照时数为2200h，太阳能年辐射总量为3615.7～6666.1MJ/m^2；云南省94%是高原山区，平均日照时数超过2000h的县达94个，占全省总数的74.6%，年太阳幅照度大于5000MJ/m^{2}的地域占全省面积的90%。

1. 项目概括

（1）工程名称：云南丽江《滇西明珠》建筑一体化结合的太阳能集热技术工程。

（2）关键技术：具有建材属性的平板太阳能集热器。

（3）创新点：屋面板与太阳能集热器一体化。

（4）集热器名称：模块化条形平板建筑构件型新元热板。

（5）集热器指标：3400m^2。

（6）系统指标：供热水时间为全天，每年可获得卫生热水71400t，以系统寿命20年计，系统寿命期可获得卫生热水1428000t；每年可减排CO_2 5300t，以系统寿命20年计，系统寿命期可减排CO_2 106000t。

（7）系统构成：系统由节能和保障系统复合构成，节能系统为太阳热水系统，保障系统为电、燃气、燃油热水系统。

(8) 节能系统构成：太阳能热水系统由屋面模块化建筑构件型太阳集热器、室内设备间放置的模块化换热承压储热水箱和系统控制器、循环水泵三部分组成。

(9) 节能系统特点：模块化建筑构件型太阳集热器可独立构成建筑坡屋面或与传统建筑坡屋面复合共同构成建筑屋面。

模块化承压储热水箱可方便地在室内设备间组合设置并与承压保障系统连接。

系统强迫循环，二次换热，工质运行，可安装使用在气温不低于－40℃的广大地区。

2. 具体运行数据

别墅热水系统集热器面积 6～8.4m^2，热水箱容量 420L，系统远行自动控制、强迫循环，晴好天气 T_{max}＝60℃(3 天累积最高水温 76℃)，循环泵 220V/0.42kW，系统运行期间最低室外气温－5℃；集中热水系统集热器面积 15.6～162m^2，配套电锅炉功率有 18、32、72kW 三种，热水箱水温晴好天气 T_{max}＝65℃(3 天累积最高水温 83℃)，循环水泵为 A・220V/0.76kW，系统运行期间最低室外气温也是－5℃。

2004 年 1 月份，酒店的太阳节能系统未投入使用，用电量为 1067880 度；2 月份部分太阳节能系统投入使用，用电量为 537320 度，节约了 40％多的用电；3 月份太阳节能系统正常投入使用后，用电量仅为 394120 度，节约了 60％多用电量；4 月份用电量 458840 度(注：3、4 月份住房率较高)。根据丽江太阳能资源状况，3、4 月份每平方米太阳能可节电 2.7 度，3329.2m^2 太阳节能系统，全年可节电 280 万度。

从投资回报看，太阳节能系统投资 446 万，投资回收年限估算：电价为 0.5 元/kWh 时，3.2 年可回收投资；电价为 1 元/kWh 时，1.6 年可回收投资。

(二) 天津地区太阳能热水系统范例

工程名称：天津市“都旺新城”住宅小区太阳能热水系统

该项目为“中国太阳能热水器行业发展项目”办公室确立的首批 7 个太阳能热水器与建筑一体化示范工程之一。

1. 项目概况

(1) 小区概况：

项目名称：都旺新城；

地理位置：天津市北辰区高峰路；

(2) 建筑物情况：

“六跃七节”式多层公寓住宅楼，屋面为平顶带铁艺装饰，每栋楼3个单元，每单12户，共36户；总开发面积20万m^2，投资3.6亿元，该项目科技含量高，采用大量环保节能技术，2003年11月底交付使用。

本项目在小区2栋楼共6个单元进行了太阳与建筑一体化示范，太阳集热器安装总面积216m^2。

(3) 日照条件：

工程位于北纬43°，建筑物朝向正南。

2. 集热器选择

示范项目选用的“津霸”全铜板芯平板集热器(津霸太阳热水板)，系专为建筑一体化设计，其构造为自熔焊全铜板芯，TXT选择性吸收涂层，加厚铝合金边框，钢化浮法玻璃，覆铝箔超细玻璃棉保温层。特点是：集热效率高；性价比好；结构简单可靠；承压能力强；长期运行无泄露；可制作成任意尺寸及几何形状，易与建筑物结合；板芯为纯铜构造，寿命期满可直接回炉再利用。

3. 方案设计

(1) 集热器数量

按天津地区年平均日照及用户使用热水习惯，设计每单元安装集热器36m^2，一般家庭卫生热水的太阳能保证率可达到80％左右。

(2) 集热器布置

该建筑物是平屋顶，天面设计为弧型铁艺围边，集热器居中昂起，铁艺的柔性线条与中间宽阔的大面积平面呼应，从立面上看刚柔并济，浑然一体。为此设计单体尺寸为1.2m×5m的大型集热器，六片为一组，倾斜45°安装，在铁艺簇拥下直指高天。

(3) 防冻设计

该系统坐落华北地区，冬季最低温度－21℃，故必须采用可靠防冻措施，保证系统冬季正常使用。本项目采用双循环防冻，在贮水罐中加装换热器，与集热器组成封闭循环回路。循环介质在闭路中循环，将集热器吸收的太阳能热量，通过换热器传导给贮水罐中的水。

此方法为发达国家太阳能系统普通采用，虽然造价略高，但安全可靠，故本方案采用了这一设计。

(4) 系统方案设计

双循环系统不宜规模过大，故选用分单元供水方案，即每个单元组成一个集中供水系统，系统原理见图 5-1。

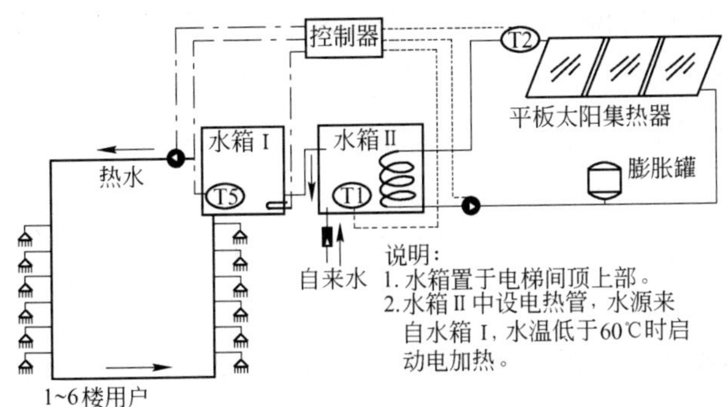

图 5-1　天津都旺新城系统设计方案图

(5) 补热设计

本系统选用贮水罐内置电热管方式，具有结构简单，无常人管理的特点。

4. 系统循环方式

循环方式采用温差循环，全自动运行。当集热器出口循环介质温度与水箱内换热器温度差达到设定指标，即启动循环泵，将循环介质吸收的太阳能热量通过换热器储入水箱。低于设定指标时，自动关闭循环泵，停止循环介质的循环运行，切断集热器与贮水箱的热量交换。

供水干管末端安装检测点，当检测点温度低于设定值时，回水管电磁阀打开，用热水罐中的热水置换管中冷水，达到设定温度，电磁阀关闭。此设计保证用户开龙头后很快出热水，减少用户释放冷水造成的损失。

辅助热源系统：本系统没有设置单独的恒温供水罐，而是利用热水罐自然分层现象，将太阳能系统换热器设置在水罐下部，使被加热水与循环介质温差最大，最大限度吸收太阳能；电加热管设置在水罐上部，只要上部水湿达到设定温度，电加热就不启动，一旦出水口水温低于设定温度，马上启动电加热补足，既最大限度节约电耗，又保证用户随时有热水。

5. 系统特点

首次在大型工程中采用了双循环系统，成功解决了平板集热器在寒冷地区的防冻问题。

集热器系统采用了本公司特殊设计的超大型集热器，与建筑物一体化设计，实现了太阳集热器与建筑有机结合。

热水供水干管定温循环，一旦干管温度低于设定温度，即进行循环置换，保证业主随时打开热水龙头能很快放出热水；温差式循环控制，既可最大限度利用太阳能，又保证常规能源消耗最少；利用热水罐自然分层现象设计贮水罐加热及控温方式，方便地实现了既充分吸收太阳能，又保证随时有热水；自动增压泵供水，保证热水管网压力，用户使用舒适。

6. 结语

平板集热器在无上冻地区的应用已经非常普遍，在冬季上冻地区使用较少。本示范项目的建成，为平板集热器在夏热冬冷地区的使用提供了很好的模板，可以预见，平板集热器必然成为未来与建筑一体化的太阳能集热器主要形式之一。

二、太阳能供暖与空调系统范例

(一) 内蒙古太阳能住宅楼

1. 项目地址：内蒙古呼和浩特西郊，土默特左旗察素旗镇；设计单位：内蒙古自治区建筑科学研究所；建成时间：1991 年 11 月；地理坐标：北纬 40°26′，东经 110°48′；海拔高度：1000m；采暖期：10 月 20 日～4 月 8 日，171 天；采暖度日值 Dd：当基准温度为 15℃时，Dd＝3574，当基准温度为 18℃时，Dd＝4087；建筑面积：1044.81m²，三层砖混结构，单元式住宅。

2. 采暖形式：利用南墙立面，直接受益窗和窗下集热墙，形成竖向玻璃带与红砖材料，虚实颜色对比强烈，给人简洁明快之感，具有现代建筑之风格。

3. 该太阳房的特点：风大砂多，要加强门窗的密闭性能，这是内蒙古太阳房的技术关键之一，对此该太阳能住宅楼具有下列特点：

(1) 直接受益窗面积大，窗格大，窗根少，固定扇多，每张窗只有两个开启扇，缝隙短，冷风渗透量少。

(2) 窗下集热墙的作法：从外往里的结构是：3mm 玻璃→35mm 空气层→3mm玻璃→35mm 空气层→无光黑漆满涂二道→20mm 厚1：2水泥砂浆面层→370mm 厚砖墙→室内墙抹面。这种集热墙的特点是：①双层集热玻璃均为固定式，没有缝隙；②集热玻璃与钢框之间，周边通长镶有 5mm 厚泡沫塑料密封条。方法简单经济实用，密封效果好，可将窗缝造成的热损失降为零；③集热墙通风口，除水平推拉风门外，在气口内加设一层尼龙纱窗，以防集热墙玻璃的尘土污染。

4. 维护结构的保温作法：(1) 屋面作法：①三毡四油撒豆粒砂；②20mm厚水泥沙浆找平层；③300mm 加气混凝土；④1：6 水泥焦渣，2%找坡，最薄处 3mm 厚；⑤冷热沥青各一道；⑥10mm 厚 1：3 水泥沙浆找平；⑦预应力水泥空心楼板；⑧满刮腻子喷大白两道。(2) 地面作法：①50mm细石混凝土压实赶光；②150mm 卵石灌浆；③满铺油毡两层；④素土夯实。(3)外墙厚度为 500mm。

5. 保温效果：太阳能住宅传热系数尺 K_{leff} 值：(1)屋顶：$K_{\text{leff}}=0.51$；(2)南向外墙：$K_{\text{leff}}=0.91$；(3)东西向外墙：$K_{\text{leff}}=1.08$；(4)北向外墙：$K_{\text{leff}}=1.16$；(5)太阳能集热墙：$K_{\text{leff}}=0.41$；(6)南向窗：$K_{\text{leff}}=0.82$；(7)东西向窗：$K_{\text{leff}}=1.96$；(8)北向窗：$K_{\text{leff}}=2.61$；(9) 阳台门的上部：$K_{\text{leff}}=2.87$。

太阳能住宅的建筑体形系数为 0.37，体形系数$=F/V=$外表面的和/建筑体积。

太阳能住宅窗墙面积比(窗面积/墙面积)：(1)北向窗墙比=15%；(2)南向窗墙比=28%；(3)东西向窗墙比=13%。

6. 实测效果：1992 年 1 月(最冷月)4～14 日实测数据为：室内最低温度7℃，最高温度为 11.8℃，平均温度为 9℃，室内外温差为 19.3℃。

7. 经济分析：该工程总投资 37.8 万元，太阳能集热采暖、保温等增加造价 2.8 万元，约占总造价的 7.4%，平均每平方米增加 26.8 元。

(二) 大连后石小学太阳房

1. 项目地址：辽宁省大连市金州区，大魏家镇，后石村小学；设计单位：辽宁省能源研究所；地理坐标：北纬39°10′，东经121°40′；建成时间：1991年9月；海拔高度：92m；采暖期：11月18日～3月29日，共132天；采暖度日值 *Dd*：当基准温度为15℃时，*Dd*＝2178，当基准温度为18℃时，*Dd*＝2574；采暖期室内计算温度：10℃；最冷月室外最低日平均温度：－18.6℃，极端最低温度：－21.1℃；设计室内最低温度：8℃，平均温度：12℃；建筑面积：2600m²，三层楼房，局部四层，16个教室，3个办公室；建筑朝向：南偏东10度。

2. 采暖形式：直接受益窗和新型集热墙相结合；建筑结构：砖石结构，预制空心板长6m，散粒珍珠岩保温，北、东、西墙为490mm厚的复合保温墙，南墙为370mm厚的实心墙；实测效果：教室最低温度8℃，平均温度15℃以上，最高温度达20℃，室内外温差15℃左右。

3. 经济分析：总基建投资100.8万元。其中太阳能设施费用为8.4万，约占总投资的8.4%，按集中供暖计算，包括锅炉、暖气片、管道设备等，需要投资23万元，而太阳能增加投资只有8.4万元。再按每年的费用计算：采用锅炉供暖，该校16个教室3个办公室每年需要烧煤80t，再加上烧锅炉用水、用电、人工等每年需要支出费用2万元。而太阳能供暖几乎没有年费用，太阳能供暖增投资的抵偿年限为：8.4万元/2万元/年＝4.2年，一般楼房可使用50年，太阳能增加的费用，用节能费偿还只要4.2年，剩余40多年都可免费享受太阳能供给的热能。

4. 该太阳房的特点：

(1) 首次采用定型生产的集热器，吸热板采用铝折射板，效果较好；

(2) 根据建筑物体形较长的特点，集热墙采用窗间墙供热，使建筑物在立面上形成横线条，玻璃窗与集热墙玻璃虚实相间，使人感到协调、美观。

(三) 广东地区太阳能空调热水系统范例

珠江三角洲年平均太阳辐射总量约4.6046×106kJ/m²，晴天日平均有效太阳辐射得热量为16069.6～16744kJ/m²，即每平方米集热面积可加热60kg水，水温升高到35℃左右。实测表明，采用铜铝复合板芯的太阳能热水器，在广东的冬季水温为15℃，晴天可使水温升至50℃左右；在夏季水温可升至70～80℃。广东冬季不结冰，每年5月到第二年1月多为晴天，年可利用太阳能日数超过250天，如能充分利用，将对缓解广东省能源短缺起到积极作用。

例：江门 100kW 空调热水系统

1. 应用对象

广东江门市一座新建的 24 层综合大楼。

该大楼是一座多功能的综合性商用、办公大楼，有写字楼、营业厅、招待所、运动娱乐场所、培训中心等。利用太阳能全年提供大楼每天所需的大量的生活用热水，除此之外，还在夏天以太阳能热水制冷，供其中一层空调。

2. 系统简介

太阳能空调热水系统如图 5-2 所示。以平板集热器收集太阳能产生热水，分别储存在制冷及生活热水水箱中。运行中优先把太阳能输入制冷用热水箱，其温度比生活热水要高。采用一台 100kW 的两级吸收式制冷机，以太阳能热水作为能源输入制冷机制冷。采取中央空调供冷方式，制取的 9℃左右的冷冻水送到用户的风机盘管，然后返回冷冻水箱。当天气不好、水温不足时，用一台燃油热水炉辅助加热，保证系统能全天候运行。生活热水则直接输送到用户。系统全自动采集数据和控制运行。

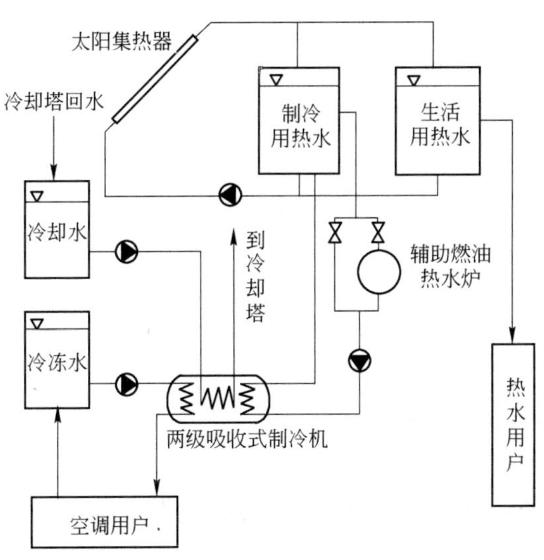

图 5-2　江门 100kW 空调热水系统

3. 主要技术特点

(1) 太阳集热器

采用的是平板型集热器，增加一块能耐较高温度的透明隔热板，通过抑制空气自然对流减少表面的热损失。试验及目前使用的结果证明，这种集热器的热性能很好。它保证了在太阳辐射强的时候，能持续提供制冷机制冷用热水；在太阳辐射较弱时，也可以产生足够的生活用热水。

(2) 制冷机

制冷机采用一种两级吸收式溴化锂制冷机。该制冷机的一个重要特点是驱动热源温度低，只需要 65～75℃，适应温度范围广，在 60℃ 的情况下，仍能以较高的制冷能力稳定地运行；另一个特点是热水的利用温差大，达 12～17℃。市场上普通的单级吸收式溴化锂制冷机热源温度一般要求 88℃以上，热水利用温差只有 6～8℃。

(3) 自控系统

自动控制系统采用先进的可编程控制器(PLC)及工业控制微机。

(4) 主要拉术参数和指标

太阳集热系统：

集热器　　高效平板式集热器

集热面积　　500m^2

日供生活热水　　30m^3

热水温度　　55～60℃(供生活用热水)，65～75℃(供制冷机热源热水)

制冷系统：

制冷机　　两级吸收式溴化锂制冷机

制冷能力　　100kW

热源温度　　75℃

冷冻水温度　　9℃

供空调用户面积　　600m^2

辅助燃油系统：燃油热水炉

自动控制系统：可编程控制器及工业控制微机

4. 系统的运行概况

太阳能空调热水系统于 1998 年 6 月正式投入使用。系统初步运行调试结果令人满意。

(1) 太阳集热系统效率高

在 2、3 月份太阳辐射很弱的阴天，也可以满足生活热水的要求(高于 45℃)，很少需要燃油炉辅助加热。4 月份开始供空调，在太阳辐射并不特别强的天气下，也很容易满足制冷机热源水温要求。

(2) 制冷机初步调试结果令人满意

各项指标均超过设计要求：制冷能力可达 112kW(设计为 100kW)，冷媒水可低至 6℃(设计况为 9℃)，热源水温在 60～65℃仍能很稳定的制冷(设计为 75℃)，COP 初步测算可大于 0.4。4 月 9 日正式向办公楼试供冷。供冷运行结果表明，可以满足一层(面积超过 600m^2)的办公和会议室空调需要。

(3) 太阳能空调的经济性

运行表明，仅制冷部分每年可节电 6 万 kWh，以广东的电价计算约为 6 万多元，4 年便可回收制冷部分的投资。

(四) 美国被动式太阳房

美国麻省理工学院新建的被动式太阳房，是由屋顶蓄热和散热。屋顶由聚合混凝土空心砖组成。空心砖内放入相变材料 Na_2SO_4 水溶液，它的相变温度为 23℃。窗户采用双层玻璃，为了减少热损失，在表面抹了特殊涂层。这种涂料是用热阻高、透明的塑料制成。这种涂料夜间散热降为原来的 1/4。在两层玻璃之间装有百叶窗，它可将阳光反射到顶棚上。太阳高度角随季节而变化，每月只需调节百叶窗角度一次。为了减少夜间的热损失，新近又研制了热二极管集热器板。顶棚空心砖，可以事先预制好，然后再进行现场装配，从而解决了工厂化生产的问题。利用南向窗户直接受益式的研究，是人们比较感兴趣的课题。

三、太阳能建筑太阳能综合利用系统

(一) 北京北苑太阳能采暖空调示范工程

1. 工程项目原始参数

示范工程地处北京，地理位置约位于东经 120°，北纬 40°；夏季气温可高达 38℃左右，冬季气温可低至－15℃左右；年平均太阳辐照度约为 17MJ/m^2，具有较好的太阳能资源；并且夏季和冬季又分别有空调和采暖的需求。

示范工程的建筑面积 2600m²，为办公用房；室内温度要求冬季不低于 16℃，夏季不高于 26℃。

2. 工程项目研究内容

(1) 对太阳能采暖、空调以及生活热水综合系统进行总体优化设计，以保证系统运行的安全、可靠、节能和实用；

(2) 研究太阳能与建筑的结合方式，尤其是与建筑物屋顶和墙面的结合方式；

(3) 研究真空管太阳能集热器与综合系统，尤其是与吸收式制冷机的合理匹配；

(4) 研究太阳能集热器阵列的优化布置；

(5) 研究太阳能综合系统中的辅助能源设备和储能设施；

(6) 研制运行可靠、操作简便的自动控制系统，并对其进行智能化；

(7) 研究太阳能综合系统的长期运行性能；

(8) 对太阳能综合系统与常规系统的技术经济性进行比较。

3. 主要技术指标

(1) 太阳能集器：采光面积：850m²；涂层吸收率：≥0.92

涂层发射率：≤0.08；玻璃管透过率：≥0.90

(2) 制冷、采暖功率：≥300kW

(3) 热水供应能力：非空调采暖季节，每天提供生活、科研用热水 50t

(4) 空调采暖面积：2600m²

(5) 太阳集热器工作温度：80～95℃

(6) 太阳集热器平均效率：≥40%

(7) 太阳能保证率：全年平均 60%

根据上述技术指标，设计、选取了太阳集热元件，溴化锂吸收式制冷机、储热水箱、储冷水箱、生活热水换热器、循环水泵、冷却塔、风机盘管、辅助锅炉和自动控制方案。

4. 技术方案

太阳能吸收式空调及供热系统的总体要求是夏季提供空调、冬季提供采暖和春秋过渡季节提供生活用热水。本系统主要由热管式真空管集热器阵列、溴化锂吸收式制冷机、储热水箱、储冷水箱、生活热水换热器、循环水泵、冷却塔、风机盘管、辅助锅炉和自动控制系统等几大部分组成；每个循环泵组均采取双泵配置，一备一用，以确保系统可靠运行。

本示范工程太阳能采暖空调系统原理见图 5-3。

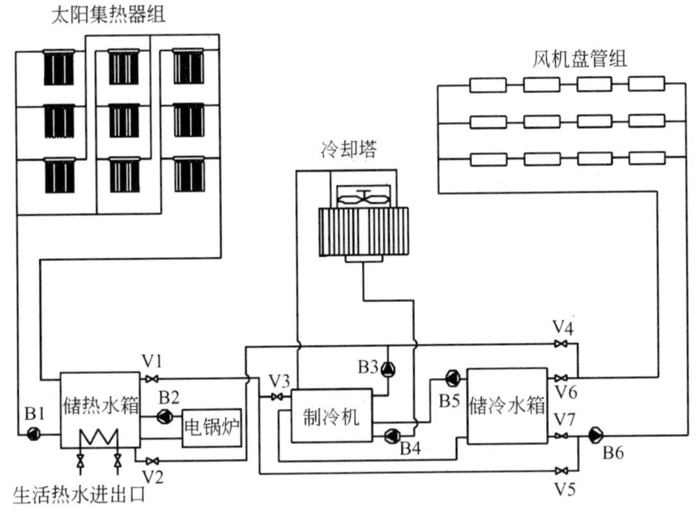

图 5-3　北苑太阳能采暖空调系统原理图

(1) 集热蓄热循环系统

集热蓄热系统由太阳集热器，储热水箱，辅助电锅炉以及循环泵组 B1、B2 组成。

太阳集热器采用由我所研制的热管式真空管作为集热元件，具有热效率高、耐冰冻、启动快、保温好、承压高、耐热冲击、运行可靠、维修方便等诸多优点，是组成高性能太阳能综合热利用系统的重要部件。本系统的太阳集热器阵列由 3000 余支热管式真空管组成，总采光面积 860m^2，布置为 5 个子阵列并联安装在屋顶平台上；每个子阵列又由 5 排集热器并联而成；既减小了系统的流动阻力，又方便了集热器的日常维护。集热器安装支架与屋顶同时设计施工，确保了与建筑结构一体化以及牢固性和防水性。

为了保证系统运行的稳定性，减小负荷因为太阳辐照变化而产生变化的影响，设置了大吨位的储热水箱。当有太阳辐照时，启动循环泵组 B1，用太阳能集热器对储热水箱的水进行循环加热；当循环泵组 B1 停止运行时，太阳集热器内的水自动流回储热水箱，从而可以避免管路冬季冻坏的危险。

当太阳辐照不足或储热水箱的水温低于设定值时，启动辅助电锅炉和循环泵组 B2 对储热水箱的水进行加热。储热水箱储蓄的热水作为采暖、空调的热源。

储热水箱还设有水—水换热器组，通过换热可提供生活、科研用热水。

(2) 采暖循环系统

采暖循环系统由储热水箱，循环泵组 B6，风机盘管组以及相关阀门组成。

开启阀门 V1、V2、V4 和 V5；关闭阀门 V3、V6 和 V7；启动循环泵组 B6，抽取储热水箱内的热水，泵往风机盘管组，供各个房间采暖后返回储热水箱；完成采暖循环。

(3) 制冷蓄冷空调循环系统

制冷、蓄冷及空调循环系统由储热水箱，溴化锂吸收式制冷机，冷却塔，循环泵组 B3、B4、B5、B6，储冷水箱，风机盘管组以及相关阀门组成。

开启阀门 V1、V2、V3、V6 和 V7；关闭阀门 V4 和 V5；

启动循环泵组 B3，抽取储热水箱内的热水进入溴化锂吸收式制冷机作为其工作运行的热源，再被泵回储热水箱，完成向制冷机供热的循环；

启动循环泵组 B4，完成溴化锂吸收式制冷机与冷却塔之间的散热循环；

启动循环泵组 B5，抽取储冷水箱内的水进入溴化锂吸收式制冷机进行制冷，再被泵回储冷水箱，完成制冷蓄冷的循环；

启动循环泵组 B6，抽取储冷水箱内的冷水，泵往风机盘管组，供各个房间空调后返回储冷水箱；完成空调循环。

维持溴化锂吸收式制冷机正常工作需提供不低于 88℃的热水；制冷机可产生 8℃左右的冷水蓄存在储冷水箱内以供空调之用。为保障空调系统能够稳定运行，设置了大吨位的储冷水箱。设夏季的环境温度为 30℃，由于蓄冷的散热温差(约 22℃)远远小于蓄热的散热温差(约 58℃)，因此夏季应该尽可能多地蓄冷以减少热损，来提高系统的效率。

(4) 控制系统

北苑太阳能采暖空调示范工程，采用了自动控制和手动控制两套控制系统。

平时以自动控制为主，用计算机自动采集各循环系统的温度、流量等数据，按输入的控制程序对相关的泵组、设备自动进行起停控制，以及对各系统运行按需要进行自动切换；并将运行的详细情况在大型显示屏上进行实时动态显示——哪些系统在运行，运行参数为多少等；一目了然，极大地方便了对系统运行的管理。

手动控制是自动控制的必要补充，以确保系统运行的可靠、安全以及可控。

5. 结束语

北苑太阳能采暖空调示范工程于 2004 年 9 月基本安装完毕，并对各个系统的运行进行了调试，结果令人满意。太阳集热系统调试运行正常，2～3 天即可将储热水箱内几十吨水从常温加热到 96℃左右，满足了制冷、空调以及采暖调试的要求。溴化锂吸收式制冷机调试运行正常，数小时内即可将储冷水箱内几十吨水从常温降温至 8℃左右，完全可以满足空调的需要。冷却塔、风机盘管等系统也均调试运行正常。自动控制系统正在调试中，预计很快即可调试完毕。2004 年 11 月～2005 年 3 月，本示范工程将经历实际采暖运行的检验。

北苑太阳能采暖空调示范工程的建成，将为把首都建设成为环境保护模范城市和节能型城市，实现首都的可持续发展作出贡献；将大大提高我国太阳能领域的技术创新及转化能力；将为首都高新技术产业形成新的增长点，并对首都环境和能源建设发挥积极的推动作用；将为把北京市太阳能研究所建成国际先进、国内一流的太阳能高新技术研究中心和国内最大规模的太阳能产业基地奠定了坚实的基础；将为带动全国太阳能事业的发展，对我国特别是北京市的经济、社会和环境的协调及持续发展起到良好的示范作用。

（二）太阳能空调、采暖、热水、电力建筑示范工程

我国首幢利用太阳能提供空调、采暖、热水、电力的建筑示范工程——新能源综合利用建筑示范，是北京市科委组织的奥运科技专项，由北京天普太阳能工业有限公司为主承担单位。

1. 节能建筑设计及建筑能源系统概况

新能源示范建筑是一座具有公寓住宅、餐饮娱乐、游泳健身、展览会议、办公商务活动等多功能的综合楼，五层框架结构，地下一层，附半地下游泳池，总建筑面积 8000m^2，按建筑节能设计规范设计，充分体现新能源和节能的思想。建筑采暖及空调负荷比普通建筑分别降低40%和28%。采暖空调末端采用地板辐射供冷/热；室内外自然通风。

示范建筑能源的80%由太阳能可再生能源提供，建筑能源由热力和电力两个系统组成。热力系统由太阳能集热器陈列，太阳能溴化锂吸收式制冷机组，水源热泵机组、蓄能水池，自动控制系统等几部分组成，满足室内热舒适环境要求，达到楼内冬季(19±2)℃，夏季(25±2)℃的温度指标并在24小时供应生活热水。电力系统由太阳能光伏发电并网系统组成，系统装机50kWp太阳能电池，太阳能电池组件与建筑结合为建筑构件，太阳发电系统与公共电网并网运行，提供楼内办公用电。

2. 太阳能利用的几项技术创新

(1) 大型太阳能集热器模块与建筑斜屋面一体化结合

供采暖和制冷空调的热源由采光面积1200m^{2}的太阳能真空管集热器提供，集热器由U型管和热管两种真空管组成，有防冻、防垢、防爆功能，可承压运行。将真空管组合构成每片4m^{2}的无边框集热器模块，将近300块模块无间隙地附贴在斜屋面上。这一工程安装后已顺利地通过二年考验。

(2) 示范楼生活热水由镶嵌于南墙上的太阳能真空管热水器供应

这种真空管的特点是双端开口的螺旋直通储热式，不设置水箱，生产热水与储存热水兼于一身，没有机架和边框，又能给建筑立面提供外观装饰美。日产45℃热水10t，可满足示范楼24小时热水供应。

(3) 太阳能阳光板和真空集热器

示范楼一楼中庭屋顶采用被动式太阳房原理，安装太阳能玻璃管式空气集热器255m^2，中庭南墙安装150m^{2}太阳能空气集热器，形成热缓冲中庭，起到保温节能作用，夏季阳光顶玻璃管内的空气流动，能迅速带走热量，降低屋顶温度和室内冷负荷，冬季辅助加热室内温度，降低室内建筑热负荷。

(4) 大容量地下储热水池

示范楼配置的地下储能水池容积1200m^3，冬季储存太阳能热水、夏季储存制冷水，由于建于地下减少了储能的耗散，储能水池对建筑采暖空调起调节作用。通过储能水池对太阳能的储存中转，集热器全年工作，跨季节储能，太阳能集热器利用率大大提高。

(三) 大型太阳能空调示范系统

国家科技部“十五”重点科技攻关计划项目，由中科院高技术局组织，中国科学院广州能源所为主承担单位，北京天普公司为合作伙伴。

这是新能源示范采暖空调的主要供能系统。该系统由与建筑南屋面有机结合的 1200m^2 高效真空管集热器。200kW 太阳能溴化锂吸收式制冷机组，辅助能源 400kW 水源热泵，1200m^3 储能水池和远程数据采集、监控系统组成。

建筑空调末端采用地板辐射供冷/暖，夏季供冷温度 20℃/25℃，冬季供热温度 40℃/35℃。

冬季采暖期间，优先利用太阳能为储能水池蓄热，当水温度低于 33℃或者处于用电低谷期启动水源热泵向储能水池供热。设定温内温度，低于 18℃或高于 20℃时，供能水泵开启或关闭自动运行。

夏季制冷空调期间，优先启动溴化锂吸收式制冷机，为储热水池蓄冷，当水温高于 18℃或者处于用电低谷期，启动水源热泵向储能水池供冷，保持水池水温。设定室温高于 27℃，或低于 23℃时，供能水泵自动开启或关闭。

经过冬、秋、夏三季的运行测试，系统工作稳定、可靠、高效，冬夏季节集热效率分别达到 0.2 和 0.4 以上，太阳能制冷机的制冷能力最高达到了 266kW，COP 最高超过了 0.8，系统总的制冷效率可高达 0.33，系统以制冷机冷却水向游泳池加热，即冷热并供时系统总的热利用效率为 0.92。

实践证明，本系统能够满足示范大楼的空调和采暖要求。在采暖季节，太阳能等可再生能源蓄热量接近总蓄热量的 80%，能耗比达到 3.54，系统的自动控制系统自动化程度高，24 小时无人值守运行。

第二节　我国太阳能建筑评价体系基础问题研究

研究我国太阳能建筑评价体系，还需要研究两个基础问题，一是评价内容的问题，即评价太阳能建筑功能的哪些方面，二是相关国家标准的问题，评价体系必要与相关国家标准保持一致性。

一、我国太阳能建筑评价内容研究

1. 确立我国太阳能建筑评价内容的必要性

为了获得建筑内舒适的热环境，每年各国都要消耗大量的能源用于供暖、空调，在常规能源日趋减少、环境污染日益严重的情况下，太阳能建筑应运而生。室内居住环境包括热环境、声环境、空气质量、照明质量等，对在其中的人们的身心健康、舒适感以及工作效率都会产生直接的影响。在人们生活水平日益提高的今天，太阳能建筑必须能够满足这些条件，才能够为人们所接受，才有推广的可能。太阳能建筑是太阳能技术与建筑物的结合，利用太阳能技术为建筑物提供热水、采暖、空调、电力等。所以系统地研究太阳能建筑的评价指标，提出太阳能建筑评价指标体系，促进太阳能建筑的发展，改善人民的居住环境，是很有必要的。

2. 热环境

热环境是指要满足居民的热舒适度要求、建筑节能要求，以及环保要求等。对住宅围护结构的热工性能和保温隔热提出要求，以保证室内热环境满足舒适性要求，冬季供暖室内适宜温度：20～24℃；夏季空调室内适宜温度：22～27℃。空调应该采用清洁能源，并因地制宜采用新能源和绿色能源；不破坏大气环境的循环。目前的太阳能建筑中，主、被动式太阳房，太阳能供暖系统，太阳能制冷系统等都是针对室内的热环境。

3. 声环境

声环境是指要保证居民能够用有安静的居住环境，免受噪声的干扰。世界卫生组织的有关规定有：为避免达多数人在昼间受严重干扰，生活区户外稳态噪声等效连续声级不能超过 55dB(A)；为使多数人不受中等干扰，噪声级不得超过 50dB(A)；夜间户外噪声级不得超过 45dB(A)。太阳能建筑中的太阳能部件往往安装在户外，除有水泵等设备运转外，不会产生噪声。

4. 照明

现代人有 80％的时间是在室内度过的，因此室内空气质量与人们的身体健康有着密切的关系。室内由于装修或家具的问题常会积存一些对人身体有害的气体，如果不保证室内的空气流通，长时间势必会造成身体伤害。照明质量也会给身处其中的人们生活或工作带来一定的影响。有研究表明，照明还会造成生理上的一些问题。

5. 热水供应

除了上述需求外，现在人们的生活水平日益提高，生活热水供应也成为一种趋势。热水供应除温度要求外，对水质、供应时间等也有一定的要求。配备太阳能热水系统的太阳能建筑便可以满足热水供应。现在有些物业也可以提供生活热水给居民小区，但大都采用燃气或燃煤锅炉，既大量消耗化石能源，又污染居民区的空气。太阳能热水系统可以将太阳能转化为热能，节省了常规能源又不污染环境，是最佳热水供应方案。

6. 地区要求

太阳能建筑评价体系正是着眼于上述生活指标如热水供应、热环境等指标来综合评价太阳能建筑的。通过第二章不同地区太阳能建筑调研情况可以看出，太阳能建筑在不同气候的地区存在着种种差异，太阳能建筑模式也有可能随着气候的差异而不同。因此，不同的气候带有着不同的评价指标，建立太阳能建筑评价体系，并不能用仅仅一套指标来评价所有地区的太阳能建筑。应该因地制宜，在太阳能建筑评价体系的基础上，提出适应该地区的指标体系。

二、我国太阳能产业的国家标准

我国太阳能产业从上世纪70年代末发展至今，已经制定了一些相关的国家标准。特别是太阳能热水器、热水系统以及太阳能集热器方面的国家标准，规范了太阳能热水器及集热器市场，促进了太阳能产业的发展。

(一) 我国太阳能集热器及热水系统国家标准

我国太阳能集热器及热水系统国家标准的制定工作起源于1982年，当时平板型太阳能热水系统在我国发展很快。为了正确评价各种不同形式平板集热器性能的优劣，提高我国平板集热器研究和设计水平，全国能源基础与管理标准化技术委员会在1982年5月举行的第二次全体会议上将平板集热器热性能试验方法列入国家标准的制定目录，并确定了起草单位。到目前为止，由全国能标委归口制、修订的有关太阳热水器的国家标准有14项，行业标准3项。但目前太阳能热水系统的国家标准体系还不完善，已经制定的标准也存在需要改进、完善的地方。

目前基础标准有：《太阳热利用术语 第一部分》(GB/T 12936.1—1991)、《太阳热利用术语 第二部分》(GB/T 12936.2—1991)，太阳能集热器标准有：《平板型太阳集热器热性能试验方法》(GB/T 4271—2000)、《平板型太阳集热器技术条件》(GB/T 6424—1997)、《全玻璃真空太阳集热器》(GB/T 17049—1997)、《真空管太阳集热器》(GB/T17581－1998)、《太阳集热器热性能室内试验方法》(GB/T 18974—2003)，太阳热水器标准有：《家用太阳热水器热性能试验方法》(GB/T 12915—1991)、《太阳热水器吸热体、连接管及其配件所用弹性材料的评价方法》(GB/T 15513—1995)，太阳热水系统标准有：《家用太阳热水系统热性能试验方法》(GB/T 18708—2002)、《太阳热水系统设计、安装及工程验收技术规范》(GB/T 18713—2002)、《家用太阳热水器/系统技术条件》(GB/T 19141—2003)，标准规范有《工作直接日射表的校准方法》(GB/T 14890—1994)、《太阳能在地面不同接收条件下的太阳光谱辐照度标准 第1部分：大气质量1.5的法向直接日射辐照度和半球向日射辐照度》(GB/T 17683.1—1999)，行业标准有：《太阳热水装置辅助电加热技术条件》(NY/T 513—2002)、《家用太阳热水器储水箱》(NY/T 514—2002)、《家用太阳热水系统安装运行、维护技术规范》(NY/T 651—2002)。

(二) 我国太阳能供暖空调系统标准

太阳能供暖空调系统方面，1994 年国家制定了《被动式太阳房技术条件和热性能测试方法》国家标准，又于 2003 年由清华大学、天津大学等六家单位对此标准进行了修订。但对于主动式太阳房以及太阳能空调系统还没有制定相应的国标。

(三) 我国太阳能电池标准

我国太阳电池方面的标准制定工作起步于上世纪 70 年代末，到目前为止制定了《太阳电池型号命名方法》、《太阳电池名词术语》、《地面用太阳电池标定的一般规定》、《地面用标准太阳电池》、《地面用太阳电池电性能测试方法》、《航天用太阳电池标定的一般规定》、《航天用标准太阳电池》、《航天用太阳电池电性能测试方法》、《非晶硅太阳电池电性能测试方法一般规定》等。可以看出，关于太阳电池的标准还不完善，其中一个主要原因是太阳电池的发展很快，种类繁多，技术日新月异，即使已经制定的标准随着时间的推移已经不能适应目前的技术要求，应该进行修订。太阳电池应用的太阳能光伏系统于 2003 年制定了《家用太阳能光伏电源系统技术条件和试验方法》，但这一标准仅仅面向离网型家用太阳能光伏电源系统及其部件，与电网相连接的太阳能户用光伏系统目前国内还没有制定相应的标准。另外，与太阳能建筑相关的一些建筑、施工类国家标准还有很多，在进行太阳能建筑设计、安装时都应该参照这些标准。

（四）地区标准

另一方面，除了一些国家标准以外，一些地方还根据地区特点制定了与之相适应的地方标准。安徽省于2002年8月推出了《住宅建筑-太阳能热系统一体化设计安装与验收标准》，该标准规范了太阳热水器安装、固定、管线的敷设，把太阳热水器作为整幢住宅的一个构件来安排，从技术上避免了安装安全等隐患。经检索国内目前尚没有此类标准发布。

（五）我国太阳能建筑国家标准的发展现状

关于太阳能建筑的国家标准体系还很不完善。虽然制定了一些太阳能部件的国家标准，但这些标准只是孤立地评价单个部件如集热器、太阳电池或热水器/系统等的性能，与建筑相结合的标准还没有发布。太阳能部件与建筑结合是一项系统工程，太阳能建筑的产品标准与设计、施工、评价标准的编制，需要建筑界与太阳能界密切配合，共同完成。现在已形成共识，太阳能产业的发展，重要的是如何解决好部件与建筑相结合的技术问题。同时要有相关的设计、安装、施工与验收标准，从技术标准的高度解决太阳能部件与建筑一体化问题。太阳能建筑评价体系的研究，正是着眼于太阳能部件与建筑结合，将这两者看成一个整体进行评价的。

第三节　我国太阳能建筑评价体系的初步设计

一、评价体系的特点与体系构成

（一）评价体系的特点

对于一个成功的太阳能建筑评价体系，其应该具有以下特点：

1. 相对简单，易于理解，与工业各行业的技术水平相适应；

2. 清晰明了，易于实施；

3. 相对灵活，可允许通过不同的太阳能技术或建筑手段达到相同的环保和节能效果；

4. 准确，能够给用户、建筑开发商、太阳能企业明确的经济信号；

5. 企业可以加入，例如易于让太阳能部件制造商参与到建筑环境质量的提高和节能工作中来，从而促进新型太阳能部件的开发和推广；

6. 激励机制要完善而且可操作。

(二) 太阳能建筑评价体系构成

太阳能建筑评价体系是对太阳能建筑进行综合分析，从技术、经济和环境等角度予以研究，从而对于太阳能建筑作出客观的评价和可行的建议。

太阳能建筑评价体系内容包括太阳能热水、供暖与空调、户用光伏和太阳能建筑结合四部分的技术评价、经济评价以及环境评价。考虑到太阳能建筑评价的客观性与现实可行性，增加建筑围护结构、建筑用能指标、室内空气品质以及太阳能资源等作为基础评价指标。

由于基础评价指标、太阳能热水系统评价指标、太阳能采暖与空调系统评价指标与太阳能户用光伏系统评价指标中定量与定性混在一起，初步考虑采用多层次分析法，由专家打分，给予不同的指标不同的权重，实现定性指标的定量化，这对于综合评价太阳能建筑是客观全面的。

二、太阳能建筑评价体系内容

(一) 基础评价指标

1. 建筑物节能指标

(1) 建筑物方位：满足采光、通风条件下，建筑物向正南，允许偏差±15°为宜；

(2) 建筑物的围护结构：节能等级符合 JGJ 26 民用建筑节能设计标准；

(3) 建筑物所处地区、气候条件：太阳能日照时数大于 1400 小时以上地区。

2. 空气质量指标

(1) 冬、夏季室内空气温度、湿度：城市冬季(16～18)℃，农村被动太阳建筑(14～18)℃；

(2) 冬、夏季每平方米室内面积所需新风量：2.0m^3/m^2 左右；

(3) 室内空气每立方米含微尘、CO、SO_2 的量：粉尘 10mg、CO 5mg、$SO_2$0.15mg。

3．照明指标

(1) 室内光线强度；

(2) 照明耗电量。

4．生活热水指标

(1) 每人每日生活热水用量：≥40L；

(2) 生活热水温度：≥42℃。

5．太阳能资源指标

(1) 太阳能年辐射总量：>4200MJ/m²；

(2) 水平面每平方米太阳能辐射能流密度随季节的分布。

6．规范、法规及政策指标

(1) 有无设计、施工及运行规范；

(2) 有无相关政策、法规鼓励太阳能建筑发展。

(二) 太阳能热水系统评价指标

1．技术指标

(1) 太阳能集热器瞬时效率以及安装倾角：

平板型　截距≥0.68，热损≤6，安装倾角：当地纬度 ±10°；

真空管型　截距≥0.6，热损≤2.5，安装倾角：当地纬度 +10°。

(2) 每平方米热水器有效得热量：在日照 17MJ/m²、水温 45℃以上时，日得热量 >7.0MJ/m²。

(3) 人均太阳能集热器安装面积：≥0.6m²。

(4) 太阳能热水保证率：≥70%。

(5) 辅助能源形式及其运行比例：电、燃气比例≤30%。

(6) 是否装备有热水计量装置：有。

(7) 安全可靠性。

2．与建筑物结合的评价

(1) 太阳能部件设计、安装是否与建筑物的设计、建造同步；

(2) 太阳能部件是否可以“建材化”；

(3) 太阳能部件与建筑相结合是否协调美观。

3．经济指标

(1) 单位集热器面积的系统初投资以及运行费用(包括使用辅助能源的

初投资及费用)；

(2) 单位集热器面积年节标准煤量：≥150kgce(公斤标准煤)；

(3) 使用寿命：≥10 年；

(4) 生命周期投资回收年限：≤3 年。

4. 环境指标

(1) 单位集热器面积每季减排 CO_2 量：≥400kg；

(2) 单位集热器面积每季减排 SO_x、NO_x 量：SO_x≥5.2kg，NO_x≥2.3kg；

(3) 单位集热器面积每季减排悬浮颗粒物量：≥4kg。

(三) 太阳能采暖与空调系统评价指标

1. 技术评价

(1) 太阳能集热器效率及安装倾角：符合 GB/T 6424—1997 GB/T 1758—1998。

安装倾角：当地纬度±10°。

(2) 单位面积有效得热量：符合 GB/T 19141—2003。

(3) 集热器供暖/空调面积比：依用户要求设计。

(4) 供暖/空调期室内实际平均温度：冬季(16～18)℃，夏季(26～28)℃，被动太阳建筑冬季室温：14℃以上。

(5) 单位建筑面积新风量：2.0m^3/m^2。

(6) 太阳能供暖/空调保证率：被动太阳能建筑(60～70)%。

(7) 辅助能源形式、性能及其运行比例。

(8) 是否有冷热计量装置。

(9) 安全可靠性。

2. 与建筑物结合的评价

(1) 太阳能部件设计、安装是否与建筑物的设计、建造同步；

(2) 太阳能部件是否可以“建材化”；

(3) 太阳能部件与建筑相结合是否协调美观；

(4) 太阳能储水系统与太阳能集热器部件是否分离。

3. 经济评价

(1) 单位集热器面积的系统初投资和运行费用(包括使用辅助能源的初投资及费用)；

(2) 单位集热器面积每季节电量或节煤量；

(3) 使用寿命；

(4) 生命周期投资回收期(与相同供暖/制冷面积的燃煤/油集中供热相比)。

4. 环境评价

(1) 单位集热器面积每季减排 CO_2 量；

(2) 单位集热器面积每季减排 SO_x、NO_x 量；

(3) 单位集热器面积每季减排悬浮颗粒物量。

(四) 太阳能户用光伏系统评价指标

1. 技术评价

(1) 太阳能光伏方阵发电效率以及安装倾角；

(2) 每平米太阳能光伏方阵每季有效发电量；

(3) 人均太阳能光伏方阵面积；

(4) 每季太阳能发电量占总用电量的比例；

(5) 太阳能供电保证率；

(6) 是否装备有发电量计量装置；

(7) 是否与常规电网相连；

(8) 安全可靠性。

2. 与建筑物结合的评价

(1) 太阳能部件设计、安装是否与建筑物的设计、建造同步；

(2) 太阳能部件是否可以“建材化”；

(3) 太阳能部件与建筑相结合是否协调美观。

3. 经济评价

(1) 单位方阵面积的系统初投资和运行费用；

(2) 单位方阵面积每季发电量或节煤量；

(3) 使用寿命；

(4) 生命周期投资回收期。

4. 环境评价

(1) 单位方阵面积每季减排 CO_2 量；

(2) 单位方阵面积每季减排 SO_x、NO_x 量；

(3) 单位方阵面积每季减排悬浮颗粒物量。

（五）太阳能建筑综合利用系统

（1）太阳能保证率；

（2）节能量；

（3）投资增加额/m^2；

（4）回收年限；

（5）与建筑协调美观程度；

（6）环境贡献。

第六章　我国太阳能建筑激励机制和政策研究

研究我国太阳能建筑激励机制和政策，首先需要研究我国太阳能建筑相关主体的行为及其相互博弈，然后需要研究激励机制和政策产生效果的机理，在这些研究的基础上才能进行我国太阳能建筑激励机制和政策的初步设计。

第一节　我国太阳能建筑应用主体行为分析

社会经济体系中三种基本的力量在可持续发展中发挥着各自不同的作用，即社会公众的最终决定作用、企业的主体作用、政府的直接推动作用。因此可以说，消费者是实施太阳能建筑的原动力，开发商是实施太阳能建筑的主体，政府在太阳能建筑的推行中将起到重要的推动与引导作用。对太阳能建筑应用主体(主要针对太阳能建筑开发商和太阳能建筑消费者)的特征和市场行为进行分析，是我国太阳能建筑激励机制和政策制定和实施的依据。

一、消费主体行为分析

(一) 太阳能建筑消费者特征

太阳能建筑消费者即指太阳能建筑消费的实践者，是购买和使用太阳能建筑的主要消费群体，对其特征的分析具有极为重要的理论与实践意义。

1. 人口和社会经济因素特征

人口因素和社会经济因素通常包括年龄、职业、社会地位、生活方式等。对绿色消费者特征的分析最早就是从人口和社会经济因素开始的。不同的研究结果对人口和社会经济因素与绿色消费倾向到底是否存在相关性产生了分歧，对该因素内不同变量与绿色消费倾向之间到底存在正相关性还是负相关性的问题上也得出了相反的结论。因此，学术界普遍认为，人口和社会经济因素虽然有一定的作用，但却非常有限，不能与个性心理等因素相提并论。

2. 个性心理因素特征

和人口及社会经济因素相比，个性心理因素能更好地辨别绿色消费者。在这其中，最主要的因素是控制范围和异化。我们可以把人划分为外在控制型和内在控制型。外在控制型的人往往相信命运或运气，而内在控制型的人相信自己可以掌握更大的控制权。通过考察一个人的控制范围和绿色消费倾向的关系，人们发现，内在控制型和消费者的绿色消费倾向之间存在正相关性。内在控制型的消费者认为可以通过自身的努力改善环境质量，从而可能会积极追求绿色的生活方式与环境，因而也更有可能购买绿色产品。相反，外在控制型的消费者在对待环境问题时，往往会觉得需要外界的帮助，或觉得自己的行为对改善环境没有什么帮助，这种无助的感觉从而会妨碍他们进行绿色消费。异化是指消费者觉得自己与所在社区、社会或文化的不相融程度的感受。一般认为，异化程度较低的消费者更有可能关心社区或社会。因此，他们可能会表示出对环境污染的不满，从而倾向于购买太阳能建筑。而异化程度较高的消费者可能对社区或社会的关心程度较低，不愿为绿色消费而付出额外的努力。因此他们购买太阳能建筑的可能性相对较小。

3. 文化因素特征

研究发现，绿色消费者倾向于具有较高的社会责任感。对社会责任最简单而又准确的定义是：个人在即使没有报酬的情况下，也愿意帮助他人。其原因在于有社会责任感的人往往受到自己接受的社会价值观的影响。而具有较高社会责任感的消费者相比较而言往往会积极参与各种社区或社会活动。因此，那些积极参与社区活动以及(或)具有社会责任感的人具有更高的太阳能建筑消费倾向，并认为这样的行为应该成为被社会接受的规范。

4. 态度特征

我们可以把消费者在“认为自己能在多大程度上有效减少污染”这个问题上的态度作为识别太阳能建筑消费者的一个标准。识别太阳能建筑消费者的另一个重要标准是消费者在“对其他人是否也会有同样行为”这个问题上的态度。太阳能建筑消费者相信自己的行动能有效节约能源、减少污染，相信其他人也会作出同样的行为。换句话说，消费者越相信自身的力量，对别人作出相似行为的认定程度越高，或越相信自己的消费行为可以带动别人的消费行为，就会发生越多的太阳能建筑消费行动。

5. 环境特征

由于一个人生活、工作的环境可能会影响他对环境问题的认识，而这种认识又会影响他对污染问题、对能源问题、对太阳能建筑消费的态度，因此环境应该作为一个识别太阳能建筑消费者的特征变量。对环境特征的分析可从以下两个方面来进行：(1)所生活的城市规模与人口密度；(2)生活、工作场所附近是否有绿化，环境质量如何。一般认为，消费者所处城市规模越大、人口密度越高太阳能建筑消费倾向越大；生活场所绿化程度高、环境质量好的消费者环境和污染的认识和关心更强烈从而太阳能建筑消费倾向更大。

(二) 影响消费者消费行为的主要因素

对于消费者来说什么是他们购买太阳能建筑的障碍？影响消费者消费行为的主要因素是什么？

1. 收入是实际购买选择的重要制约因素

由于太阳能建筑在建造过程中要采用新工艺、新材料，在确定房屋价格时还要把保护环境所支出的成本纳入其中，所以价格相对普通建筑是比较高的。许多购房者并非不关心环境问题，但由于收入的有限，在实际作出购买决策时，实用主义就会占上风。根据美国芝加哥大学哈里斯学院唐科塞(Don Coursey)的一项研究成果表明，在影响人们绿色消费的诸因素中，收入是最重要的因素。一旦人均月收入达到 5000 美元以上，人们就会愿意在改善环境方面花钱，进行绿色消费。我国学者的研究也有同样的结论。在北京的一项调查显示，家庭月收入在 1000 元以下的人对 5%的绿色产品溢价一般不接受。而月家庭收入在 8000 元以上的人 100%购买过绿色产品，其购买行为明显表现出绿色消费者的特征。太阳能建筑成本高、价格贵，对其消费属于高层次理想消费，它要求消费者具有较高的收入水平，在满足了基本的需求之后，有能力追求较高层次的绿色消费。而我国目前整体收入水平不高，大部分消费者的收入水平仍处于较低或中等阶段，有的还处于贫困阶段，仅仅追求基本生存消费的满足。在此情况下，要求所有消费者实现太阳能建筑消费在其收入水平上存在很大障碍。当消费者基本的生理需求满足以后，他们才可能开始追求超越“物质”的生活，向往美好的生活品质，关注我们赖以生存的地球，关心人类与自然的可持续的、协调的发展。

2. 教育水平对人的消费行为影响巨大

学习对绿色消费行为的产生、强化有极大的影响。一般来说，受过良好教育的人更能正确认识人类与环境的关系，更具有社会责任感，更能接受绿色消费的观念。国外学者的研究成果也表明，年轻、受过良好教育、政治上比较自由的人群比其他人群更关心环境。我国的研究也表明，教育水平最高的一组消费者对绿色产品溢价接受能力最强。

人们绿色消费意识的产生和绿色消费的实践行动，主要来源于以下三个方面：一是日益严重的环境问题损害了人们的正常生活，引起了人们的密切关注；二是环保知识的普及推广，全社会对环保运动的推动，提高了消费者在环保方面的素质；三是消费者的个人绿色消费经验的积累，从中感受到绿色消费对自身和社会的好处。比如一个消费者开始尝试了绿色食品，出现了好的效果会产生强化作用，增强他对绿色产品的好感和信心，然后也许会扩大绿色消费的范围，如购买节能家电、太阳能建筑等。

消费者普遍具有较高的生态意识、环保意识以及责任感是实现绿色消费的终极支撑。我国居民的生态意识、环保意识最近几年有明显提高，表现在越来越多的人的消费行为逐渐趋向绿色化、生态化。但从总体上讲，人们的环保意识、生态意识、绿色意识还远远不能达到实现绿色消费的要求，有些人对环境保护漠不关心，认为环境保护是政府行为，与己无关，缺乏从我做起、从小事做起的环保行动，只希望政府、机构解决环境问题，而自身则做着各种不利于环保的非理性行为。

3. 个性因素也能影响消费的态度和行动

一个人的个性可以划分成内在控制型和外在控制型。外在控制型的人相信命运或运气，而内在控制型的人相信自己可以掌握更大的控制权。在关心能源、环境问题上，内在控制型的消费者可能会积极看待绿色生活方式，从而更可能购买太阳能建筑。相反，外在控制型的消费者面对污染问题会有无助的感觉，认为自己是否购买太阳能建筑对整个环境的改善于事无补。

态度是一个人对某些事物或观念长期持有的好与坏的认识上的评价、情感上的感受和行动倾向。德国学者巴得加在对该问题进行深入的研究之后认为，一个消费者对污染问题的认识程度会影响他对环保的态度，对环保的态度又会影响他对绿色生活方式的态度，对绿色生活方式持积极态度的人会参与绿色产品的购买和消费活动。简单地表示，即对污染的认识-对环保的态度-对绿色生活方式的态度-绿色消费行动。

但是我们常常发现积极的态度并不等于积极的行动。从心理学上说，这与态度的形成过程有关。在态度的形成过程中有两种情形，一种是消费者接受了对宣传的一般性观点，引起对环境态度的改变；另一种是消费者对宣传的问题的相关细节进行了更深层次的思考，然后形成新的态度。这两种方式形成的态度中，后一种更强有力，更可能引导行为选择。所以，太阳能建筑开发商在宣传过程中就需要提供详细的信息，促使消费行为的产生。

二、开发主体行为分析

目前我国太阳能建筑的开发商对于开发太阳能建筑存在着两大问题：

（一）我国太阳能建筑的开发商对太阳能建筑的开发力度不够，建造太阳能建筑的动力不足。

太阳能建筑的开发难度大、成本高、风险大、获利不确定，如果没有政府的扶持，一方面，由于外溢的收益无法内化，另一方面，与生产一般建筑的企业竞争不公平，必然使开发商选择建造太阳能建筑的动力不足。

（二）从现在到本世纪中叶太阳能的开发将进入高潮，它从全球能源中的占有比例将从1%激增到50%，成为与通信产业和信息产业并肩前进的最大和发展最快的产业。但我国企业对此缺乏深刻的认识。

由于太阳能建筑的生产当期投入高而预期收益不确定，使很多企业仍然重视短期收效快、经济利益大、能迅速为企业带来利润的一般建筑的开发，而轻视长期前景好、眼前投资高、能长久增加社会收益的太阳能建筑的开发，从而使制造商提供的太阳能建筑十分有限。由于太阳能建筑消费的正外部性市场失灵，使消费者主动选择消费太阳能建筑的动机减弱，从而使太阳能建筑的制造丧失市场基础，极大地限制了开发商对建造太阳能建筑的选择。

第二节　我国太阳能建筑应用主体之间的动态博弈分析

从经济学角度考虑，各方经济主体都要随情况变化采取不同应对措施，以保障自身获取最优利益，经济活动即是一个不断进行博弈选择的过程。建筑节能活动涉及三个相关主体——政府、房地产开发商和有购房需求的消费者。三方主体行动的时间顺序为政府→开发商→消费者，其中政府和开发商之间传递的是对称信息，双方都完全了解对方在各种选择下获得的收益，即政府和开发商之间为完全信息动态博弈；开发商和消费者之间传递的是非对称信息，开发商完全了解建筑产品所属类型，但消费者并不了解，只能通过开发商的广告宣传进行选择，即开发商和消费者之间为不完全信息动态博弈。本文将从政府和开发商、开发商和消费者两个层面展开博弈分析。

一、政府和开发商之间的完全信息动态博弈分析

（一）博弈模型的构建

模型可如图 6-1 所示。

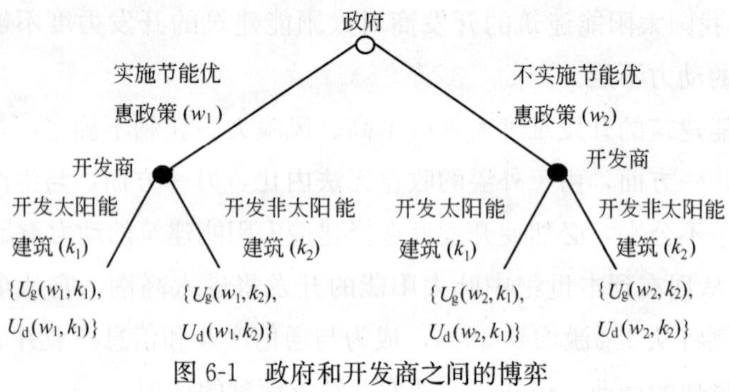

图 6-1 政府和开发商之间的博弈

模型的战略式表述为：

1. 参与人

分别为政府和房地产开发商。

2. 参与人的行动顺序

政府先行动，房地产开发商观察到政府的决策之后再行动。

3. 参与人的行动空间

政府选择是否实施太阳能建筑经济激励政策，即是否对太阳能建筑的开发行为给予补贴或税收优惠；房地产开发商选择是否开发太阳能建筑。

4. 参与人的战略空间

政府只有一个信息集，两个可供选择的行动，其战略空间为：S_g＝{实

施，不实施}；而房地产开发商有两个信息集，每个信息集上有两个可选择的行动，因而共有四个纯战略，其战略空间为：S_d＝{（太阳能建筑，太阳能建筑），（太阳能建筑，非太阳节能建筑），（非太阳能建筑，太阳能建筑），（非太阳能建筑，非太阳能建筑）}。

5. 参与人的支付函数

假设 W 表示政府是否实施太阳能建筑经济激励政策，$W=\{w_1, w_2\}=$ {实施，不实施}；K 表示开发商开发何种建筑产品，$K=\{k_1, k_2\}=$ {太阳能建筑，非太阳能建筑}。设 S_q 表示建筑产品的销售收入，$q=(e, c)$，其中 e 表示太阳能建筑，c 表示非太阳能建筑，$S_e>S_c$；π_q 表示开发商销售建筑产品获取的税前利润；t_b 表示营业税税率；t_s 表示所得税税率；δ_q 表示建筑产品在生产和使用过程中造成的需由政府为之负担的外部损失成本（如环境污染），$\delta_e<\delta_c$；ε 表示实施太阳能建筑经济激励政策时政府对开发太阳能能建筑的开发商提供的优惠额；U_g 表示政府获得的收益，U_d 表示开发商获得的收益。则各种战略下参与人双方的支付函数分别为（只考虑营业税和所得税）：

$U_g(w_1, k_1)=S_e t_b+\pi_e t_s-\delta_e-\varepsilon$ $\quad U_d(w_1, k_1)=\pi_e(1-t_s)+\varepsilon$

$U_g(w_1, k_2)=S_c t_b+\pi_c t_s-\delta_c-\varepsilon$ $\quad U_d(w_1, k_2)=\pi_c(1-t_s)$

$U_g(w_2, k_1)=S_e t_b+\pi_e t_s-\delta_e$ $\quad U_d(w_2, k_1)=\pi_e(1-t_s)$

$U_g(w_2, k_2)=S_c t_b+\pi_c t_s-\delta_c$ $\quad U_d(w_2, k_2)=\pi_c(1-t_s)$

（二）模型求解

可运用逆向归纳法求解子博弈精炼纳什均衡，分为两种情况。

1. $\pi_e>\pi_c$（开发太阳能建筑获取的利润大于开发非太阳能建筑）

（1）开发商的最优选择：

针对 w_1：$\max\{U_d\}=\max\{U_d(w_1, k_1), U_d(w_1, k_2)\}=\pi_e(1-t_s)+\varepsilon$ （1）

相对应的最优解 $k^*(w_1)=k_1$，开发商的最优选择是开发太阳能建筑。

针对 w_2：$\max\{U_d\}=\max\{U_d(w_2, k_1), U_d(w_2, k_2)\}=\pi_e(1-t_s)$ （2）

相对应的最优解 $k^*(w_2)=k_1$，开发商的最优选择是开发太阳能建筑。在第二阶段，无论政府是否实施建筑节能经济激励政策，开发商都会选择开发太阳能建筑。

（2）政府的最优选择：

$$\max\{U_g\}=\max\{U_g(w_1, k_1), U_g(w_2, k_1)\}=S_e t_b+\pi_e t_s-\delta_e \quad (3)$$

相对应的最优解 $w^*=w_2$，所以第一阶段政府的最优选择是不实施太阳能建筑经济激励政策。

由此得到的精炼均衡是{不实施，(太阳能建筑，太阳能建筑)}。

2. $\pi_e<\pi_c$(开发太阳能建筑获取的利润小于开发非太阳能建筑)

(1) $(\pi_c-\pi_e)(1-t_s)<\varepsilon<(S_e-S_c)t_b+(\pi_e-\pi_c)t_s-(\delta_e-\delta_c)$

① 开发商的最优选择：

针对 w_1：计算过程同式(1)，开发商的最优选择是开发太阳能建筑。

针对 w_2：$\max\{U_d\}=\max\{U_d(w_2, k_1), U_d(w_2, k_2)\}=\pi_c(1-t_s)$ (4)

相对应的最优解 $k^*(w_2)=k_2$，开发商的最优选择是开发非太阳能建筑。在第二阶段，当政府实施经济激励政策时，开发商选择开发太阳能建筑；当政府不实施经济激励政策时，开发商选择开发非太阳能建筑。

② 政府的最优选择：

$$\max\{U_g\}=\max\{U_g(w_1, k_1), U_g(w_2, k_2)\}=S_e t_b+\pi_e t_s-\delta_e-\varepsilon \quad (5)$$

相对应的最优解 $w^*=w_1$，所以第一阶段政府的最优选择是实施经济激励政策。

由此得到的精炼均衡是{实施，(太阳能建筑，非太阳能建筑)}。

(2) $\varepsilon>(S_e-S_c)t_b+(\pi_e-\pi_c)t_s-(\delta_e-\delta_c)$

① 开发商的最优选择：

计算过程分别同式(1)和式(4)，在第二阶段，当政府实施经济激励政策时，开发商选择开发太阳能建筑；当政府不实施经济激励政策时，开发商选择开发非太阳能建筑。

② 政府的最优选择：

$$\max\{U_g\}=\max\{U_g(w_1, k_1), U_g(w_2, k_2)\}=S_c t_b+\pi_c t_s-\delta_c \quad (6)$$

相对应的最优解 $w^*=w_2$，所以第一阶段政府的最优选择是不实施经济激励政策。

由此得到的精炼均衡是{不实施，(太阳能建筑，非太阳能建筑)}。

(3) $\varepsilon<(\pi_c-\pi_e)(1-t_s)$

① 开发商的最优选择：

针对 w_1：$\max\{U_d\}=\max\{U_d(w_1, k_1), U_d(w_1, k_2)\}=\pi_c(1-t_s)$ (7)

相对应的最优解 $k^*(w_1)=k_2$，开发商的最优选择是开发非太阳能建筑。

针对 w_2：计算过程同式(4)，开发商的最优选择是开发非太阳能建筑。

在第二阶段，无论政府是否实施太阳能建筑经济激励政策，开发商均选择开发非太阳能建筑。

② 政府的最优选择：

$$\max\{U_g\}=\max\{U_g(w_1, k_2), U_g(w_2, k_2)\}=S_c t_b+\pi_c t_s-\delta_c \quad (8)$$

相对应的最优解 $w^*=w_1=w_2$，第一阶段政府是否实施太阳能建筑经济激励政策对政府自身来说利益等同。

由此得到的精炼均衡是{实施，(非太阳能建筑，非太阳能建筑)}或者{不实施，(非太阳能建筑，非太阳能建筑)}。

(三) 结果分析

由以上计算结果可分析得出：

首先，太阳能建筑发展的初级阶段，政府需对市场进行干预和调控。初步实施太阳能建筑发展战略时，建造太阳能建筑需研究和开发利用新材料、新技术，投资金额较大，且建设成本中包含了节约常规能源和保护环境等正外部性成本，价格相对较高，但消费者对产品价格的承受能力有限，开发商无法获得较高利润，对建造太阳能建筑缺乏积极主动性，因此需要政府通过经济政策予以扶持，向开发太阳能建筑的企业提供一定优惠。

其次，优惠额需在一定幅度范围内。如果政府给予的优惠额低于企业的利润损失，则无法刺激开发商转向建造太阳能建筑，达不到推动太阳能建筑发展的目的；如果优惠额超出了政府的财政能力，则政府宁可自己负担太阳能建筑产品的负外部性成本，而不会去实施优惠政策。

最后，太阳能建筑发展的成熟阶段，政府需减少对市场的干预。随着技术的进步和熟练应用，太阳能建筑的成本逐渐降低，利润额将大大超过非太阳能建筑；而消费者也会逐渐增强节约常规能源和环保意识，太阳能建筑的市场需求日益扩大。在利润的趋使下，开发商必会主动选择开发太阳能建筑，而政府则应取消优惠政策，逐步退出建筑市场，转为由市场自发调节和配置资源。

二、开发商和消费者之间的不完全信息动态博弈分析

(一) 博弈模型的构建

开发商和消费者之间的博弈为信号传递博弈，模型如图 6-2 所示。

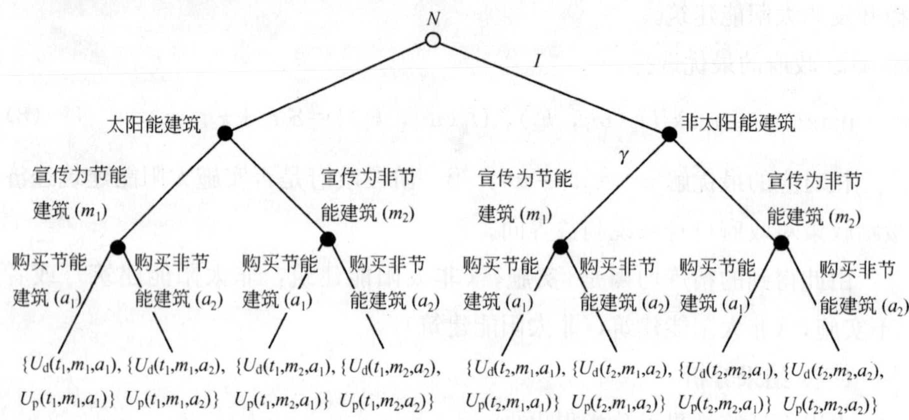

图 6-2　开发商和消费者之间的博弈

模型的战略式表述为：

1. 参与人

市场中建筑产品的供求方。开发商为信号发送者，消费者为信号接收者。

2. 参与人的行动顺序

自然首先选择建筑产品的类型，与之相对应的是开发商的行为：开发太阳能建筑和开发非太阳能建筑，类型集为 $T=\{t_1, t_2\}=\{$太阳能建筑，非太阳能建筑$\}$。开发商清楚其中的概率分布：$P\{t_1\}=\alpha$，$P\{t_2\}=1-\alpha$。

3. 参与人的行动空间

开发商选择对建筑产品如何进行广告宣传，即如何发送信号；消费者选择购买太阳能建筑还是购买非太阳能建筑。

4. 参与人的战略空间

开发商观测到建筑产品所属类型后，从可行的信号集 $M=\{m_1, m_2\}$ 中选择发送信号，其中 m_1 表示开发商将建筑产品宣传为太阳能建筑，m_2 表示开发商将建筑产品宣传为非太阳能建筑；消费者观测到开发商的发送信号

后，使用贝叶斯法则计算得出后验概率，然后从行动集$A=\{a_1, a_2\}=\{$太阳能，非太阳能$\}$中选择一个行动。

5. 参与人的支付函数

假设V_q表示购买建筑产品给消费者带来的效用，$q=(e, c)$，$V_e>V_c>S_e>S_c$；C_q表示开发建筑产品的总成本，$C_e>C_c$；I表示开发商将非太阳能建筑宣传为太阳能建筑额外花费的伪装成本；U_p表示购房者获得的收益，则各种战略下参与人双方的支付函数为：

$U_d(t_1, m_1, a_1)=(S_e-C_e)(1-t_s)$　　$U_p(t_1, m_1, a_1)=V_e-S_e$

$U_d(t_1, m_1, a_2)=-C_e$　　$U_p(t_1, m_1, a_2)=0$

$U_d(t_1, m_2, a_1)=-C_e$　　$U_p(t_1, m_2, a_1)=0$

$U_d(t_1, m_2, a_2)=(S_c-C_e)(1-t_s)$　　$U_p(t_1, m_2, a_2)=V_e-S_c$

$U_d(t_2, m_1, a_1)=(S_e-C_c-I)(1-t_s)$　　$U_p(t_2, m_1, a_1)=V_c-S_e$

$U_d(t_2, m_1, a_2)=-C_c-I$　　$U_p(t_2, m_1, a_2)=0$

$U_d(t_2, m_2, a_1)=-C_c$　　$U_p(t_2, m_2, a_1)=0$

$U_d(t_2, m_2, a_2)=(S_c-C_c)(1-t_s)$　　$U_p(t_2, m_2, a_2)=V_c-S_c$

(二) 模型求解

1. 分离均衡

假定开发商对不同类型的产品选择不同的信号发送，即太阳能建筑和非太阳能建筑在广告中分别按照实际情况对外宣传，消费者可通过观察到的信号准确地分辨出建筑产品是太阳能建筑还是非太阳能建筑。根据贝叶斯法则，消费者的后验概率分别为：

$$P(t_1|m_1)=1 \quad P(t_2|m_1)=0 \quad P(t_1|m_2)=0 \quad P(t_2|m_2)=1$$

(1) 消费者的最优选择：

针对信号m_1：$\max\{E(U_p)\}=\max\{P(t_1|m_1)\times U_p(t_1, m_1, a_1)+P(t_2|m_1)\times U_p(t_2, m_1, a_1), P(t_1|m_1)\times U_p(t_1, m_1, a_2)+P(t_2|m_1)\times U_p(t_2, m_1, a_2)\}=V_e-S_e$，相对应的解$a^*(m_1)=a_1$，消费者的最优选择是购买太阳能建筑。

针对信号m^2：$\max\{E(U_p)\}=\max\{P(t_1|m_2)\times U_p(t_1, m_2, a_1)+P(t_2|m_2)\times U_p(t_2, m_2, a_1), P(t_1|m_2)\times U_p(t_1, m_2, a_2)+ P(t_2|m_2)\times U_p(t_2,

m_2，a_2)}$=V_c-S_c$，相对应的解 $a^*(m_2)=a_2$，消费者的最优选择是购买非太阳能建筑。

(2) 开发商的最优选择：

当消费者策略确定的情况下，开发商将从自身效用最大化角度考虑选择与产品类型相对应的信号类型。

针对类型 t_1：$\max\{U_d\}=\max\{U_d(t_1, m_1, a_1), U_d(t_1, m_2, a_2)\}=(S_e-C_e)(1-t_s)$，相对应的解 $m^*(t_1)=m_1$，对于太阳能建筑，开发商将对外宣传为太阳能建筑。

针对类型 t_2：$\max\{U_d\}=\max\{U_d(t_2, m_1, a_1), U_d(t_2, m_2, a_2)\}$

若 $I<S_e-S_c$，$\max\{U_d\}=(S_e-C_c-I)(1-t_s)$，相对应的解 $m^*(t_2)=m_1$，与分离均衡的假定相背离，因此该种状态下分离均衡不存在。

若 $I>S_e-S_c$，$\max\{U_d\}=(S_c-C_c)(1-t_s)$，相对应的解 $m^*(t_2)=m_2$，符合分离均衡的假定，因此分离均衡的最优解为 (t_1, m_1, a_1) 和 (t_2, m_2, a_2)。

2. 混同均衡

假定开发商对不同类型产品选择相同的发送信号，即太阳能建筑和非太阳能建筑在广告中被宣传为同一种类型，消费者无法根据观察到的信号准确地分辨太阳能建筑和非太阳能建筑。消费者的后验概率等于其先验概率，分别为：

$$P(t_1|m_1)=P(t_1|m_2)=\alpha \quad P(t_2|m_1)=P(t_2|m_2)=1-\alpha$$

(1) 消费者的最优选择：

针对信号 m_1：$\max\{E(U_p)\}=\max\{P(t_1|m_1)\times U_p(t_1, m_1, a_1)+P(t_2|m_1)\times U_p(t_2, m_1, a_1), P(t_1|m_1)\times U_p(t_1, m_1, a_2)+P(t_2|m_1)\times U_p(t_2, m_1, a_2)\}$

若 $\alpha V_e+(1-\alpha)V_c>S_e$，$\max\{E(U_p)\}=\alpha(V_e-S_e)+(1-\alpha)(V_c-S_e)$，相对应的解 $a^*(m_1)=a_1$，消费者的最优选择是购买太阳能建筑。

若 $\alpha V_e+(1-\alpha)V_c<S_e$，$\max\{E(U_p)\}=0$，相对应的解 $a^*(m_1)=a_2$，消费者的最优选择是购买非太阳能建筑。

针对信号 m_2：$\max\{E(U_p)\}=\max\{P(t_1|m_2)\times U_p(t_1, m_2, a_1)+P(t_2|$

$m_2) \times U_p(t_2, m_2, a_1)$，$P(t_1 | m_2) \times U_p(t_1, m_2, a_2) + P(t_2 | m_2) \times U_p(t_2, m_2, a_2)\} = \alpha(V_e - S_c) + (1-\alpha)(V_c - S_c)$，相对应的解 $a^*(m_2) = a_2$，消费者的最优选择是购买非太阳能建筑。

(2) 开发商的最优选择：

针对类型 t_1：若 $\alpha V_e + (1-\alpha)V_c > S_e$，$\max\{U_d\} = \max\{U_d(t_1, m_1, a_1)$，$U_d(t_1, m_2, a_2)\} = (S_e - C_e)(1 - t_s)$，相对应的解 $m^*(t_1) = m_1$，开发商将太阳能建筑对外仍宣传为太阳能建筑。

若 $\alpha V_e + (1-\alpha)V_c < S_e$，$\max\{U_d\} = \max\{U_d(t_1, m_1, a_2)$，$U_d(t_1, m_2, a_2)\} = (S_c - C_e)(1 - t_s)$，相对应的解 $m^*(t_1) = m_2$，开发商将太阳能建筑对外宣传为非太阳能建筑。

针对类型 t_2：若 $\alpha V_e + (1-\alpha)V_c > S_e$，$\max\{U_d\} = \max\{U_d(t_2, m_1, a_1)$，$U_d(t_2, m_2, a_2)\}$

此时如果 $I < S_e - S_c$，$\max\{U_d\} = (S_e - C_c - I)(1 - t_s)$，相对应的解 $m^*(t_2) = m_1$，开发商将非太阳能建筑对外宣传为太阳能建筑；如果 $I > S_e - S_c$，$\max\{U_d\} = (S_c - C_c)(1 - t_s)$，相对应的解 $m^*(t_2) = m_2$，结合类型 t_1 的最优解，可知结果与混同均衡的假定相背离，该种状态下混同均衡不存在。

若 $\alpha V_e + (1-\alpha)V_c < S_e$，$\max\{U_d\} = \max\{U_d(t_2, m_1, a_2)$，$U_d(t_2, m_2, a_2)\} = (S_c - C_c)(1 - t_s)$，相对应的解 $m^*(t_2) = m_2$，开发商将非太阳能建筑对外仍宣传为非太阳能建筑。

因此混同均衡的最优解为两组：$\{t_1, m_1, a_1\}$和$\{t_2, m_1, a_1\}$；$\{\{t_1, m_2, a_2\}$和$\{t_2, m_2, a_2\}$。

(三) 结果分析

通过以上分析，可得出如下结论：

首先，伪装成本的大小决定开发商的宣传策略。若伪装成本大于两种建筑产品之间的销售差额，开发商将按照实际情况分别进行广告宣传，消费者可以依据个人偏好自主选择不同类型的建筑产品，竞争公平合理，市场秩序良好。若伪装成本小于两种建筑产品之间的销售差额，开发商会将非太阳能建筑宣传为太阳能建筑，以提高销售价格，消费者受到迷惑，不公平竞争和欺诈行为存在，市场秩序混乱。

其次，消费者的支付能力影响太阳能建筑的销售价格。太阳能建筑可以给消费者带来更大的价值和效用，是消费者的最佳选择。但是如果销售价格过高，超出了消费者支付意愿的最大金额(即期望效用)，则消费者宁可购买价值略低但能够负担的非太阳能建筑而不会购买太阳能建筑。对于开发商而言，若价格较高的太阳能建筑销售不利，为避免损失，则可能会将太阳能建筑按非太阳能建筑对外销售，从而出现市场上太阳能建筑和非太阳能建筑以同一价格对外销售的局面，这样的结果必将大大挫伤太阳能建筑开发商的积极性，导致下一轮开发周期内太阳能建筑开发的比例下降。

随着人民收入水平的提高和生活质量的改进，建筑太阳能成为未来房地产行业的必然趋势。目前我国建筑太阳能尚处于初级阶段，市场发育不成熟，开发商缺乏积极性，亟需政府采取宏观调控手段进行干预。而政府除应对太阳能建筑开发行为提供经济激励措施之外，还需落实对开发商的监管机制，严格控制建筑产品的性能评定，避免滥竽充数者扰乱市场秩序。

第三节　我国太阳能建筑激励机制和政策相关理论研究

一、环境与资源的公共性

大力发展太阳能建筑的主要目的就是为了解决或者缓解可再生能源的资源枯竭和环境受污染两方面的问题。而环境与资源作为公共物品在市场经济中是缺乏效率的，而造成此类问题主要原因是由于公共物品的外部不经济效应。因而，制定和实施太阳能建筑的激励机制和政策经济政策的相关理论就是解决能源和环境的外部不经济问题。

(一) 公共物品与私人物品

在西方经济学理论中，公共性来自对公共物品与私人物品的分类。私人物品是指那种可得数量将随任何人对它的消费或使用的增加而减少的物品，例如，用于食用的蔬菜、公共汽车上的座位等。公共物品是指那些不具备消费或使用的竞争性的商品，任何人的增加对这些商品的消费或使用都不会减少其他人所可能得到的消费水平。例如，国防、道路和电视广播等。

如果进一步区分，看一个物品究竟是公共物品还是私人物品，可以根据排他性、强制性、无偿性和分割性等四个特征来加以区分。所谓排他性就是这种物品只能供它的占有者来消费，而排斥占有者以外的人消费。所谓强制性就是某种物品是自动的提供给所有社会成员消费的，不论你是否愿意接受。所谓有偿性就是消费者消费这种物品必须付费。所谓分割性就是这种物品可以在一组人中按不同的方法进行分割。典型的公共物品具有非排他性、强制性、无偿性和不可分割性；典型的私人物品具有排他性、非强制性、有偿性和可分割性；而有些物品介于公共物品与私人物品之间或者说具有一定公共性，可称之为准公共物品。

（二）环境和资源的公共性

在上述区分标准中，环境作为公共物品，其公共性是比较好判断的。不管是清洁空气、和煦阳光，还是全球或者局部地区的自然环境都具有非排他性、强制性、无偿性和不可分割性等四项特征。因而，环境是公共物品，具有公共性，这一点也是受到世人广泛的接受和认可。

争议较大的是资源。有专家认为资源具有排他性、有偿性和可分割性，如一座煤矿或一份石油产品，只能提供给付了费的占有者来消费，且可以进行分割。事实上，这种将资源微观化的观点与本论文的着眼点是不一致的。本论文中所指的资源是指宏观上所有资源矿产和资源产品总和的集合体，是与环境一样介于人类世界与自然界之间的物质，是资源作为一种事物的抽象的概念。这种概念下的资源可以供全世界的人消费不具有排他性；是由自然界供于人类世界且是人类世界必须消费的物品，不以任何人的愿意与否而转移的；人类世界从自然界获取的能源资源也是无偿的；作为自然界供给人类世界的资源概念是不可分割的。所以在本论文所提的资源也是一种典型的公共物品，具有公共性。

综合上述的判断与分析，可以得出如下结论：环境和资源都是典型的公共物品，具有公共性。

（三）环境和资源问题主体的有限理性

环境和资源问题的主体是两种资源的所有者和消费者——人，也就是经济主体。尽管大多数经济学家都假设经济主体是完全理性的，但现实的生产生活中完全的理性是不存在的，主体的理性总是有限的，这种理性的有限性表现在：

第一，人们对环境和资源严峻性的认识需要一个历史过程。长期以来，人们认为，人类是地球的主宰，对于环境和能源资源都可以任意索取、利用、改造和破坏。随着科学的进步，人们慢慢认识到人同地球的关系，也开始力图弥补过去对环境和能源资源的破坏。但是在还没有足够的科学认识前提下，非理性的人类行为不可避免还是在对环境和资源产生负面影响。

第二，即使人们已经认识到环境和资源问题的严重性，但由于受经济发展条件的制约，往往不得不以牺牲环境和资源为代价来发展经济。目前这种经济发展模式在发展中国家较为普遍。

第三，即使上述两个问题不存在，经济人的投机行为还是存在的。这点也是根源于经济主体是理性的假设。正是因为这条假设，所以经济主体一切活动都是以利己的动机，力图以最小的代价获得最大的收益。例如，将不经处理的废水直接排至江河以省去自身治污成本。这也是具体经济人的理性，导致经济人总体即社会经济的不理性。

（四）环境和资源的外部不经济

在现实生活中，外部不经济比外部经济更为常见。通过上述论证，我们知道环境和资源同属于公共物品，具有公共性，因而具备了外部经济的可能性；又由于环境和资源问题主体的理性始终是有限的，所以可以得出结论，环境和资源问题都是外部不经济问题，或者可以说是外部不经济性的必然结果。一般来说，生产都会不可避免的占用资源和产生废弃物，当占用的资源和排放的废弃物都超过一定标准，必然会对他人或者社会产生不利的影响，具体表现在资源紧缺和环境污染。生产过程中不可避免产生废弃物，而受利润最大化动机的支配，生产者进行生产，目的是获得更多盈利，因而为达到这一目的，生产者一般不会或很少对废弃物进行治理以避免增加开支。当把废弃物排到环境中去时，就省下了这样一笔开支，简称私人成本。但是由于污染物排入环境后会造成环境污染，从而使环境内其他人受到损害，或者说是对社会造成了经济损失，这一社会损失简称为社会成本。当私人成本变成社会成本由整个社会来承担时，就产生了外部不经济效应。

（五）外部不经济导致市场失灵

从定义就可以得知，外部不经济对社会对他人的影响是不良的，作用是负面的。因为外部性的存在，经济主体通过低于社会成本的私人成本进行生产或消费，而私人成本低于社会成本的这部分差值由于经济人没有承担，实际就变成了附加利益被经济主体获得。这部分没有被既得利益者承担成本的成本，则必然被转嫁到整个市场体系中，由整个社会承担，这个过程又被称为私人成本的社会化。成本与收益的不平衡在一般情况下会由市场自发调节，重新趋于平衡，但这种收益大于成本的事实，必然会引起更多的经济人效仿，采取同样的方式进行生产或消费，又由于外部性特征，整个社会损失的只是社会福利，这又并不像经济成本那样明显，因而可以暂时甚至长时间不须对这部分成本承担，这就使得市场机制无法发挥自我调节的能力，导致市场失灵。

二、太阳能建筑的外部性

太阳能建筑自身也是具有外部性的建筑类型，同样需要进行外部性分析。

(一) 理想条件下太阳能建筑的交易成本

太阳能建筑市场从表面看来，供给的是太阳能建筑的材料、设备、技术和信息等产品，而消费者购买使用这类产品一方面是为了满足室内舒适性，另一方面则是为了减少能源的消费。满足室内舒适性和满足人生活中的其他需求如生存性、安全性等一样，是可以通过一定的商品来实现的；在现代社会，能源的使用是有代价的，是大家所公认的商品，它具有排他性和竞争性。因此可以说，如果在能源价格完全由市场决定，单纯要满足人们的生活舒适性，市场机制是可以有效作用的。这就和满足人们的其他如吃、穿方面的需求一样，在完全由市场决定的价格下，如果消费者没有足够的支付能力，就只能满足于果腹、蔽体，包括在并不舒适的室内环境中生活；反之，如果有足够的支付能力，消费者就可以满足自己的吃、穿和室内环境舒适性的要求。此时的交易成本就是消费者支付的价格。

(二) 能源消费的外部性特征

在现实生活中，有两个重要因素对太阳能建筑产生了重要影响，使之偏离了理想状态：第一，能源供应商并非是完全的生产者，他只是将能源加工和传输以供人们消费使用，能源危机早已说明能源这种商品的供给弹性将会越来越小，因此在没有足够替代物、完全由供求双方决定耗用与供给的前提下，传统能源的价格只能是越来越高，直至消耗殆尽；第二，由于能源消费的同时产生了环境污染，这意味着消费能源的过程也消费了清洁的环境，因此带来了外部性。

消费者根据能源的实际价格 P_1、自己的支付能力，并考虑自身舒适性的需要，购买使用能源数量为 Q_1。由于在消耗能源时污染了环境，根据环境的自洁能力和社会治理能力，考虑社会成本时，消费者使用能源的价格应该为 P_2，$P_2>P_1$，因此，消费者的用能量应为 Q_2，$Q_2<Q_1$。作为理性经济人的个体消费者都是以自身的收益和成本为依据考虑交易的，因此，将整个市场所有个人的情况叠加起来，全社会实际用能量是 ΣQ_1，而考虑了社会成本是的全社会合理用能量应该是 ΣQ_2。由于 $\Sigma Q_1>\Sigma Q_2$，二者存在着差距，表明能源消费的外部性导致市场并没有将能源的消费调节到合理的数量上。

（三）太阳能建筑的外部性特征

太阳能建筑领域也同样存在着正外部性。太阳能建筑技术的开发需要投入大量的人、财、物力，在市场机制下，生产者追求的投资回报使得太阳能建筑的市场价格比较高。同样，市场机制作用下，消费者购买太阳能建筑需要有动力，这种动力就是，因使用太阳能建筑而减少的未来支付的能源使用费大于购买太阳能建筑增加的初期投入。由于人们往往对未来的预期低于现在，而且对于新事物的作用效果通常都会持怀疑态度，市场推广的效果并不理想。而一旦推广开来时，后进入市场者的成本则要低得多，先期开发者对社会产生的正外部性是无法计量，也无法获得收益的，另一方面，由于太阳能建筑的应用使得常规能源使用量减少，环境质量也得到改善，而太阳能建筑的开发商和消费者并没有因此得到收益。显然，市场机制是不能推动解决在该领域的正外部性的。

（四）太阳能建筑外部性的根源

深入分析这种情况就会发现，由于生活中绝大多数人都要求一定条件的室内环境，建筑耗能是人人都在参与的交易；耗能带来的污染，是社会的整个外部环境的污染，因此可以说，在建筑耗能过程中，绝大多数人都既是环境污染负外部性的产生者，也是负外部性的承受者。既然如此，具有如此普遍影响的太阳能建筑应用的难点又存在何处呢？关键在于环境的性质，室内环境可以看作是消费者个体可以购买使用的私人物品，而整个的自然环境却是一种公共物品，它具有非竞争性和非排他性。依靠市场机制，由私人来向其他人收费，保证提供清洁的环境，这是难以想像的。原因是大家都可以确信即使自己不付费用于环境保护，由于其他人支付了环保费用，自己一样可以生活在改善了的环境中。基于理性经济人的假设，每个人都可以这样想，结果就是环保费没有人支付，私人供给者出于经济利益当然也只好放弃。这实际上就是公共物品的“搭便车”现象。

（五）市场机制在太阳能建筑发展中的作用与局限

太阳能建筑应用中市场机制的作用体现在：①满足消费者的室内舒适性。太阳能与建筑一体化是当今建筑节能和建筑发展的方向，先进的建筑技术、材料和设备可以使室内环境越来越贴近人们的生活需求。②满足消费者减少能源消费的需求。目前市场经济的国家中，能源的价格很大程度上取决于市场的因素，随着能源消耗的增大，能源价格必然上涨，看不见的手也必然会促进人们节约能源。

但市场机制无法作用于能源消耗产生的环境损失，因为“环境无价”；市场也缺乏对太阳能开发的足够推动力量，因为大量的资金投入和漫长的投资回收期与理性经济人的行为准则是不相符的，这部分职责需要由政府来承担。

三、解决外部不经济的基本手段

（一）解决外部不经济基本手段的分类

在市场失灵的状况下，就需要一些经济手段和政策带有一定强制性的进行调节。矫正外部不经济效果的主要途径就是通过某种方法使之内部化，也就是使原先所转移给社会的部分私人成本内部化。

调节外部不经济的手段分为庇古手段和科斯手段两大类，其主要划分依据是市场机制多一些还是政府干预多一些，其中庇古手段是侧重于政府干预，而科斯手段更强调进行市场干预。

所谓庇古理论，即由于生态环境问题的重要经济根源是外部效应，那么，为了消除这种外部效应，就应该对产生负外部效应的单位收费或者征税，对产生正外部效应的单位给以补贴。

由于征税和补贴都是政府对经济活动的较强的干预，所以庇古手段是一种侧重于用政府干预来解决环境与资源外部不经济导致的市场失灵问题的经济手段。庇古理论在现实经济生活中也得到了较为广泛的应用，以各国广泛征收的庇古税为例，当企业存在外部经济效应时，给与企业补贴或者其他优惠；当企业存在外部不经济时，向企业征税或者收费。

而科斯理论则认为，如果交易费用为零，无论产权如何界定，都可以通过市场交易和自愿协商达到资源的最优配置；如果交易费用不为零，就可以通过合法产权的初始界定和经济组织形式的优化选择来提高资源的配置效率，实现外部效应的内部化，而无须抛弃市场机制。

根据科斯定理，解决外部性可以用市场交易形式替代庇古税的经济手段，因而科斯手段是一种侧重于市场机制来解决外部不经济的经济手段。根据科斯定理表述内容，只要能把外部效应的影响作为一种产权明确下来，而且谈判的费用也不大，那么外部效应问题可以通过当事人之间的资源交易而达到内部化。

（二）庇古手段的内涵

庇古手段还可以进一步进行细分，主要包括税收(收费手段)、补贴手段和押金一退款手段等。其中征税作为一种学术概念，在实际应用中的措施主要包括征收环境税、征收化石产品税或收取排污费等；补贴手段内涵也较为丰富，实际应用的措施也较多，具体形式包括财政补助金、低息或无息贷款、减免税等。

庇古手段的内涵是丰富的，方法也是多样的，下面以各国最常用的税收手段和补贴手段为例分别简要介绍。

1. 税收手段

税收激励手段主要包括以下几种类型：

（1）优惠税率

优惠税率是指特定类型的企业临时或永久的使用比其他企业耕地的税率。它的一个极端情形是免税期，即企业可以在一定时期内免税。

（2）快速注销

快速注销表现为三种形式：①加速折旧，即允许公司在计算纳税时可以比会计处理更快的注销其资本成本；②投资支出津贴，即允许公司从其应纳税所得中抵扣一定比例的符合条件的投资支出；③投资税收抵免，只允许特定行业的公司可以按投资支出的一定比例减少其应付税款。

（3）融资激励

政府提供激励措施来降低投资的融资成本。政府可能通过投资基金提供帮助，也可通过税收注销流入股东的资金，这有益于处于亏损状态的企业。

（4）技术转让

政府有些特定的规定，影响来自外国企业的技术转让。这些规定包括股权参与条件及对特许权使用费和特许证的税收待遇。

2. 补贴手段

一般而言，补贴有三种形式：

（1）投资补贴

即对投资者进行补贴。对投资者进行补贴的优点是可以调动投资者的积极性、增加生产能力、扩大产业规模；缺点是这种补贴与企业生产经营状况无关，不能起到刺激企业更新技术、降低成本的作用。

（2）产出补贴

即根据产品产量进行补贴。这种补贴的优点是显而易见的，即有利于增加产品产量，降低成本，提高企业的经济效益。

（3）对消费者进行补贴

即对用户的补贴。这一政策的理论依据是：通过刺激消费，达到扩大市场需求的效果，反过来带动生产能力的扩大，进而达到降低成本的目的。但实践证明，这一目标的实现具有很大的不确定性。因为就某种产品而言，只有当消费市场足够大时，才可能达到目的，而足够大的消费市场需要人量资金，如果仅仅靠补贴则是难以实现的。

（三）庇古手段的优缺点

1. 庇古手段的优点

（1）因为侧重于政府调节，直接通过政府税收或是补贴的形式予以实现，因而见效较快；

（2）符合奖惩分明的市场经济原则，对制造贡献的予以奖励，对造成破坏的进行惩罚；

(3) 不同企业可以根据自身成本控制能力选择控制成本量，根据自身技术水平选择是运用低成本的常规能源而纳税，还是运用高成本的可再生能源或者增加保护环境成本而获得补贴。

2. 庇古手段的缺点

(1) 庇古手段涉及的征税和补贴额度都较难核算

庇古手段实施的前提是要了解边际外部成本，但要准确核算出这一成本是十分困难的，不仅核算的环节困难，而且核算的标准对不同企业不同利益集团而言很难取得一致。

(2) 环境和资源政府当局很难了解到企业的边际私人净收益状况

在市场经济中，没有一种制度要求企业必须向政府如实汇报，因而政府试图收集所有企业的成本和收益信息，并通过这个来计算边际社会收益和判断对每一个企业是征税还是补贴的目标就很难实现。

(3) 庇古分析的前提是完全竞争市场

这事实上是一种理想状态，在现实的市场中较难达到。

(4) 庇古手段没有考虑到税收的分担问题

按照庇古手段，政府只需要对企业征收等于边际外部成本大小的那部分税收，但现实中，这部分税收往往被企业转嫁到消费者头上，部分甚至全部由消费者负担。

(四) 科斯手段的内涵

科斯手段包括产权交易制度、市场份额制度，以及在产权交易制度在解决环境与资源外部性问题中衍生出的绿色证书交易制度。下面就目前科斯手段在各国大力推广可再生能源过程中实际运用的两种形式——绿色证书制度和市场份额制，做简要介绍。

1. 绿色证书交易制度

绿色证书是一种来自于可再生能源的单位电量生产的价值凭证，其价值含量因不同地区不同生产技术来源而不同。不管是可再生能源电力生产企业，还是装备了可再生能源装备的私人家庭，无论什么技术，每生产一单位可再生能源可获得一单位的绿色证书。绿色证书可以通过自行生产可再生能源而产生，也可以通过能源市场交易获得。

本书的研究对排放污染和使用不可再生能源两种行为都赋予了产权，所以，绿色证书就可以看成是一种产权证书，即是一种拥有排放污染和使用不可再生能源资源的产权的证明。不管是可再生能源电力生产企业，还是装备了可再生能源装备的私人家庭，生产可再生能源的过程就是在制造上述两种产权的过程；任何一个经济人对可再生能源绿色证书的拥有量表明了他拥有上述两种产权的数量大小；而在所有经济人之间对这种绿色证书的购买与出让，则是对上述两种产权的交易。

2. 市场份额制度

市场份额制（Mandatory Market Share），又称可再生能源配额制（Renewable Portfolio Standard），带有一定强制性，是指政府通过法定形式制定全国和各地区可再生能源发电量的份额目标，规定出可再生能源电力在总电力供应中应占有的比例数。该政策是与绿色证书同时共同作用的。各地电力运营商在收购可再生能源电力同时即可获得相应数量的绿色证书，该证书一定数量的积累可证明其完成该地区可再生能源份额目标。如果该地区可再生资源缺乏，则可通过收购可再生能源丰富地区的电力获得足够的绿色证书，完成份额目标的同时也鼓励了可再生能源丰富地区的生产。电力运营商之间也可进行绿色证书的交易，以满足各自的份额目标。各电力运营商在保证完成当年的份额目标时，也就保证了整个电力市场完成了政府预定的份额目标。

（五）科斯手段的优缺点

1. 科斯手段的优点

(1) 因为是通过市场调节来实现目标，因而在达到同样污染控制量和资源保护量的标准下，理论上科斯手段是以最低的成本来实现这一目标的。

(2) 政府当局可以通过控制发放或出售绿色证书和规定市场份额等措施实现对污染总量的控制和对不可再生能源使用数量的限制，这种控制有利于社会的整体协调发展，并且这种控制是通过市场调节来实现的。

(3) 与庇古手段相比较，科斯手段不需要事先确定税额和补助额。

(4) 科斯手段特别是绿色证书交易制度给了那些使用可再生资源者以及保护环境者以表达利益诉求的机会，通过产权及证书的交易，能在市场经济体系中建立自己的地位。

(5) 科斯手段避免了因政府环境管理部门对控制成本估计错误从而造成

企业不愿投资的问题，既给了企业较大的自由选择权，又引导了可再生能源的发展。

2. 科斯手段的缺点

(1) 不存在竞争或竞争条件不够充分的经济中，科斯手段很难发挥作用。广大发展中国家有的还保留明显计划经济印痕，有的正处在市场化建立的过程中，很难发挥市场充分配置资源的优势。

(2) 科斯手段需要考虑产权和交易费用问题。通常情况，公共物品的产权问题涉及面非常广，例如排放污染的产权，涉及的人可能是几十甚至上百万，按照正常产权界定的程序，非常复杂，产生的交易成本也非常庞大。

(3) 科斯手段能应用的前提是产权的明确界定。有的自然资源易于界定，如森林、矿产；但还有很多自然资源，产权是难以界定，如臭氧层、公海、生物种群等。即使有些国际组织和政府把产权界定问题转化为制定许可份额，但这本身并非是产权所有者和使用者之间协商的均衡产物，因此科斯手段很难达到应有效果。

(4) 科斯手段没有像庇古手段那样制定出较为统一的标准。庇古手段的税收和补贴都是国家统一核算的，而科斯手段的产权交易价格很大程度上受交易双方收入的影响较大，称为收入效应。当交易双方的收入水平消费水平差距较大，则交易双方预期价格的差额就较大，交易成功的可能性和顺利程度降低，会影响资源的利用情况。

(5) 科斯手段没有考虑到代际之间的效率与公平。因为进行交易与协商的一般只局限于代内，如果受损害者是后人，就没有机会与前人进行产权交易，这也是与可持续发展的观念有相违背的地方。

(六) 庇古手段和科斯手段的特色比较

1. 庇古手段较多依赖政府干预，而科斯手段则更多依靠市场机制。两类手段对体制的环境要求是不同的，相比较而言，庇古手段较能适应计划经济环境，对市场经济也不排斥，但科斯手段纯粹是市场经济的产物，比较适合在市场经济中发挥作用。

2. 在市场失灵的时候，庇古手段更加有效；在政府失灵的时候，科斯手段更加有效。从另一个角度看，当运用庇古手段时，要更多防止政府失灵的发生；运用科斯手段时，要更多预防市场失灵的发生。

3. 庇古手段运用时可能会产生较高的管理成本或者组织成本，较少产生交易成本；而科斯手段运用时可能会产生较高的交易成本，较少产生管理成本或者组织成本。因而，手段实施的成本也是选择手段时衡量的一个标准。

4. 应用庇古手段和科斯手段所获得的经济效率和环境效果都有可能达到帕累托最佳状态，但在以往环境和资源保护的过程中看，庇古手段的应用较多。不过随着很多国家市场化进程深入，科斯手段的应用也越来越多。

5. 运用庇古手段和科斯手段都需要明确界定产权。但在现实情况中，很多资源和环境产权的界定是非常困难的，因此，两种手段的应用都很难达到预期效果，特别是科斯手段，一方面对产权界定的要求更高，另一方面由于过分依靠市场调节，缺乏一种类似于政府干预的强制力，因而最终执行结果往往大打折扣。

6. 政府往往偏好庇古手段，公众往往偏好科斯手段，按照政治学理论，政府存在一个自我扩张的倾向，也就是说，政府总是希望多管事。所以从这个角度，政府往往偏好庇古手段。

7. 庇古手段的实施，除了社会获得的经济效益和环境效益外，政府还可以获得一笔庇古税收益；科斯手段的实施，通过一些产权的出售以及对未完成市场份额企业的处罚，同样可以获得经济收益。通过对两类收益大小比较，从这个角度，政府会倾向于收益大的手段。

8. 庇古手段需要更高的技术水平要求，而科斯手段对技术水平的要求相对较低。庇古手段要想取得良好的效果，前提就是要有过硬的技术和科学的标准，才能制定合理准确的庇古税。而科斯手段的运作，则主要通过市场的价格信号来确定，市场的交易来调节。

9. 庇古手段的征税手段不存在收入效应，一般都是一视同仁的标准。而科斯手段在协商交易过程中往往受交易双方的收入水平差距影响较大，因而存在收入效应。

10. 庇古手段和科斯手段都局限于考查代内外部性问题，而没有考察待际外部性问题。但从经济手段本身的可持续性来看，科斯手段更具有实用价值，因而应用前景也更为明朗。

四、太阳能建筑激励机制和政策的作用机理研究

发展太阳能建筑的根本目标是提高建筑物中对太阳能的利用效率、减少因建筑能耗带来的温室气体排放，从而缓解全球气候变暖的趋势，为人类创造良好的生态环境和可持续发展的空间。要实现这一目标，就需要有计划、按次序地推进我国太阳能建筑的发展。激励机制和政策在市场经济条件下，政府实施宏观调控、间接干预市场经济的有效手段，同时也是太阳能建筑发展得以顺利进行的有力保障。我国的太阳能建筑激励机制和政策应随着我国太阳能建筑的进展情况，不断地加以变换，在协助我国太阳能建筑发展的阶段性目标实现的同时，最大限度地减少对市场的干预。因此，在我国太阳能建筑发展的不同阶段，太阳能建筑激励机制和政策有着不同的作用。

（一）太阳能建筑发展的初始阶段

在太阳能建筑刚刚开始发展的阶段，由于多种行动参与人节约常规能源和环境保护的意识薄弱，尚未看到实施购买太阳能建筑对自己及整个社会带来的利益和好处，缺乏购买太阳能建筑的积极性；同时，太阳能建筑的科学技术尚不完备，相关技术和材料仍处于研制开发和探索阶段，太阳能建筑市场尚未建立，市场机制无法充分发挥资源配置作用。此时，需要政府运用政策手段帮助太阳能建筑发展，太阳能建筑的市场也将在激励机制和政策的作用下逐步建立和完善。因此，在太阳能建筑发展的初始阶段，激励机制和政策对太阳能建筑节能的发展有着强大的推动作用。

（二）太阳能建筑相对发展的阶段

这一阶段是太阳能建筑技术、太阳能建筑材料和太阳能建筑产品从研制开发到成熟应用的过渡阶段，同时也是消费者从不具备节约常规能源和环境保护的意识到节约常规能源和环境保护意识较强的过渡阶段。随着节约常规能源和环境保护工作力度的加强和相关宣传范围的扩大，开发商和消费者心中的节约常规能源和环境保护的意识逐渐增强，太阳能建筑的发展进入由国家大力推动向消费者、开发者自觉参与逐渐转变的过程。此时，太阳能建筑已经发展了一段时期，初始阶段推行的激励机制和政策得到一定的效果反馈，激励机制和政策制定的合适与否将能够有所判别。因此，太阳能建筑的发展与太阳能建筑激励机制和政策二者间的互动关系表现为相辅相成、相互

促进，即激励机制和政策推动太阳能建筑取得更大的发展；而太阳能建筑的发展又对太阳能建筑激励机制和政策进行有效的反馈，有助于决策制定者对政策随时进行调整和修订，以使其更加适应我国太阳能建筑发展的实际情况。

（三）太阳能建筑发展的成熟阶段

在这一阶段，由于太阳能建筑的技术、材料和产品已经取得广泛应用，人们普遍具备较强的节约常规能源和环境保护意识，开发和购买太阳能建筑已经成为人们的一项自愿行为。太阳能建筑市场发展健全，供求机制、价格机制和竞争机制等市场机制运行完善，市场能够充分发挥资源配置最优化的基础性作用。若政府仍采取政策手段对市场进行干预，将会成为太阳能建筑发展的桎梏，阻碍太阳能建筑进一步的发展。因此，在太阳能建筑发展的成熟阶段，继续执行激励机制和政策将会对太阳能建筑的发展起到相反的作用，应逐渐退出市场，转而由政府部门发挥监督管理的职能辅助太阳能建筑的进一步发展。

第四节　我国太阳能建筑激励机制和政策分析

一、政府干预分析

市场经济以其独特的运行规律，显示了其在社会资源配置方面的巨大优势，与其他资源配置方式相比，市场机制是最具经济效率的。然而，市场也并不是万能的，市场的固有缺陷即市场失灵的存在成为政府干预经济的理由。市场机制发生失灵的领域，也就是政府部门发挥作用的领域。市场机制在太阳能建筑领域是部分失灵的，但并不能说市场在该领域是不起作用、应该完全被取代的。对于外部性，特别是经济发展作用于环境的负外部性，市场机制的失灵是可以通过政府作用弥补的。目前世界上经济发展较快的国家都是市场机制作用发挥较好的国家，环境保护领域也一直努力通过政府干预使市场机制发挥作用，许多建筑节能的先进国家取得了成功经验，这说明以市场为基础进行政府干预是必要的也是可行的。

(一) 政府的经济职能

市场经济国家的政府至少拥有以下几方面的经济职能:

1. 提供市场经济运行的基本框架

提供市场经济运行的框架、建立市场经济秩序是政府一项最基本的经济职能。行使这一职能，必须制定各种法律法规，建立一套适应市场经济运行的法律制度。

2. 进行必要的微观经济管理

政府的微观经济管理活动一般有：第一，政府直接参与生产活动，最常见的方式是建立国有企业。第二，政府通过法律法规对微观经济活动进行管理，如价格管制、市场准入管制、环境管制等。第三，政府利用其国家信用在金融市场上弥补私人资本的不足，并为社会成员提供各种风险保险。第四，政府通过在市场上的购买活动间接影响社会资源的配置。

3. 维持宏观经济稳定和推动宏观经济增长

政府必须运用财政政策、货币政策等宏观经济措施对经济活动进行干预，以达到“熨平”经济波动，解决失业、通货膨胀等问题，减少经济波动带来的损失等目的。

4. 调节收入分配，增进社会公平

政府对收入进行再分配的主要手段有：第一，转移支付；第二，市场干预；第三，税收。

(二) 政府失灵

1. 公共产品供给的低效率

公共物品供给的低效率也可说成是官僚机构(bureaucracy)的低效率。导致这一问题的主要原因有：第一，对公共产品评价的困难；第二，公共部门缺乏提高效率的动力；第三，监督信息不完备，政治家或官员由于选举周期或任期限制带来的短期行为的影响；第四，政府对公共政策产生的后果往往不能准确预测；第五，政策执行上的偏差。

2. 政府部门的扩张冲动

利益集团的存在、财政幻觉、官员对自身利益最大化的追求、缺乏竞争压力等是导致政府规模增长的主要原因。政府部门这种内在的扩张冲动，一方面导致政府开支增加，另一方面导致官僚机构庞大、效率降低。

3. 寻租行为

利用游说、行贿、拉关系、走后门等各种合法或非法手段，获取租金的活动即是寻租行为。寻租行为并不创造新的价值，相反，会增加社会成本，导致社会福利损失，降低行政运转速度甚至危及政权稳定。

单纯的市场机制或单纯的政府机制都是不可取的，只有两种机制相互配合，才有助于实现理想目标。

(三) 市场基础上的政府干预

在我国建立社会主义市场经济的大背景下，政府的干预要建立在市场的基础上，而并非完全替代市场。政府干预包括两层含义：

1. 自由交易制度是市场经济的基石

太阳能建筑市场也是由太阳能建筑商品的供应商和消费者组成的，市场机制的促进作用始于消费者的需求，进行的动力是对供应商要有足够的利润激励。政府干预不能破坏自由交易制度存在的基础，即独立明晰的产权及其保护制度，微观企业主体拥有独立可支配的决策权、收益分配权及其他相应权力。

2. 政府的责任在于为市场机制的良性运转创造良好的政策环境

政府的职能是进行宏观调控，进行基础设施建设，组织公共物品的供给。按照中央提出的政府的职能主要应该是“统筹规划，掌握政策，信息引导，组织协调，提供服务和检查监督”。

从宏观上来看，首先，政府应结合我国资源、能源现状，结合当前的经济实力和社会总体发展水平，借鉴国际上其他国家的经验和教训，尽快确定一个我国发展太阳能建筑的总体日标及科学的发展战略，并在此基础上，架构起一套切实可行的制度体系，努力使我国从现在的主要利用太阳能热水器逐步向太阳能建筑一体化方向发展。其次，政府可通过各种方式推行新的价值观和行为规范，以适应可持续发展的需要。要利用各种宣传媒介进行生态知识、环保知识、可持续发展知识的教育，使全民都树立强烈的生态意识、环境意识、可持续发展意识。通过宣传，使开发商加深对太阳能建筑的认识，调动其开发太阳能建筑的责任感和使命感，从而引导人们树立健康的、生态的使用观念，使广大市民对太阳能建筑认识并逐步接受。

二、激励政策的基本形式

理想中的市场经济是所有物品和劳务都能按照市场均衡价格自愿地以货币形式进行交换，而无需政府进行干预。然而，在现实世界中，这种理想化的状态很难实现，由于市场失灵领域的存在，使得政府干预市场是必然的，同时也是必要的。对于市场经济，政府将主要行使四项职能：提高经济效率、减少不公平、促进宏观经济的稳定与增长以及执行国际经济政策。首先，政府通过促进竞争、控制诸如环境污染之类的外部性问题、提供公共物品等活动来提高经济效率；其次，政府通过财政支出和税收等手段，向某些群体实行倾斜性的收入再分配，从而增进社会公平；再次，政府通过财政政策和货币政策的组合以促进宏观经济的稳定和增长，在鼓励经济增长的同时减少失业和降低通货膨胀；最后，在经济全球化的趋势下，世界各国都意识到开放经济环境对自身经济的影响，从而在减少贸易壁垒、保护全球环境、协调宏观经济政策等方面达成共识，开展了多项交流与合作。

在间接干预市场经济过程中，政府采取的经济激励政策通常有财政政策和货币政策两种形式。

(一) 财政政策

1. 财政政策概述

财政政策是一国政府为实现一定的宏观经济目标而调整财政收支规模和收支平衡的指导原则及采取的相应措施。财政政策作为政府的经济管理手段，具有四个方面的功能：第一，导向功能，指对个人和企业的经济行业以及国民经济的发展方向起引导作用；第二，协调功能，指对社会经济发展过程中的某些失衡状态的制约和调节能力，可协调地区之间、行业之间、部门之间和阶段之间的利益关系；第三，控制功能，指对人们的微观经济行为和宏观经济运行进行制约或促进，以实现对整个社会发展的控制；第四，稳定功能，指调整总的支出水平，使货币支出水平恒等于产出水平，实现国民经济的稳定。财政政策工具主要有税收、公共支出和公债。

2. 税收

税收即国家为了实现其职能，凭借政治权力，以法律为依据，参与社会产品或国民收入的分配和再分配，无偿取得的财政收入。具有三个特性：强制性、无偿性和固定性。强制性指政府凭借政治权力依法征税，任何单位和个人都不得违抗；无偿性指政府征税之后，税款即为国家所有，归国家自主支配和使用，既不需要偿还，也不需要对纳税人付出任何代价；固定性指政府在征税前就以法律的形式规定了征税对象以及统一的比例或数额，并只按规定标准进行征收。税收既是政府从事各项经济和社会活动的物质基础，同时也是政府调节收入分配公平的工具。

税收的作用主要体现在：首先，它是国家组织财政收入的基本手段。政府在为社会提供满足公共需要的各项服务之前，必须拥有一定的收入作为物质基础，税收即是政府取得财政收入的主要来源。其次，它是国家调节经济运行的重要措施。国家对不同的征税对象规定了不同的税种、税目、税率及征税办法，必然会改变各个经济部门、单位和个人之间的收入分配，因此，可以通过税负的转嫁和最终归宿，调节不同主体的经济利益，直接或间接地控制经济活动的实现，进而影响整个经济的运转。例如对商品和劳务的市场运营行为课税，将通过调节产品价格，影响商品的生产销售以及劳务的提供，进而引导生产和消费方向；对所得和财产课税，将通过调节收入分配，影响企业的利润水平以及个人对工作和闲暇时间的选择，进而影响到市场的经济活动；对自然资源课税，将通过调节资源结构，影响人们的资源消费观念，引导人们正确利用有限的自然资源；对环境污染课税，将通过调节污染成本，影响人们的生产和生活方式，提高减少污染、保护生态环境的意识。各个税种从不同的角度出发，作出不同的规定，由政府根据实际情况的变化随时进行调整和改革，最终目的都是为了推动经济和社会的持续发展。

3. 公共支出

公共支出即政府为执行其职能所发生的各项财政支出。从不同的角度对公共支出有不同的分类，从而形成不同的支出结构，而不同的支出结构会对经济运行产生不同的影响。中国目前常用的有三种分类方式：若按支出用途分类，可分为基本建设支出、增拨企业流动资金、企业挖潜改造资金、科技三项费用、地质勘探费、工业交通商业等部门事业费、支援农村生产支出、农林水利气象等部门事业费、文教科学卫生事业费、抚恤和社会福利救济费、国防费、行政管理费和价格补贴等；若按费用类别分类，可分为经济建设费、社会文教费、国防费、行政管理费和其他支出五大类，其中前一项归属于政府的经济管理职能，后一项归属于政府的社会管理职能；若按经济性质分类，可划分为购买性支出和转移性支出。购买性支出和转移性支出是以公共支出是否与商品和服务相交换为划分标准，具有较强的经济含义，因此是进行经济分析时常用的分类方式。

购买性支出是指政府从企业或个人处购买商品和服务并由政府直接使用的支出。在该类支出中，政府同其他经济主体一样，从事等价交换活动，即一方面付出了资金，另一方面获得了相应的商品和服务，并运用这些商品和服务来实现政府的职能。政府的基本建设投资、更新改造投资和农业投资等投资性支出，以及文教科学卫生事业费、行政管理费、国防费和工业交通商业农业部门事业费等消费性支出都属于购买性支出的范畴。购买性支出是政府提供满足社会共同需要的服务，促进社会再生产的正常运行所必需的，它所体现的是政府的市场性再分配活动。转移性支出则是指政府在公民之间再分配购买力的支出。在该类支出中，政府对外无偿的、单方面的转移资金，即财政付出了资金，却没有收到任何回报。政府的社会保障支出、财政补贴支出、捐赠支出和债务利息支出等属于转移性支出的范畴。转移性支出是政府增进公平，维护经济和社会稳定所必需的，它所体现的是政府的非市场性再分配活动。由此可以看出，在政府的公共支出总额中，购买性支出所占比重较大时，财政活动对生产和就业的直接影响就较大，表现为财政的资源配置职能较强；转移性支出所占比重较大时，财政活动对收入分配的直接影响就较大，表现为财政的收入分配职能较强。

4. 公债

公债即国家或地方政府以债务人身份，采取有偿方式，向国内外取得收入所形成的债务。作为一种财政信用形式，公债最初是用来弥补财政赤字的，但目前已经发展成为调节货币供求、协调财政与金融关系的重要政策手段。公债对经济的调节作用主要体现在三种效应上：一是“挤出效应”，即公债的发行使民间投资或消费资金减少，从而对民间投资或消费起到调节作用；二是“货币效应”，即公债发行引起货币供求的变动，它一方面可能会使部分“潜在货币”转化为实际货币，另一方面可能会使存放于民间的货币转放到政府部门或中央银行；三是“收入效应”，即公债是一种债务，公债持有人在公债到期时，不仅可以收回本金，还可以取得相对较高的利息回报，而政府偿还本金和利息主要来源于纳税人上缴的税收，因此，在一般纳税人与公债持有人之间就产生了收入的转移。公债通过市场操作，首先可以淡化财政赤字的通货膨胀后果，其次可以增强中央银行灵活调节货币供应的能力，是有效协调财政和货币两大政策体系的重要载体。

(二) 货币政策

1. 货币政策概述

货币即各种交换手段或支付方式。货币政策是一国政府为实现一定的宏观经济目标所制定的关于调整货币供给量的基本方针及其相应的措施，它通过政府对国家的货币、信贷及银行体制的管理来实施。货币政策的核心在于由中央银行控制一般商业银行的信贷活动，进而控制货币供给量，通过改变货币供给量来影响社会总需求与总供给，达到调节市场经济的目的。因而，货币政策的目标与宏观经济政策的目标是一致的，即经济增长、物价稳定、就业充分和国际收支平衡，而为达到这些目标，通常采用的货币政策工具包括：存款准备金制度、再贴现政策和公开市场业务。当中央银行需要针对某些特殊的经济领域或特殊用途的信贷而采取调节时，所采用的信用调节工具包括：证券市场信用控制、消费信用控制和优惠利率等。

2. 存款准备金制度

商业银行在自身正常的信贷业务中，需要维持一定比例的存款准备金，用来满足储户的取款需求及提高金融风险的防范能力。各国中央银行都规定商业银行除保证自身日常运营提取一定比例的存款准备金外，必须向中央银行上存一定比例的存款准备金。中央银行规定每个商业银行将存款中的一部分上缴作为准备金的最低数额称为法定存款准备金。法定存款准备金是中央银行影响货币供给量的强有力的工具，中央银行可以通过调整法定存款准备金的比率来调节流通中的货币数量，改变商业银行的信贷量和存款量，达到金融控制和调节货币供给量的目的。调节过程通常为：发生通货膨胀时，中央银行提高法定存款准备金率，迫使商业银行和其他金融机构为了缴足增加的准备金而不得不紧缩信贷，进而减少货币供给量；发生经济萧条时，中央银行降低法定存款准备金率，使得商业银行和其他金融机构扩大信贷规模，进而增加货币供给量。由于法定存款准备金的改变所产生的影响巨大，大多数国家并不将其作为日常调节工具，只有在认为经济形势发生剧烈变化时，中央银行才会使用这一威力强大的工具。

3. 再贴现政策

商业银行在资金不足时，将未到期的商业票据卖给中央银行从而取得资金，被称为再贴现，中央银行确定的利息率称为再贴现率(但西方国家则分别称之为贴现和贴现率)。再贴现政策指中央银行通过改变再贴现率，影响商业银行从中央银行获得再贴现贷款的能力，进而达到调节货币供给量和利率水平的目的。调节过程通常为：发生通货膨胀时，中央银行提高再贴现率，减少商业银行从中央银行的借款以及提高商业银行对外的贷款利率，造成商业银行信贷规模紧缩，进而减少货币供给量，减少投资、抑制经济增长；发生经济萧条时，中央银行降低再贴现率，增加商业银行从中央银行的贴现数额，造成商业银行信贷规模扩大，进而增加货币供给量，扩大投资、刺激经济增长。但是再贴现政策有可能导致市场利率发生较大变动，导致再贴现贷款和货币供给偏离了预计的政策方向，因此在使用时需要非常慎重，不能随意变更。

4. 公开市场业务

公开市场业务指中央银行在公开市场上购买或出售政府债券，进而扩大或缩小基础货币，增加或降低货币供给，并进一步增加或降低短期利率的行为。公开市场业务是最重要的货币政策工具，它易于操作，灵活方便，可根据市场情况随时进行调整，具有较强的伸缩性，为中央银行经常使用。调节过程通常为：发生通货膨胀时，中央银行将在市场上出售政府债券，由于其信用度高、违约风险低，将吸引人们大量购买，促使利率提高，进而减少货币供给量，抑制经济过快增长；发生经济萧条时，中央银行将在市场上购买政府债券，促使利率降低，进而增加货币供给量，刺激经济增长。

5. 证券市场信用控制

证券市场信用控制即中央银行对以信用方式购买股票和证券所实施的一种管理措施。中央银行通过调整保证金比率，以控制商业银行对证券市场的最高放款额，促进信贷资金的合理运用。

6. 消费信用控制

消费信用控制即中央银行对不动产及其他各种耐用消费品的销售融资进行控制，如规定贷款最高限额、最长期限、首次付现最低金额等，以抑制耐用消费品的价格上涨，预防市场(尤其是房地产市场)的投机行为。

7. 优惠利率

优惠利率即中央银行对国家政策重点扶持和发展的行业、部门或产品，规定较低的贷款利率，以鼓励其发展。

8. 其他货币政策工具

其他补充性政策工具主要包括中央银行的直接信用控制和间接信用指导。

直接信用控制是中央银行以行政命令或其他方式对商业银行的信用活动进行直接控制。采取的方式主要有利率控制、信用配额管理、流动性比率及直接干预等。

间接信用指导是中央银行对商业银行的信用变动方向进行间接指导。采取的方式主要有道义劝说和窗口指导等。

三、我国太阳能建筑激励政策的选择

(一) 我国太阳能建筑激励政策选择的依据

针对中国目前建筑节能的现状及建筑节能工作的特点，我们认为，在可供选择的经济政策中，财政补贴政策和税收优惠政策是最能够有效推动建筑节能战略实施的经济激励政策。其原因在于：首先，微观经济领域内的政府调控措施，财政政策优于货币政策。在推动建筑节能战略实施过程中，政府干预市场主要涉及的是企业和个人等微观主体。财政政策既可以引导微观经济领域中市场主体的经济行为，优化产品的供求结构；又可以调节和控制宏观经济波动，维护国民经济的稳定增长。而货币政策主要侧重于对失业和通货膨胀等宏观经济领域发挥调控作用，虽然也存在一些干预微观经济领域的政策工具，但作用效果远远差于财政政策。其次，对于政策的灵活性和易调整性，财政政策优于货币政策。由于中国的建筑节能尚处于初级阶段，何种经济激励政策最为有效和适用，必须经得起实践的检验。因此，在政策确定之前，应率先在试点示范项目中应用，认为具备合理性和可行性后才能在全国范围内广泛传播，这就需要政策具有较强的灵活性，能够结合实际情况随时进行修改和调整。财政政策可由地方政府临时规定，具有较强的针对性，直接影响产品的生产和消费，若进行修改受影响的范围小；而货币政策由中央银行规定，必须在经过全局性考虑之后才能暂时实施，通过影响货币供给量再间接影响产品的生产和消费，若进行修改受影响的范围大。此外，在财政政策的几种政策工具中，补贴政策和税收政策是各国政府最常用且效果显著的政策工具，因此，应建立以财政补贴和税收优惠政策为主，其他经济政策为辅的建筑节能经济激励政策体系。

(二) 财政补贴政策

财政补贴即政府为实现某种特定的发展目标，向企业或个人提供的无偿援助。该项转移性支出由于对人们的实际购买能力产生影响，可通过改变产品的相对价格结构，从而改变资源配置结构、供给结构和需求结构。财政补贴可有狭义和广义之分，狭义的财政补贴仅指政府直接对企业或个人提供的资金援助；广义的财政补贴除包括政府直接给予的资金援助外，还包括政府各种间接的无偿援助形式，如财政贴息、税前还贷和税收支出等。本文主要从狭义角度来考虑财政补贴政策，而将税收支出列入税收优惠政策中。

按照政府介入市场的角度不同，财政补贴可分为供给方补贴和需求方补贴。供给方补贴即政府对产品的生产环节进行干预，对供给方提供资金补贴以刺激产品生产，扩大生产规模和增加产出数量；需求方补贴即政府对产品的消费环节进行干预，对需求方提供资金补贴以刺激产品消费，提高购买能力和增加需求欲望。

(三) 税收优惠政策

税收优惠政策的核心是税收支出，即利用税收制度的各项优惠规定，实现税款的减除或豁免。税收支出是一种隐蔽的财政支出形式，它通过减免税收暗中对纳税人某种特定行为给予补贴，间接达到政府实现公平和效率的政策目标。按照其所发挥的作用，可以分为照顾性税收支出和刺激性税收支出两种。照顾性税收支出指针对纳税人由于客观原因在生产经营中发生临时困难而无力纳税所采取的照顾性措施，例如国家税法中规定当纳税人发生年度亏损时，可以用下一年度的税前所得弥补亏损，并且允许在5年内逐年延续；刺激性税收支出指针对某项鼓励实施的行为而采取的税收措施，以激励行为主体执行和提高执行效果，主要目的在于正确引导产业结构、产品结构、市场供求，促进开发新产品和新技术，实现优化资源配置和提高效率等，它是税收支出的主要内容，同时也是税收发挥调节经济杠杆作用的主要体现。税收优惠政策可采取的形式一般有税收豁免、税收扣除、优惠税率、延期纳税和退税等。

(四) 税收优惠政策的经济学分析

1. 税收对投资水平的影响

西方一些经济学家在研究税收政策与投资行为之间的关系时，构建了标准的资本成本理论模型。根据这一理论，在特定阶段内，企业将不断积累成本，直到最后一单位投资的收入(即资本边际收益)等于资本全部经济成本(即资本使用成本)为止。对于投资者而言，当资本边际收益大于资本使用成本时，就会考虑继续增加投资，扩大投资规模。因此，税收优惠政策将通过降低资本成本，进而影响投资决策，鼓励投资行为。资本成本的计算公式为：

$$C=q(r+\delta)(1-uz-uy)/(1-u) \tag{9}$$

式中 C——资本成本；

q——资本的购买价格；

r——市场利率(或贴现率)；

δ——实际折旧率；

u——企业所得税税率；

z——价值 1 元资本的将来折旧扣除现值；

y——价值 1 元资本的利息扣除现值。

$$z=\alpha/(r+\alpha) \tag{10}$$

$$y=r/(r+\delta) \tag{11}$$

其中：α 表示计算所得税时税法规定的折旧率。

则式(1)可替换为：

$$\begin{aligned} C &=q(r+\delta)[1-u\alpha/(r+\alpha)-ur/(r+\delta)]/(1-u) \\ &=q(r+\delta)+[qru(\delta-\alpha)/(1-u)(r+\alpha)] \end{aligned} \tag{12}$$

由上述各式可知，若采用以下几种方法，将实现资本成本的降低：

(1) 提高折旧率

若税法规定提高允许抵扣的折旧率 α，例如企业实际采用直线折旧法，而税法规定采用加速折旧法，使得 $\alpha>\delta$，即 $\delta-\alpha<0$，则随着 α 的提高，资本成本随之减小。

(2) 投资抵免

包括两种情况：

第一，允许企业在正常计算折旧和利息扣除外，按投资额的一定比例直接在应税所得中扣除。设 k 为扣除比例，此时资本成本公式为：

$$C=q[(r+\delta)(1-uz-uy-uk)]/(1-u) \qquad (13)$$

第二，允许企业在正常计算折旧和利息扣除外，按投资额的一定比例直接在所得税中扣除。设 k 为税收抵免率，那么 qk 就是一单位投资的税收抵免值。资本成本公式为：

$$C=q[(r+\delta)(1-uz-uy-k)]/(1-u) \qquad (14)$$

在这两种情况下，资本成本都将降低。

(3) 税率降低

若税法规定实行优惠税率，对企业所得税进行减免，在当前所得税税率小于50%的情况下，随着 u 值下降，$1-u$ 值上升，则资本成本将随之降低。

因此，实施提高折旧率、投资抵免以及所得税税率降低等税收优惠政策，将达到降低资本成本，刺激投资增长的目的。

2. 税收对消费水平的影响

税收主要是通过收入效应和替代效应对消费者的消费行为产生影响的。按照经济学中的概念，收入效应指商品价格变化通过对消费者收入的影响，进而影响消费者对该商品的需求数量；替代效应指当商品价格变化时，消费者倾向于用价格低廉的商品替代价格昂贵的商品，从而改变对某种商品的需求数量。税收优惠政策的收入效应和替代效应表现为：当对一种鼓励生产的商品实施税收优惠时，商品的销售价格会因成本的减少而下降，对于消费者而言，一方面自身的购买能力相对提高，这是收入效应的结果；另一方面会用价格下降的商品替代其他价格保持不变的相似商品，这是替代效应的结果，两种结果将共同导致对税收优惠商品需求量的增加。

四、太阳能建筑激励政策的设计原则

设计和制订太阳能建筑激励政策时，应遵循下列原则，以确保激励政策的制定和实施能促进太阳能建筑的快速发展。

(一) 法定性原则

经济政策应是以相关法律政策为指导，同时作为辅助性政策又是法律政策的有力补充。一套完整的政策应该是以法律政策为依据，在具体细节及操作过程中按照经济政策的规定来执行。可再生能源推广应用成功的国家，无一不是先行立法，然后以法律为依据制定相应的经济政策。在政策的制定及执行过程中必须体现法律的强制力及重要地位，只有这样，经济政策才具有法定性，才具有一定的法律地位，才能真正起到作用。

德国10万屋顶计划就是一个很好的例子，可以说明法律条款对推动光伏发电起到的关键性作用。德国10万屋顶光伏计划于1999年开始执行，原计划6年完成，共计安装300MW光伏系统。由于缺乏相应的政策法规支持，1999年的18MW安装计划只完成了10MW。1999年10月德国出台了新的可再生能源法，并于2000年开始执行，规定光伏发电上网电价0.99马克/kWh(成本约0.5马克/kWh)，该计划政府补贴总计11亿马克，零贷款利率，10年偿还。新法一经颁布执行，2000年1季度申请安装光伏系统数就达到70MW，远远超出原计划的27MW。政府不得不把原来6年计划修改成5年完成，新能源法大大推动了10万屋顶计划的执行和光伏产业的发展。

因此，我国太阳能建筑的经济政策必须要坚持法定性原则。

(二) 复合性原则

一项经济政策很难只通过单一经济手段就达到预期的效果，太阳能建筑作为一项受影响因素较多的新生事物，而且需要解决的问题较多，所以更是不可能只通过某一种经济手段就达到保护资源、保护环境，推动太阳能建筑市场化的目的。

政策性的调节是一种综合性的经济活动，单一经济手段只会对需要调节的某一方面起到作用，其他方面很难有所体现甚至可能会有负面影响。在太阳能建筑发展初期，其成本高于使用常规能源的建筑，国家可以给与其适当的补贴，但是如果对太阳能建筑的生产者只是进行一味的补贴，当生产规模越来越大，国家的补贴额也就越来越大，很可能会导致生产者因为补贴的存在而不去考虑如何提高技术、加强管理以降低成本去参与市场竞争。这时的政策既要能让其维持生产，还要激励其参加市场竞争，单纯依靠补贴是无法实现的，还应辅以适当的竞争机制。所以我国的太阳能建筑激励政策的制定应是根据既定目标，复合多种经济手段，进行优化设计。

(三) 阶段性原则

参照美国总统科学技术顾问委员会研究报告(PCAST1999)中的方法，

可再生能源技术发展和商业化发展过程分为以下几个阶段：(1)研究与发展阶段；(2)技术示范和商业化示范阶段；(3)沿学习曲线的“规模化降低成本”阶段；(4)大面积推广阶段。因而，太阳能建筑的技术发展和商业化在不同的发展阶段所需要的政策扶持也是不一样的。

在研发阶段，周期长，风险高，投资回收性很小，因而需要的经济政策以科技推动政策为主，由国家组织研究机构并吸收企业一起参与科技攻关，并应给予大量资金投入。项目示范阶段周期长、有风险、赢利与否不确定、需要大量资金投入，因此需要的政策支持主要是政府在资金上的支持(包括低息贷款或广泛的融资渠道)和对风险的分担。规模化阶段是能否实现商业化的最重要阶段，在此阶段应该遵循学习曲线的规律，不断扩大规模并投入商业化需要的费用，以完成整个学习曲线中成本不断下降的过程。作为一项试图开拓市场的新产品，企业大多采用低价销售的策略，以提高产销售量，尽快达到规模化，降低成本。此时最需要的是国家在税收、补贴等方面的优惠，辅以竞争机制，帮助其实现合理低价策略，使太阳能建筑可以与使用常规能源的建筑实现合理市场竞争。经过前几个阶段，虽然太阳能建筑在经济性上与使用常规能源的建筑基本相当，最后在大面积推广阶段，仍然可能存在市场交易和信息传播方面的障碍，因而需要政策的强制规定以保证太阳能建筑进入建筑市场；另外太阳能建筑的外部效益也必须有所体现。此时可以采取发达国家普遍采用的可再生能源配额制和绿色证书交易制。

(四) 可行性原则

对于涉及到的相关主体而言，太阳能建筑激励政策首先应具备可行性，政策的制订应做到符合市场经济运行机制、适合我国太阳能建筑和社会经济发展现状以及充分考虑到实施过程中可能遇到的风险及解决办法，确保能够在实践中得以顺利推行。

(五) 有效性原则

政策即是为达到某一特定目标而采取的各项举措。如果政策所发挥的作用是无效的，那么预期目标将无法实现，因此必须确保太阳能建筑激励政策是有效性的，即通过政策的实施能够有步骤、按计划地达到太阳能建筑的阶段性目标，以期最终实现全社会的可持续发展。

（六）灵活性原则

由于建筑节能涉及众多生产、消费环节和领域，且与建筑物所处地区的自然、经济、社会条件等因素密切相关，因此太阳能建筑激励政策应具备灵活性和多样性，能够适应太阳能资源、经济发展水平不同的各个地区发展太阳能建筑的需要。

（七）全局性原则

以往的建筑活动是以牺牲生态利益为代价来实现经济和社会利益的，现今在以可持续发展为各项活动指导思想的基础上，必须从“能源—经济—环境”一体化系统协调发展的角度来设计和制订太阳能建筑激励政策，才能确保太阳能建筑发展的经济效益、社会效益和生态效益的共同实现，即政策的设计和制订应从整体性、全局性的角度来考虑问题。

（八）最优性原则

由于实现目标的手段是多种多样的，太阳能建筑激励政策的设计过程中也会存在多项备选方案，因此需要采用诸如成本效益分析、投资回收期和收益率等相关评价指标，对备选方案进行比较和分析，从中选择最优的政策方案，以加快太阳能建筑发展的步伐、促进预期目标的早日实现。

（九）目标性原则

制定和实施太阳能建筑激励政策目的是为了推动太阳能建筑在一定范围内的应用，并且这种范围是由小到大逐步扩大开来。究竟达到多大的范围，也就成了衡量该政策执行情况的依据。因而政策的制定要有明确的目标性。也只有明确的目标，才能避免政策的盲目性和不可衡量性，才能更好的对经济政策执行过程中的各个环节进行分解落实，确定分目标；通过分目标的完成累积达到最终目标实现。

第五节　我国太阳能建筑激励机制和政策的初步设计

一、在住宅建筑中推广应用太阳能的建议

（一）在设计阶段将太阳能热水器考虑进去

由于经济和社会等多方面的原因，我国目前的住宅设计和建设基本上不

考虑居民热水供应问题。随着社会经济发展和人民生活水平的提高，住宅热水供应已成为小康生活水平的一个主要标志，因此居民大多在入住后自发加装各种热水器，但这也仅仅是解决洗澡问题。因此，为适应住宅产业现代化的发展要求，满足人们不断提高的居住质量要求，在太阳能热水器的应用方面有必要由政府出台规定或者相关政策，要求在住宅设计时即考虑进去。

（二）推进太阳能发电技术及其设备在住宅建筑中的应用

人类已经研究出可将太阳能蓄存备用的光伏电池和太阳能电池。随着科学的进步与发展，住宅太阳能发电必将成为未来住宅乃至国民经济各领域用电的一股趋势潮流。通过政策鼓励和经济优惠等措施，促使全国尤其是太阳能丰富地区尽可能采用太阳能发电设备，是贯彻国家新能源政策的一种有效途径。具体做法上，政府可为居民在居住建筑中安装太阳能发电设备给予最低利息的贷款；对有关民用住宅发电设备与国家电网并网、实行电网与住宅电价对等买卖的问题，国家也应通过政策加以解决。

（三）建立推广太阳能在建筑中应用的组织、领导机构

政府首先要明确一个太阳能建筑开发的管理部门，由其发布一套科学可行的太阳能建筑的评价指标体系和模型，使太阳能建筑的设计、施工、运营等各阶段具可操作性，建设过程易控制、易评估，保持太阳能建筑开发的科学性、规范性。同时，成立全国和地区性的民用建筑太阳能应用指导小组，负责研究制定我国全国或地区性的太阳能发展规划、方针政策；协调、指导有关单位和部门在推广太阳能技术与设备方面的工作。

（四）制定促进太阳能在建筑中应用的有关政策和标准

制定鼓励使用太阳能建筑的投资补贴政策和税收优惠政策。政府应采用有吸引力的经济优惠措施，调动开发商的积极性，调动消费者购买的积极性，如政策、税收等方面的规定，为太阳能建筑应用创造一个良好的外部环境和市场条件，使太阳能建筑不因受经济效益的影响而举步维艰，使其沿着良性循环的轨道，稳定、健康、持续地进行。相对其他几点而言，这是最具体、最本质、也是对开发商和消费者都最有效的调动方式。因为从开发成本看，太阳能建筑是需要更多前期费用、而资金的回收速度又相对缓慢的一类项目。更主要的是，用于太阳能建筑体系方面投资所带来的回报最终并不一定能够装进开发商的口袋，而多由使用者和社会所分享。因而，在太阳能建筑开发之初，需要一套良好的经济激励体制，用以补偿开发商由于前期额外投入所带来的损失。

（五）开展太阳能建筑应用技术的开发与推广工作

征集汇编太阳能建筑应用技术成果，组织开展太阳能热利用技术与设备评估；建立太阳能建筑设备产品认证制度；积极开展有关太阳能建筑应用技术（系统研究、与建筑屋顶、建筑外墙等相结合的研究）的开发；编制太阳能热水器建筑应用建筑标准图集。

（六）组织开展太阳能建筑应用的试点、示范

可就不同用途、类型的建筑进行试点示范，如太阳能住宅、太阳能医院等，用评价指标和模型对试点工程进行评价和控制，从规划、设计、施工、运营各阶段考察其经济、生态指标，为我国太阳能建筑的应用积累成功的经验，提供有益的支持和指导。在城市与村镇住宅小区开展太阳能热利用技术与设备的应用试点工作。每个省、市、县建设行政主管部门都要积极联合有关部门至少抓一个试点小区或一个试点工程。应用试点示范应选择工作条件较好的地区，重点抓好试点村、试点乡、试点县和试点城市，以点带面，推而广之。具体可要求一省抓一市、一市抓一县，一县抓一乡，一乡抓一村，并组织好宣传和交流。

（七）积极促进太阳能产品的产业化发展

促进太阳能产业结构调整，建立新型现代化的太阳能产业集团，发展上规模、上质量、上水平的大型太阳能产业企业，并通过该类企业与住宅建设集团的联营合作，带动一大批以咨询、设计、销售、安装、维修、服务为主的综合性小企业的发展。鼓励各地建立各种形式的太阳能热利用产品市场；支持有条件的大型企业建立太阳能产业城、商业城，形成太阳能热利用产品的技术、新产品、信息、生产、展示、销售中心。

（八）建立太阳能建筑应用发展基金

通过各种渠道，采取多种形式，建立太阳能建筑应用发展基金，主要用于太阳能产品开发、建筑应用技术研究和用于太阳能产品的补贴。

二、财政税收政策建议

推广应用太阳能建筑的主要目的是为了缓解能源危机、控制大气污染，以税收手段调节能源生产和消费达到保护环境的目的是许多国家的常用政策工具。

(一) 绿色税收的发展

自两个世纪前人类进入工业文明以来，我们所居住的地球环境和生态遭到空前破坏，水体污染、大气污染、森林植被破坏、土壤退化、洪灾和水土流失、沙漠面积的不断扩大、臭氧层消耗和温室效应……1987 年，世界环境与发展委员会发表的《我们共同的未来》中提出了“可持续发展”的概念。在这种背景下，税收作为最重要的宏观经济手段自然被用到了环境与生态的保护上，成为实现可持续发展的重要政策工具。从 20 世纪 70 年代开始，欧洲一些发达国家逐渐开征了各种具有资源、环境和生态保护特征的税种，如资源税、汽油税、垃圾税、噪声税、水污染税、二氧化碳税等，这些税种统称为环保税收，或被形象地称为“绿色税收”。到上世纪 80 年代，环境保护在不少发展中国家也受到重视，亚洲、非洲、拉美等地区的一些国家也先后开征绿色税收，或对原有税种进行“绿化”使之具有环保功能。

绿色税收的实施，在许多国家起到了立竿见影的效果。例如，2001 年 3 月，爱尔兰对使用塑料购物袋进行征税，规定居民每使用一个塑料购物袋要缴纳 15 欧分税款，半年后，全国塑料袋使用量骤减了 90%，基本上告别了“白色污染”。

(二) 税收激励政策建议

1. 税收激励措施

所谓税收激励即指税法中规定的给予某些活动、某些资产、某些组织形式以及某些融资方式以优惠待遇的条款，所有这些条款的基本意图就是要鼓励特定活动的资本形成与积累。事实证明，当今世界各国为促进本国的产业投资及技术开发，都会提供大量的税收激励措施。

从我国现实国情来看，在现阶段要促进太阳能建筑的应用，我们可以采取两方面的税收激励政策，即税收限制和税收引导。所谓税收限制，就是借鉴国际经验，对使用常规化石能源的建筑开征相关税收。如对于开发普通建筑的开发商征收排污税和环境保护税，对于购买普通建筑的消费者征收消费税等。所谓税收引导，就是利用税收优惠与鼓励措施引导投资，实现资源优化配置。

税收激励措施主要包括以下几种类型：

（1）优惠税率

优惠税率是指特定类型的企业临时或永久地适用比其他企业更低的税率。它的一个极端情形是免税期，即企业可以在一定时期免税。免税期是在相机抉择的基础上对指定的产业和地区实施的。

（2）快速注销

快速注销表现为三种形式：

① 加速折旧

加速折旧包含两个方面的含义：一是指缩短固定资产折旧年限；二是指在既定折旧年限内采取一定会计方法，使折旧额的提取主要集中在折旧前期，在整个固定资产折旧限额内，折旧额逐年递减。实行加速折旧，一方面有加快设备更新、促进技术进步的作用，同时从税收政策的角度看，它又是国家刺激投资、刺激总需求的一个重要工具。加速折旧使固定资产折旧限额和实际使用期限分离开来，使折旧基金提取和积累与固定资产的实际磨损和补偿需要分离开来。由于缩短了固定资产折旧年限或加大了固定资产折旧前期的折旧额，那么这一时期成本中的折旧费就要增加，利润和所得税就会减少，企业从中得到一笔额外的折旧收益。如果这时固定资产并不需要实物形式的更新，企业就会把“折旧收益”用于新的投资，增大社会的投资需求。在这种情况下，这笔“折旧收益”就等于国家给企业的无息贷款。这笔无息贷款在固定资产使用后期由于折旧费减少，利润增加从而所得税加大予以逐步归还。如果固定资产折旧期满，企业又确确实实将它报废更新，这也会增加投资需求。

② 投资支出津贴

即允许公司从其应纳税所得中抵扣一定比例的符合条件的投资支出。

③ 投资税收抵免

这是指对符合条件的投资，政府允许在所得税额中抵免的一种税收优惠政策。

（3）融资激励

政府提供激励措施来降低投资的融资成本。政府可能通过投资基金提供帮助，也可通过税收注销流入股东的资金，这有益于处于亏损状态的企业。

（4）技术转让

政府有些特定规定，影响来自外国企业的技术转让。这些规定包括股权参与条件及对特许权使用费和特许证的税收待遇。

（5）一般政策工具

就业激励，这些激励措施可能是就业或工资补贴，也可能是税收抵免。其他的一般政策会影响总投资及其在不同用途之间的配置，比如税收饶让、间接税、关税和自由贸易区的设立等。

2. 税收激励政策建议

图 6-3 是我国现行的税制税种，其中直接与能源有特殊关系的税种有：资源税、车船使用税、固定资产投资方向调节税、城市维护建设税。现行税制下涉及到房地产业的税种有：营业税、企业所得税、固定资产投资方向调节税、土地使用税、耕地占用税、房产税、车船使用税、契税、印花税、个人所得税和城市维护建设税。

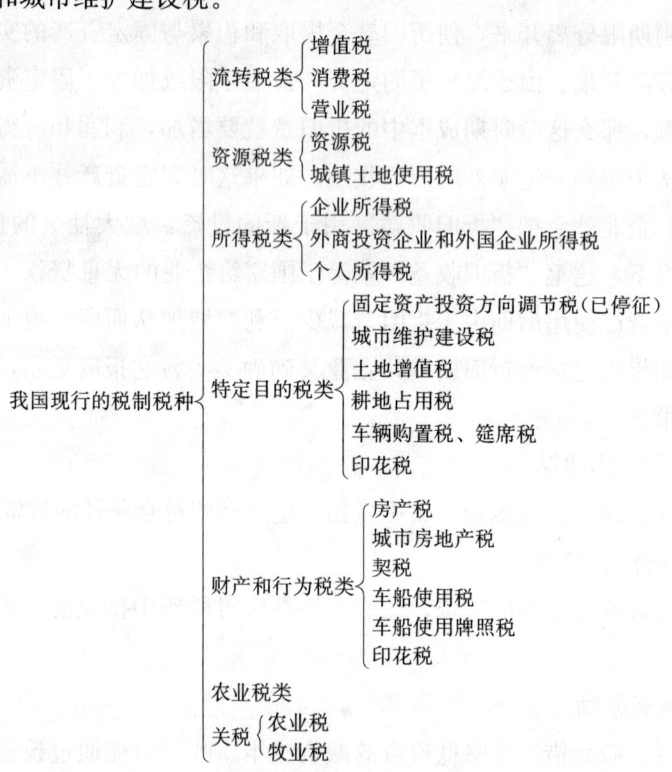

图 6-3　我国现行税制税种

政府可以通过减税来增加或刺激社会总需求。对企业或公司的收入减税，将使企业扩大投资规模；对个人收入减税，会刺激消费需求。减税的种类和方法不同，所引起的扩张效应也不同。对流转税减免的扩张效应主要表现在供给方面，它对生产产生刺激作用；对所得税减免的扩张效应主要表现在需求方面，它具有增加消费的作用。

政府通过增税来减少或抑制社会总需求。增税的方式有增设税种、扩大征税范围、紧缩税收优惠、提高税率等。具体如何选用则应根据总需求膨胀的动态对增税对象作相机抉择。若总需求膨胀起因于投资需求过高，则可提高企业所得税税率或开征投资税；若起因于消费需求过旺，则可提高个人所得税税率或降低个人所得税起征点。

目前太阳能建筑处于需求不足的状态，它又具有一般消费品的特点，所以对太阳能建筑产品的流转税，对太阳能建筑产品供应商的所得税实行优惠也同样可以鼓励太阳能建筑产品的生产。

在流转税方面，对于太阳能建筑按利用情况分别给予免税、减税等优惠；在企业所得税方面，可对投资于太阳能建筑的企业实行投资抵免和再投资退税政策等进行鼓励，即允许企业在所得税前的实现利润中抵扣一定比例的投资额，或对企业用税后利润投资于上述项目的，退还其全部或部分已缴纳的所得税，对企业生产太阳能建筑产品的设备实行加速折旧，以鼓励和引导更多的企业参与太阳能建筑的开发。

固定资产投资方向调节税是为了贯彻国家产业政策、引导投资方向而对在中国境内发生固定资产投资行为的单位和个人征收的一种税。这一政策途径是在流量上对资产进行调节，具有“事前调节”的含义，因而更符合“预防为主”的环境保护战略思想。该税种自2000年开始停征，曾起到了很好的鼓励能源生产和控制能源消费的作用，建议恢复征收，对开发投资普通建筑的适用基本税率，对于开发太阳能建筑的投资可根据情况适当减免。

(三) 财政补贴政策建议

太阳能建筑应用推广所遇到的主要困难是其价格高于普通建筑。如何促进消费是推广太阳能建筑应用的关键问题。对于购买太阳能建筑的消费者在环保费、清洁费、水电费、物业费等方面适当给予减免，以调动消费者的购买欲望。在进行政府主导的市场开拓活动中可以采用财政补贴政策，即政府向太阳能建筑的购买者提供一定的经济补贴。通过对太阳能试点示范工程的调研，利用太阳能采暖制冷的建筑，制冷季节其制冷温度应达到26～28℃，在采暖季节其采暖温度应达到18℃，太阳能对能源贡献率均≥40%，使用太阳能，每平方米热水器集热器每年减少燃煤125kg，每年减排粉尘25kg、二氧化硫气体2.5kg、二氧化碳气体90kg，与未做建筑节能和采用常规能源供应热水建筑物相比，达到能源综合节能率≥65%、耗煤指标≤35%的建筑，增量成本总额大约占总投资的3%～5%。以该数据为基础，允许开发商将符合上述标准的建筑在原房价的基础上提高3%～5%。对于购买太阳能建筑的消费者给予适当的补贴，补贴的比例可以是增加房价的40%～80%。即国家或地方财政承担太阳能建筑增量成本的(40%～80%)，其余部分由其个人承担。具体的提价比例与财政补贴比例需要根据各地不同的实际情况，由地方政府相关主管部门制订，并进行指导与监督。虽然该项措施增加了消费者的购房投资，但是由于太阳能建筑节约了消费者的使用成本，从太阳能建筑整个寿命期来分析，理性消费者是可以接受的。政府部门发放的太阳能建筑补贴款可以来源于太阳能建筑产品生产企业上交的所得税，从企业缴纳到国库中的所得税总额中，扣除一定比例形成太阳能建筑基金，扣除的比例应控制在一定的范围内。

但从长远来看，直接补贴并不能够起到培育市场和实现太阳能建筑市场化的作用。何况长期、大量的补贴也是一项沉重的财政负担。如果按照世界银行在印度尼西亚的经验，每个用户光伏发电系统补贴100美金，仅西北四省的100万户居民，中央财政就要拿出1亿美金。因此不能只依靠国家补贴，还要寻找适应市场规律、可以自我良性循环进行市场培育的机制。

滚动发展基金制度是一种间接补贴政策。它的初始资金来源有两种，既可以利用各种赠款、拨款直接建立滚动发展基金；又可以利用各种赠款、拨款作为自有资金向银行贷款，将各种渠道的补贴资金用在不同程度的贷款贴息上，从而改变流动资金的短期还贷方式。滚动发展基金制度采用分期付款方式，以持续扩大市场规模，最终达到降低成本、促进太阳能建筑推广应用的目标。

三、其他政策建议

(一) 促进企业自我发展的政策建议

1. 加强中介组织的市场开拓能力

中介组织是开拓市场的积极参与者，其活力可以直接带动市场。加强中介组织的市场开拓能力有两个方面：改善企业的组织形式，使企业更接近于市场，激发其自身活力；或者设立新型的市场中介组织形式，建立类似印度的能源服务公司形式的新型中介。它们能够从银行获得长期的低息贷款，对用户实行新的付费方案。其业务偏重于向光伏用户系统提供电力服务而不是扩大电网。这样，光伏用户系统的普及范围会扩大。

2. 由大型企业集团兼并或进行多角化经营

国外从事太阳能光伏发电技术研究和市场开拓的都是大型的石油或电力公司，如SHELL、BP。国内由于种种原因至今没有大型的石油或电力公司致力于这方面的工作，从事太阳能光伏设备生产的企业大都是国有中型企业。1999年，北京新型建筑材料公司(简称北新建材)试图兼并秦皇岛华美太阳能设备有限公司，虽然未果，但是他们已经决定涉足太阳能光伏领域，有进一步从美国引进生产设备的意向。这是第一例大型上市公司向该产业注资的案例，为太阳能光伏产业的国有企业改革提供了新的思路和发展的契机。大型企业集团拥有雄厚的技术实力和资金实力，对于从事太阳能光伏产品的生产具有天然的优势。太阳能产业处于起步时期，产品回报率低，必定需要用其他产品的利润弥补，才能及早占领市场，这也是大型企业集团进行多角化经营或产品长线经营的优势所在。在当前的情况下，太阳能光伏产业同大型企业集团相结合是其发展的重要出路。

3. 改变企业经营理念

我国正在进行国有大中型企业的体制改革。太阳能光伏电池生产厂家大部分是国有中型企业，它们的体制也亟需改革。国有企业由于其机制所限，企业负责人的责任心、事业心都不如合资企业和私营企业的负责人强。在经营过程中，运作素质普遍较差，企业短期行为多。相比而言，太阳能光伏发电系统的中介组织大多是承包的公司，自主经营，自负盈亏。很明显，无论是企业经营的灵活性还是企业对市场的把握，中介组织都强于生产厂家。可以看到，体制是制约产业发展的一个重要的问题。

(二) 技术开发政策建议

技术发展与技术的商业化对产业发展的重要性是显然的。太阳能光伏发电作为高科技产业的一员，如果条件容许，自主开发当然是最好的技术获取途径，它既可以丰富自己的技术积累，又能够树立我国在太阳能光伏发电领域的地位。但是，我国的太阳能光伏产业仍处于发展的初级阶段，技术水平、科研经费的限制以及国际太阳能光伏电池研究水平地突飞猛进使得我们必须在最短的时间加紧追赶国际先进水平。这样合资办厂和引进关键技术是短期内我们获得世界先进技术的便捷途径。具体可采取以下途径：进行国家、研究院所与企业的纵向联合，实现优势互补；加强国家的科研投入；积极开展国际合作，多方面、多形式争取外援。

（三）建立环境评估体系

建议我国政府相关部门组织有关专家建立环境评估体系，以推动太阳能建筑的应用。

太阳能建筑要求以新的价值观审视和评价建筑项目，环境评估与绿色标签制度有助于改变人们的价值观。建立环境评估体系是推行环境评估和绿色标签制度的前提。影响较大的环境评估体系有：美国绿色建筑委员会(USGBC，US Green Building Council)制订的LEED(Leadership in Energy and Environmental Design，能源与环境设计导则)，英国建筑研究机构(BRE，Building Research Establishment)制订的BREEAM(BRE Environmental Assessment Method，BRE环境评估方法)，加拿大的BEPAC(Building Environmental Performance Assessment Criteria，建筑环境性能评估标准)。BRE还把价值工程的原理和方法应用于绿色评估领域，开发了软件ENVEST(Environmental Estimator，环境评估师)。日本的评估系统CASBEE(Comprehensive Assessment System for Building Environmental Efficiency，建筑环境效能综合评估系统)也借鉴了价值工程的思想和方法。

环境评估体系的发展趋势是标准化和全球化。为了满足建筑环境评估的新要求，来自加拿大、美国、英国、德国、法国等14个国家的研究人员在国际建筑研究与文献理事会(CIB)的组织协调下，从1996年起，开始了一项名为“绿色建筑挑战”（GBC，Green Building Challenge)的国际合作研究项目。该项目旨在提出第二代建筑环境评价体系GBTool并开发出相应的软件。GBTool从自然资源消耗、环境负担、室内环境质量、耐久性、营建与运行过程、周边环境因素等6个方面对建筑物进行评估，指标体系共分为4个层次，由120多项指标构成，基本上涵盖了建筑环境评估的各个方面。“绿色建筑挑战”的第一个两年计划于1998年春季完成，GBTool已在34座建筑物的评价中得到实际应用和验证，取得了满意的效果。目前，“绿色建筑挑战”正在进行第三个两年计划，已有24个国家的研究人员参与了这个国际合作研究项目。

工业发达国家的政府运用经济杠杆推动环境评估和绿色标签制度的实施，已取得一定成效。通过评估达到“绿色”标准的建筑物可以取得绿色标签(Green label)或生态标签(Eco-label)，这是业主或开发商享受政府优惠政策的重要条件。例如，加拿大财政部在1998年决定，取得绿色标签的商业楼宇的业主可以在税收方面享受优惠待遇。20世纪90年代初，英国一些建筑项目在自愿的基础上开始接受环境评估，目前已有25%的新建写字楼(平均每年73万m^2)接受了评估。

制定并实施环保、“绿色”标志认证制度也是政府需采取的一大措施。借鉴国外的经验，我们可成立国家级认证委员会，负责制定、实施环保“绿色”标志认证工作。对符合绿色标准的产品，由国家绿色产品标志认证委员会发给“绿色”标志证书，方可在市场上流通。

(四) 其他建议

在法制建设方面，制定与完善有关太阳能在建筑物中应用的相关法规、条例、办法及标准等，以确保太阳能建筑的健康规范发展。在资金、信贷、技术引进等方面给予政策扶持，并以国企、民营、合作、外企、合资、股份制等模式的市场化运作方式来吸引更多资金和技术管理。培养一批太阳能利用方面的高科技人材，并形成一支高素质科研、生产、管理队伍，且在出国学习、信息交流、待遇、试验条件等方面创造良好条件。鉴于西部发展相对滞后，但太阳能资源丰富、潜力可观，故应统一规划，搞好示范工程，坚决发展太阳能建筑及相关产业的发展。太阳能利用是一项综合系统工程，涉及房屋设计、规划、建材、生产、施工、管理、维修等方面。故在建筑物规划调研中就应纳入太阳能应用并成立联合协调机构，逐步形成建筑设计、建材生产、太阳能产品、施工、管理、维修集团等，这样才能促进太阳能在建筑物中的应用与发展。政府还可以发起太阳能建筑项目设计方案的竞赛，提升建筑从业人员对太阳能建筑的关注和理解，提高太阳能建筑的设计水平。要制定太阳能建筑奖励制度，鼓励设计部门、房地产开发商、建筑承包商及物业管理公司等对太阳能建筑的研究开发。要举办有关太阳能建筑的会议或系列讲座，组织编写与出版太阳能建筑的出版物，让更多的从业人员和市民了解太阳能建筑。

需要注意的是政策的制定要结合国情，我国国情有这样两个特点：

(1) 当前我国正处在转型时期。从计划经济向市场经济转变，从农业向工业转变，从低收入向高收入转变。我国所处的发展阶段，就社会发展指数看处在发达国家20世纪90年代，就工业化程度看处在发达国家19世纪水平。发达国家已经完成了工业化，而我国正处在工业化的中期，甚至前期，任务还很重大。要考虑农村的城镇化，把农村和城市并重。所以政策的制定需要考虑我国国情。

(2) 目前我国的政治体制，决定了我国的经济是政府干预情况下的市场经济。所以制定政策的时候，需要向领导宣传，作好舆论宣传。现在的节能工作仍处在专家层次，公众和领导都没有深刻认识这一点，特别是领导，他们涉及的是整个工业化的进程。

第六节 我国太阳能建筑激励机制和政策的评价与选择

一、太阳能建筑经济激励政策案例拟定

目前我国建筑节能工作开展得比较成功，因此，本书将太阳能建筑比照节能建筑来研究。由于当前全国范围内的使用常规能源的普通商品住宅仍实行政府指导价，因此为确保太阳能建筑激励政策的执行效力，本文以使用常规能源的普通商品住宅为例，结合当前太阳能建筑的进展情况，拟定相应的案例，在此基础上对刺激开发商建造太阳能住宅的可行性经济激励政策进行进一步的研究与探讨。

(一) 拟定案例的第一组假设条件

由于太阳能建筑采用不同的技术措施，相应的常规能源节约增量成本也会有所差别，因此可由以下几个方面推断得出本书拟定案例的假设条件：即太阳能住宅所需增加的成本占建安工程成本的比例在5%～10%的范围内，占住宅销售价格的比例在3%～5%范围内。

论据一：参照目前建筑节能试点示范工程的实测数据表明，只要增加建

安工程成本的5%～8%，就可以建造符合现阶段节能标准的节能住宅。太阳能建筑可以视作节能建筑的一种，享受节能建筑的相关优惠政策。

论据二：建设部建筑节能中心对几十家房地产开发企业的调查结果表明，建造节能住宅的节能增量成本大约在每平方米100元左右，占原商品住宅销售价格的3%～5%。太阳能建筑的常规能源节约增量成本也必须与此相当，否则就难以启动市场。

论据三：国家建筑节能技术标准明确规定，节能建筑的增量成本应不超过建安工程造价的10%。太阳能建筑的常规能源节约增量成本也必须与此相当，否则就难以符合国家的相应要求。

论据四：当前中国城镇商品房的价格构成主要包括土地成本、建安成本、税费支出、开发企业利润等四部分，其中各部分在房价中所占的比重情况大致如下：第一，土地方面的成本。包括土地出让金、城市基础设施和各种配套费用等，大约占房价的20%～40%。第二，建安工程成本。包括勘察、设计等费用；材料、建筑、安装等费用；开发商的开发经营成本，即招投标费用、融资成本、管理费用等，大约占房价的40%。第三，税费支出。包括各种税费及手续费等，大约占房价的10%～20%。第四，房地产开发企业利润。大约占住房价格的15%～30%。

(二) 拟定案例的第二组假设条件

结合当前各地区使用常规能源的普通商品住宅的销售价格，本文设定使用常规能源的普通商品住宅的销售价格区间为每平方米2000～5000元。

案例拟定：

建筑物类型为采暖地区新建造的使用常规能源的普通商品住宅，住宅使用寿命为50年，其他假设条件如下：

假设条件一：使用常规能源的商品住宅的销售价格分为2000元、3000元、4000元和5000元四个类别，其中建安成本占房价的40%；

假设条件二：设开发商建造太阳能住宅需增加的成本投入可能会占到使用常规能源的商品住宅销售价格的2%、3%、4%和5%；

假设条件三：参照当前部分城市中普通住宅的实际销售利润率，设本文中太阳能住宅的销售利润率为20%；

假设条件四：本文只考虑太阳能建筑对采暖能耗的影响，实测结果表明采暖地区非太阳能住宅的年采暖耗煤量约为 $25kg/m^2$，而太阳能住宅可降低 50％的能耗，则新建造的太阳能住宅年采暖耗煤量约为 $12.5kg/m^2$；

假设条件五：选用部分代表城市在 2004～2005 年采暖期内普通住宅的实际采暖费用，求得年均采暖费用约为 20 元/m^2，因这些城市已达到第一阶段(节能 30％)的标准，由此推断在当前的物价水平下，太阳能住宅与非太阳能住宅相比，每年至少可为消费者节约采暖费用 14 元/m^2；

假设条件六：鉴于 20 世纪 90 年代初实施的固定资产投资方向调节税曾对太阳能建筑发挥了明显的推动作用，引导了房地产开发的投资方向，促进了节能建筑的开发和建造，因此本文建议对非太阳能住宅恢复征收固定资产投资方向调节税，税率暂定为 5％。

(三) 拟定案例的增量成本和增量价格区间范围

根据上述假设可计算得出不同条件下相对应的节能型使用常规能源的普通商品住宅的增量成本及增量销售价格的区间范围(见表 6-1 和表 6-2)。

不同条件下太阳能住宅的增量成本　　单位：元/m^2　　**表 6-1**

非太阳能住宅销售价格 / 节约常规能源增量成本比例	2000	3000	4000	5000
3％	60	90	120	150
4％	80	120	160	200
5％	100	150	200	250

不同条件下太阳能住宅的增量价格　　单位：元/m^2　　**表 6-2**

非太阳能住宅销售价格 / 节约常规能源增量成本比例	2000	3000	4000	5000
3％	150	225	300	375
4％	200	300	400	500
5％	250	375	500	625

注：表中数据根据增量成本为增量价格的 40％计算得出。

二、我国太阳能建筑激励政策方案评价

(一) 技术经济评价指标

经济效益指人们在物质生产活动或技术改革活动中，消耗一定的活劳动和物化劳动后所能实际取得的符合社会需要的产品数量的大小。一项政策是

否具有可行性，必须从全社会整体利益的角度出发，判断政策的实施是否能够带来经济效益的增加。本文中所设计的各项方案之间为互斥关系，因此需以净效益或成本效益比作为方案的技术经济评价指标。

净效益＝总效益折现值－总成本折现值

当净效益指标值大于或等于0时，方案可行；当净效益指标值小于0时，方案不可行。

成本效益比＝总效益折现值/总成本折现值

当成本效益比指标值大于或等于1时，方案可行；当成本效益比指标值小于1时，方案不可行。

本文选用成本效益比指标进行各项方案的可行性评价，其中成本和效益指标分别为太阳能住宅比非太阳能住宅相比的增量成本和增量效益。

(二) 政府的成本效益分析

政府的增量成本主要是针对太阳能住宅在采取不同激励措施时所投入的财政支出或减少的财政收入。

建造太阳能建筑可使政府获得的增量效益主要是税收效益、环境效益和社会效益。由于社会效益中各影响因素关系错综复杂，难以进行定量核算，因此本研究只限于税收效益和环境效益的量化和分析。

首先，税收增量效益的量化。房地产开发过程中涉及的税种包括：营业税、城建税、教育费附加，土地增值税、房产税、印花税和契税，以及本文中建议征收的固定资产投资方向调节税等。与非太阳能住宅相比，太阳能住宅的开发由于建安工程造价发生变化，将导致房屋销售价格、销售利润等发生变化，可能引起营业税、城建税、教育费附加、固定资产投资方向调节税和所得税等税种的变动，因此政府获得的税收增量效益等于上述几类税种上缴税额的变动总和。

其次，环境增量效益的量化。由于当前中国仍以煤为主要的能源品种，因此本文着重探讨煤节约所带来的环境改善。煤燃烧排放的污染物主要有：SO_2、CO、NO_x、HC和烟尘等。

利用《中国排污收费制度改革与设计》中设定的排污收费标准，可计算出太阳能住宅因采暖耗煤量的节约而增加的环境效益。计算结果参见表6-3。

由表6-3可知，政府每年可从太阳能住宅中获得的环境增量总效益为

1.232 元/m²。结合当前中国的经济形势，依据“中国社会折现率研究与参数测算课题组”的结论，将目前中国社会折现率的取值确定为 8%，则环境增量效益折现值为 15.066 元/m²。

太阳能住宅的环境增量效益　　表 6-3

污染物	1kg 煤燃烧的污染排放量①(kg)	污染排放收费标准②(元/kg)	煤节约量(kg/m²)	环境增量效益(元/m²)
SO_2	0.06	1.26	12.5	0.945
CO	0.0227	0.25	12.5	0.071
NO_x	0.0036	2.00	12.5	0.090
HC	0.005	0.80	12.5	0.050
烟尘	0.011	0.55	12.5	0.076

注：① 王荣光，沈天行. 可再生能源利用与建筑节能［M］. 北京：机械工业出版社，2004年. 7。

② 杨金田，王金南. 中国排污收费制度改革与设计［M］. 北京：中国环境科学出版社，1998年. 205。

（三）消费者与开发商的成本效益分析

1. 消费者的成本效益分析

消费者的增量成本就是消费者因购买太阳能住宅，而增加的投资支出以及交纳的税费(本文只考虑契税，税率为 3%)。

消费者的增量效益包括两部分：一部分是由于国家实施经济激励政策，给购买太阳能住宅的消费者提供的补贴金额；另一部分是消费者因购买太阳能住宅，而在未来使用期间内节约的能源费用，本文只考虑采暖费用的降低，即在当前的物价水平下，太阳能住宅每年可节约的费用为 14 元/m²，折现值为 171.26 元/m²。

2. 开发商的成本效益分析

开发商的增量成本就是开发商因建造太阳能建筑而增加的成本费用，主要是建安成本的变动。

开发商的增量效益同样也包括两部分：一部分是由于国家实施经济激励政策，给开发太阳能住宅的企业提供的补贴或税收优惠金额；另一部分是开发商销售太阳能住宅所获得的增量收入。

三、我国太阳能建筑激励政策设计方案备选体系及其选择

由于房地产开发商是利益最大化的追逐者，只要销路顺畅，其建造符合

标准的太阳能住宅所带来的增量效益将远远超过增量成本，因此，本文主要从消费者和政府的角度对各设计方案进行技术经济分析和评价。

(一) 太阳能建筑激励政策设计方案备选体系

如表 6-4 所示，拟定如下太阳能建筑激励政策设计方案备选体系。

太阳能建筑激励政策设计方案备选体系　　表 6-4

方案代码	政　策　含　义
Ⅰ财政补贴政策	
PA1-1	政府向购买太阳能住宅的消费者提供节能增量成本 30%的补贴
PA1-2	政府向购买太阳能住宅的消费者提供节能增量成本 40%的补贴
PA1-3	政府向购买太阳能住宅的消费者提供节能增量成本 50%的补贴
PA1-4	政府向购买太阳能住宅的消费者提供节能增量成本 60%的补贴
PA2-1	政府向开发太阳能住宅的企业提供节能增量成本 30%的补贴
PA2-2	政府向开发太阳能住宅的企业提供节能增量成本 40%的补贴
PA2-3	政府向开发太阳能住宅的企业提供节能增量成本 50%的补贴
PA2-4	政府向开发太阳能住宅的企业提供节能增量成本 60%的补贴
Ⅱ税收优惠政策	
PB1-1	免征固定资产投资方向调节税
PB1-2	减半征收所得税＋免征固定资产投资方向调节税
PB1-3	免征所得税＋免征固定资产投资方向调节税
Ⅲ组合政策	
PC1-1	向开发企业提供增量成本 30%的补贴＋免征固定资产投资方向调节税
PC1-2	向开发企业提供增量成本 30%的补贴＋减半征收所得税＋免征固定资产投资方向调节税
PC1-3	向开发企业提供增量成本 30%的补贴＋免征所得税＋免征固定资产投资方向调节税
PC2-1	向开发企业提供增量成本 40%的补贴＋免征固定资产投资方向调节税
PC2-2	向开发商提供增量成本 40%的补贴＋减半征收所得税＋免征固定资产投资方向调节税
PC2-3	向开发企业提供增量成本 40%的补贴＋免征所得税＋免征固定资产投资方向调节税
PC3-1	向开发企业提供增量成本 50%的补贴＋免征固定资产投资方向调节税
PC3-2	向开发企业提供增量成本 50%的补贴＋减半征收所得税＋免征固定资产投资方向调节税
PC3-3	向开发企业提供增量成本 50%的补贴＋免征所得税＋免征固定资产投资方向调节税

(二) 政府的成本效益比指标计算

各项方案的成本效益比指标值如表 6-5、表 6-6 和表 6-7 所示。

财政补贴方案的成本效益比 **表 6-5**

方案代码	非太阳能住宅销售价格 / 节约常规能源增量成本比例	2000（元/m²）	3000（元/m²）	4000（元/m²）	5000（元/m²）
PA1-1	3%	2.2320	1.9530	1.8135	1.7298
	4%	2.0227	1.8135	1.7089	1.6461
	5%	1.8972	1.7298	1.6461	1.5959
PA1-2	3%	1.6665	1.4573	1.3526	1.2899
	4%	1.5096	1.3526	1.2742	1.2271
	5%	1.4154	1.2898	1.2271	1.1894
PA1-3	3%	1.3272	1.1598	1.0761	1.0259
	4%	1.2016	1.0761	1.0133	0.9757
	5%	1.1263	1.0259	0.9757	0.9455
PA1-4	3%	1.1010	0.9615	0.8917	0.8499
	4%	0.9964	0.8917	0.8394	0.8081
	5%	0.9336	0.8499	0.8080	0.7829
PA2-1	3%	1.8345	1.5555	1.4160	1.3323
	4%	1.6252	1.4160	1.3114	1.2486
	5%	1.4997	1.3323	1.2486	1.1984
PA2-2	3%	1.2690	1.0597	0.9551	0.8923
	4%	1.1121	0.9551	0.8767	0.8296
	5%	1.0179	0.8923	0.8296	0.7919
PA2-3	3%	0.9297	0.7623	0.6786	0.6284
	4%	0.8041	0.6786	0.6158	0.5782
	5%	0.7288	0.6284	0.5782	0.5480

税收优惠方案的成本效益比 **表 6-6**

方案代码	非太阳能住宅销售价格 / 节能常规能源增量成本比例	2000（元/m²）	3000（元/m²）	4000（元/m²）	5000（元/m²）
PB1-1	3%	13.5719	11.8979	11.0610	10.5588
	4%	12.3164	11.0610	10.4332	10.0566
	5%	11.5631	10.5588	10.0566	9.7553
PB1-2	3%	5.1215	4.4898	4.1739	3.9844
	4%	4.6477	4.1739	3.9371	3.7949
	5%	4.3634	3.9844	3.7949	3.6812
PB1-3	3%	3.1563	2.7670	2.5723	2.4555
	4%	2.8643	2.5723	2.4263	2.3387
	5%	2.6891	2.4555	2.3387	2.2687

组合方案的成本效益比 表 6-7

方案代码	非太阳能住宅销售价格 / 节约常规能源增量成本比例	2000（元/m²）	3000（元/m²）	4000（元/m²）	5000（元/m²）
PC1-1	3%	1.6428	1.3930	1.2681	1.1931
	4%	1.4554	1.2681	1.1744	1.1181
	5%	1.3430	1.1931	1.1182	1.0732
PC1-2	3%	1.4013	1.1882	1.0816	1.0177
	4%	1.2414	1.0816	1.0017	0.9537
	5%	1.1455	1.0177	0.9537	0.9154
PC1-3	3%	1.2216	1.0358	0.9429	0.8872
	4%	1.0823	0.9429	0.8733	0.8315
	5%	0.9987	0.8872	0.8315	0.7980
PC2-1	3%	1.1805	0.9858	0.8885	0.8301
	4%	1.0345	0.8885	0.8155	0.7717
	5%	0.9469	0.8301	0.7717	0.7367
PC2-2	3%	1.0586	0.8840	0.7968	0.7444
	4%	0.9277	0.7968	0.7313	0.6920
	5%	0.8491	0.7444	0.6920	0.6606
PC2-3	3%	0.9595	0.8013	0.7222	0.6747
	4%	0.8409	0.7222	0.6629	0.6273
	5%	0.7697	0.6747	0.6273	0.5988
PC3-1	3%	0.8854	0.7260	0.6463	0.5985
	4%	0.7659	0.6463	0.5865	0.5506
	5%	0.6941	0.5985	0.5506	0.5219
PC3-2	3%	0.8209	0.6731	0.5992	0.5549
	4%	0.7101	0.5992	0.5438	0.5105
	5%	0.6435	0.5549	0.5105	0.4839
PC3-3	3%	0.7652	0.6274	0.5585	0.5172
	4%	0.6618	0.5585	0.5068	0.4758
	5%	0.5998	0.5172	0.4758	0.4511

结果分析：

第一，政府在制订政策时，也需从国家经济利益角度出发，选择成本效益比大于 1 的方案，这样才能推动经济的增长和社会的进步，否则一味地扩大投入将使国家财政收入遭受重大损失。因此，本研究所拟定的方案中，PA2-3、PA2-4、PC2-3、PC3-1、PC3-2 和 PC3-3 等方案均在当前的经济形势下不具备可行性。

第二，节约常规能源的增量成本越低，可供政府选择运用的经济激励措施越多，激励效果越显著；而当节约常规能源的增量成本过高时，政府在有限的财力约束下，将无法对太阳能建筑提供良好的扶持措施。因此，在政府采取政策扶持措施的同时，需加强太阳能建筑相关技术和产品的研究开发和推广应用工作，通过提高技术成熟度和扩大生产规模来降低太阳能建筑的增量成本。

第三，单一的经济激励政策对政府来说具有较好的成本效益，尤其是税收优惠政策，但这些政策恐怕难以产生较强的激励作用，达不到快速推动太阳能建筑发展的目的；而多种政策的组合，将对开发商产生高强度激励作用，有利于太阳能建筑市场的发展和壮大。

(三) 消费者的成本效益比指标计算

各项方案的成本效益比指标值如表 6-8 所示。

财政补贴方案的成本效益比 **表 6-8**

方案代码	非太阳能住宅销售价格 / 节能增量成本比例	2000 (元/m²)	3000 (元/m²)	4000 (元/m²)	5000 (元/m²)
PA1-1	3%	1.2597	0.8398	0.6298	0.5039
	4%	0.9447	0.6298	0.4724	0.3779
	5%	0.7558	0.5039	0.3779	0.3023
PA1-2	3%	1.3196	0.8798	0.6598	0.5279
	4%	0.9897	0.6598	0.4949	0.3959
	5%	0.7918	0.5279	0.3959	0.3167
PA1-3	3%	1.3856	0.9237	0.6928	0.5543
	4%	1.0392	0.6928	0.5196	0.4157
	5%	0.8314	0.5543	0.4157	0.3325
PA1-4	3%	1.4585	0.9724	0.7293	0.5834
	4%	1.0939	0.7293	0.5470	0.4376
	5%	0.8751	0.5834	0.4376	0.3501
PA2-1	3%	1.5836	1.0557	0.7918	0.6334
	4%	1.1877	0.7918	0.5938	0.4751
	5%	0.9501	0.6334	0.4751	0.3801

续表

方案代码	非太阳能住宅销售价格 / 节能增量成本比例	2000（元/m^2）	3000（元/m^2）	4000（元/m^2）	5000（元/m^2）
PA2-2	3%	1.8475	1.2317	0.9237	0.7390
	4%	1.3856	0.9237	0.6928	0.5543
	5%	1.1085	0.7390	0.5543	0.4434
PA2-3	3%	2.2170	1.4780	1.1085	0.8868
	4%	1.6627	1.1085	0.8314	0.6651
	5%	1.3302	0.8868	0.6651	0.5321

结果分析：

第一，对于消费者而言，当前购买太阳能住宅的制约因素主要是自身购买能力与住宅销售价格之间的差距，若差距较大且在短期内难以弥补，则不会选择价格较高的太阳能住宅；若差距较小且在短期内可以弥补，则会优先选择节约型、健康型、环保型的太阳能住宅。

第二，政府提供的补贴越多，则消费者的购买愿望越强烈，但政府的补贴额是以财政能力为最高限度的。由于在当前状况下，政府对开发商提供成本费用的补贴能大幅度地降低太阳能住宅的销售价格，因此激励效果将优于政府直接对消费者在购房价格上提供的补贴。

（四）不同区间的常规能源节约增量成本的太阳能建筑激励政策

当前太阳能建筑所遇到的阻碍主要在于太阳能建筑的价格略高于非太阳能建筑。由于在世界各国中，中国居民所面临的房价收入比相对较高，消费者的购房负担已经过于沉重，因而在进行房屋性能和价格方面的比较时，价格低廉仍然是影响购房决策的主要因素。

此时若无政府的扶持和激励，消费者缺乏购买价格更为昂贵的太阳能建筑的积极性，而在以需求为导向的房地产市场上，太阳能建筑需求乏力，开发商则难以主动扩大太阳能建筑的建设规模。

因此，需要国家对太阳能建筑的发展给予相应的财政补贴或税收优惠，促使开发商通过成本费用的补偿而适当降低销售价格，鼓励消费者购买太阳能建筑，扩大太阳能建筑的销路，为企业带来更多的增量利润，以经济利益驱使太阳能建筑的开发商积极主动地开发建设太阳能建筑，才能最终早日达到太阳能建筑发展的预计目标。

结合前面所进行的太阳能建筑激励政策设计方案体系的技术经济分析结果，综合考虑政府、开发商和消费者等各太阳能建筑相关的经济主体的利益，本文提出了针对节约成规能源的增量成本处于不同区间的可行的太阳能建筑激励政策方案。详见表 6-9。

太阳能建筑激励政策方案选择　　表 6-9

成本区间	方案代码	政策含义
60 元/m^2≤节能增量成本＜100 元/m^2	PA2-2	向企业提供增量成本 40％的补贴(24～40 元/m^2)
	PC2-1	向企业提供增量成本 40％的补贴(24～40 元/m^2)＋免征固定资产投资方向调节税
	PC1-3	向企业提供增量成本 30％的补贴(18～30 元/m^2)＋免征所得税＋免征固定资产投资方向调节税
	PA1-3	向购房者提供增量成本 50％的补贴(30～50 元/m^2)
	PC1-2	向企业提供 30％的补贴(18～30 元/m^2)＋减半征收所得税＋免征固定资产投资方向调节税
	PC1-1	向企业提供 30％的补贴(18～30 元/m^2)＋免征固定资产投资方向调节税
	PA1-2	向购房者提供增量成本 40％的补贴(24～40 元/m^2)
	PA2-1	向企业提供增量成本 30％的补贴(18～30 元/m^2)
	PA1-1	向购房者提供增量成本 30％的补贴(18～30 元/m^2)
	PB1-3	免征固定资产投资方向调节税
	PB1-2	减半征收所得税＋免征固定资产投资方向调节税
	PB1-1	免征所得税＋免征固定资产投资方向调节税
100 元/m^2≤节能增量成本＜150 元/m^2	PA1-3	向购房者提供增量成本 50％的补贴(50～75 元/m^2)
	PC1-2	向企业提供 30％的补贴(30～45 元/m^2)＋减半征收所得税＋免征固定资产投资方向调节税
	PC1-1	向企业提供 30％的补贴(30～45 元/m^2)＋免征固定资产投资方向调节税
	PA1-2	向购房者提供增量成本 40％的补贴(40～60 元/m^2)
	PA2-1	向企业提供增量成本 30％的补贴(30～45 元/m^2)
	PA1-1	向购房者提供增量成本 30％的补贴(30～45 元/m^2)
	PB1-3	免征固定资产投资方向调节税
	PB1-2	减半征收所得税＋免征固定资产投资方向调节税
	PB1-1	免征所得税＋免征固定资产投资方向调节税

续表

成本区间	方案代码	政 策 含 义
节能增量成本≥150 元/m^2	PC1-1	向企业提供 30%的补贴(45 元/m^2 以上)+免征固定资产投资方向调节税
	PA1-2	向购房者提供增量成本 40%的补贴(60 元/m^2 以上)
	PA2-1	向企业提供增量成本 30%的补贴(45 元/m^2 以上)
	PA1-1	向购房者提供增量成本 30%的补贴(45 元/m^2 以上)
	PB1-3	免征固定资产投资方向调节税
	PB1-2	减半征收所得税+免征固定资产投资方向调节税
	PB1-1	免征所得税+免征固定资产投资方向调节税

注：可行方案按激励效果由强到弱排序。

中国幅员辽阔，各个地区的自然条件、经济状况、技术水平、居民文化素质和生活质量差异较大，不同地区间的太阳能建筑处于不同的阶段，建造太阳能建筑的增量成本也有所不同，因而，本文建议地方政府应遵循本区域的经济发展水平和建筑节能实际情况，选择不同的太阳能建筑激励政策，以尽快促进当地太阳能建筑的开展。

第七章　我国太阳能建筑投资模式研究

第一节　我国太阳能建筑投资问题分析

一、我国太阳能建筑投资面临的问题

（一）业主和发展商缺乏兴趣

这被普遍认为是太阳能建筑发展中最主要的障碍。在没有业主和发展商对太阳能建筑全力支持的情况下，不可能促成一个投资项目。由于业主和发展商在短期经济利益的驱动下，使得太阳能建筑难以市场化。客户的拒绝是太阳能建筑推广最大的障碍。

（二）人们对太阳能建筑投资效益的判断不准确

太阳能建筑带来的经济问题源于人们对太阳能投资的错误估计。许多客户包括设计师根据经验判断：虽然理论上太阳能建筑会带来收益，但实际操作过程往往事与愿违，究竟会收回多少成本很难判断。因此，客户只有在雄厚的资金实力支持下，才肯做少量的实验性研究，而且多半带有商业炒作性质。

实际上太阳能项目的花费并不像人们所想的那样昂贵。比如：太阳能地能中央空调设备为房屋提供采暖、制冷、热水增加的投资不超过 3%；福建省南平武夷花园太阳示范工程所使用的全天候聚光式太阳能供热系统造价 107 万元，户均投资 3600 元，按每平方米建筑面积售价 2400 元，增加投资不超过 1.5%；潍坊华东房地产办公小区 1# 楼示范工程采用的太阳能送暖系统需设备费 19.5 万元，而根据省地物价水平集中供暖需 42.6 万元，节省设备投资 23.1 万元。该工程总造价为 250.8 万元，太阳能热水系统需投资 5.8 万元，占工程造价的 2.3%。据调查估算，太阳能建筑的初期投资增加

3%～5%，同时在建筑的使用期间节省运营成本近80%。

（三）投资者与建筑最终使用者利益的不一致

投资问题还在于投资者与建筑的最终使用者利益不一致。多数投资者只对能立刻带来效益的可持续性措施感兴趣，比如某些保温节能措施。很明显，判断投资或节约的多少取决于计算时包括了什么因素。不可否认，使用太阳能技术要比传统方法贵很多，比如采用太阳能集热系统代替传统的燃油燃煤加热系统。然而，这只是从初期投资的角度来看。初期投资估算忽视了太阳能技术在运行和维护过程节约的成本、忽视了太阳能技术带来的社会经济效益(节约劳动力，减少医疗费用等)。

换而言之，当我们采用长期投资、生命周期估算等方法，就不难科学地评价出太阳能建筑的价值。然而遗憾的是：太阳能技术的受益者是最终的用户，而不是发展商，这就有可能使得决策者和开发商望而却步，或者力不从心。

二、我国太阳能建筑开发利用中存在的问题

（一）太阳能能量密度的限制

太阳能的能量密度低，而且因地而异、因时而变，这些特点使其在整个综合能源体系中的作用受到一定的限制。

（二）我国常规能源价格的影响

我国目前常规能源的价格比较低，因此，太阳能建筑虽有节约常规能源的效益和环保效益，但在使用上较麻烦，经济利益不大，房地产开发商的积极性不高。

（三）原先建设的太阳房存在着缺点

我国原先建设的一些太阳房档次太低，功能单一，重社会效益，轻经济效益，形成缺钱的建不起、有钱的不愿建的局面。

（四）太阳房设计仍存在缺点

现在太阳房的设计和建造没有和建筑真正结合起来变成建筑师的设计思想和概念，没有纳入建筑规范和标准，一定程度上影响快速发展和实现商业化。

（五）其他制约因素

近几年，太阳能建筑方面的科技人员流失严重，科研工作削弱。相关的

透光隔热材料、带涂层的控光玻璃、节能窗等没有商业化，也使太阳房的水平受到限制。

第二节 促进我国太阳能建筑投资的建议

如果不让太阳能建筑的投资获得应有的投资收益，太阳能建筑的推广就是一句空话。

综合分析以上问题，我们可以发现，对于投资的方向性以及太阳能建筑可回收成本的理解，需要政府立法及相关职能部门作出解释和指导。及时确立相关太阳能建筑指标评价体系，亦会有助于引导投资。

此外，对于太阳能建筑认识方面的问题，主要在于缺乏一套系统的、整体的、科学的太阳能建筑理论和操作体系。因此，建立一套适用于太阳能建筑的完善的支撑保障体系及市场激励机制是解决目前面临问题的有效途径。

一、推进我国太阳能建筑产业化、商业化

（一）认识太阳能建筑的内涵

作为投资方的业主，自然是要求高收入和低消耗。太阳能建筑的营销既可以帮助企业增加收入，又可以使企业节约支出，由于太阳能建筑产品属于优质的短缺商品，市场价格必然高于常规建筑商品。开发企业是营利性组织，追求最大的经济效益是企业经营的主要目标。企业在其生产经营过程中，不可能彻底脱离政府的干预，而必然受制于政府政策、法规的约束，企业以政府的宏观调控为其营销边界。

只有将太阳能建筑的理论效益转化为经济效益，才可能驱动市场的巨大潜力。各环节要重视最终产品的质量保证和功能的改善，通过技术进步实现产品的改造和更新，推动太阳能建筑制品、设备的开发研究，促进太阳能建筑的技术发展。要注意到太阳能建筑产品的商品属性、环境属性和文化属性的内涵，树立最终太阳能建筑物是物质和精神有机结合的产品观念。

（二）选择合适的树立太阳能开发企业形象的广告

在宣传生态观念的今天，一座应用太阳能技术的现代大楼本身就可以是业主出色的广告，尤其是对于有宣传需要的政府部门和商业组织来说。

（三）推进太阳能设备建材化、规范化、标准化

这是太阳能建筑得以推广的前提。只有太阳能设备建材化、规范化、标准化，才能在大量建筑中采用太阳能设施，同时也才能使设计简单，施工方便，经济效益更高，业主才乐于投资。

（四）加强宣传和技术支持

通过加强宣传，可以提高人们对开发利用太阳能和其他可再生能源重要性的认识。由归口主管部门负责组织实施及技术支持，充分利用现有的科研成果，加快太阳房发展步伐。

（五）发展多层次多功能太阳房，以满足不同的需要

高档太阳房具有采暖、空调、供热水和供电等功能；中档太阳房可以用燃油炉和电暖器作为辅助热源，与太阳能互补；低档太阳房采用被动太阳房，再增加一套太阳能热水器。

不同层次的太阳房适合不同地区、不同收入人群的需要，都需要大力发展。

（六）推进合作建设太阳能建筑

太阳能科研人员与房地产开发商或用户个人合作，联合建太阳房，以市场化方式运作，可选择合适的对象，如城市郊区或风景区的度假村和旅游宾馆，这些建筑远离市区，无城市热网可利用，又不能污染环境，可建造主动式太阳能采暖系统。

（七）加强新型太阳能建筑的技术攻关和示范

应该开展零能房屋所涉及各项专业技术的科研攻关，如光伏技术、建筑设计技术等，积极进行零能房屋示范。

（八）加强太阳能应用产品的推广和普及

政府应制定一些政策，大力进行太阳能应用产品的推广和普及工作，积极扶持相关产业，鼓励企业生产出更好的产品。

（九）使太阳能装置与建筑设计一体化

诸如太阳热水器等太阳能装置，在建筑上的安装和使用应该与建筑规划设计同步进行，使其与建筑和谐自然，管线布置与建筑功能不冲突。这样太阳能装置就真正成为整个住宅建筑中的一个有机组成部分。

二、加强太阳能建筑的运行与维护工作

目前普遍存在着建筑使用过程中大量浪费能源，破坏环境的现象，节约能源的潜力很大。因此可以说：在现阶段，太阳能设施的使用和管理无疑是最廉价的节能措施。

据有关资料显示，整个建筑使用周期内的运行和维护费用远远高于其设计和建造费用。不幸的是，我国在物业管理方面的制度规范相当欠缺，更谈不上太阳能建筑的运行和维护手段。“用能无计量，费用无预算”的现象普遍存在。单纯的降低管理成本往往带来的是牺牲功能和服务质量。所谓的智能控制和自动化管理常常是形同虚设，无人管理、无人会管。

因此，对于一座真正意义上的太阳能建筑，具体实施管理和维护的物业部门也起着举足轻重的作用。物业管理的规范化和科学化势在必行。

我国目前的物业管理人员的职责往往被认为是保安加清洁，因此从业人员大部分是缺乏专业训练的外地民工。比较起欧美已有了上百年的管理体系，迫切需要专门的素质培训，在培训过程中强化制度精神。从而避免在工作中出现推诿扯皮，职责不清的现象。在西方发达国家，物业体系包括全方位的技术，安全，清洁，管理人员，有的物业服务水平已经可以达到酒店化的级别。这和建立完善的制度管理体系密切相关，在制度化的过程中要注意以下几点：

（1）要明确职责范围，细化职责内容。

（2）要将客人投诉和岗位管理者挂钩，明确奖惩制度。

（3）各部门的关系要密切有效，既分工明确，又可以相互辅助。

科学化是解决物业管理水平层次低的重要措施，维护者需要考虑到与使用者息息相关的各方面。每一个对工作的细化，无疑都是太阳能建筑进程实现的前提。位于每一层级的维护工作都会对整个物业管理系统起到重要影响。

三、鼓励和加快太阳能产品、设备在建筑中的推广使用

（一）充分认识推广太阳能产品、设备与建筑一体化的重要意义

各级政府和有关部门要充分认识推广使用太阳能产品、设备与建筑一体

化对优化我国能源结构，实现节约环保和改善提高城乡居民生产生活条件所具有的重大意义；加强对行业的管理和指导，以市场为导向，以企业为主体，推进技术进步，培育和规范市场，逐步实现企业规模化、产品标准化、技术国产化和市场规范化，把太阳能建筑产业作为国民经济新的增长点和优势产业抓紧抓好，纳入研究和发展规划，鼓励并积极支持太阳能建筑的推广应用。

(二) 加强领导协调，为太阳能建筑产业发展创造良好的外部环境

各级政府和有关部门，要结合本地区实际情况，因地制宜地制定本地区太阳能建筑产业发展规划，明确发展目标，发挥各部门的优势，加强组织协调和政策引导，采取有效措施鼓励并积极支持太阳能建筑产品企业的发展和推广工作，解决本地区推广过程中遇到的困难和问题。

(三) 制定切实可行的技术经济政策，加快太阳能建筑的推广利用

各级政府、计划、财政、税收、信贷、建设、工商、环保等有关部门，要根据当地实际情况，制定有关技术和经济政策，通过行政、经济手段支持太阳能建筑的推广使用。对新建居民住宅、宾馆、饭店、休闲娱乐和体育等建筑，凡有条件使用太阳能产品、设备的，房地产开发商和项目业主必须采用太阳能产品、设备或太阳能产品、设备与常规能源联合供能，实现节能环保要求，所需费用纳入项目总体预算。要按照我国《节能法》规定，对新建项目所列的节能篇章进行审查，有条件使用太阳能产品、设备不予使用的，项目批准单位不予批准建设。

对新建设的经济型住宅，可只考虑安装价格较低的太阳热水器。安装太阳热水器所需费用可纳入总体预算。财政部门应对在已建成的经济型住宅上安装太阳热水器的给予适当补贴。对具有一定规模、管理好、市场前景大的企业，进行新产品开发、技术改造和产品出口所需资金应给予信贷优惠，优先发放贷款给予支持。

建设部门要将太阳能产品、设备安装纳入到民用建设设计标准中。在新建项目中，有条件使用太阳能产品的要纳入工程预算，同时设计，同时施工，同时验收。在已建成建筑物上安装使用太阳能产品要按照建筑规范和建筑标准的要求进行设计和安装，不论新旧建筑都应做到太阳能产品与建筑的完美结合，既美观又安全，使用和维修方便。

（四）加强市场监督和管理，保证太阳能建筑产业的健康发展

各级工商和技术监督检测部门，要加强技术标准的制定、检测，以及产品认证机构的建设，加强市场的监管，扶优扶强，把粗制滥造、假冒伪劣、偷工减料、以次充好的产品清除出市场，进一步规范市场，保护消费者的合法利益和太阳能建筑产业的健康发展。

（五）加强科研和人才培养，不断提高我国太阳能建筑的技术水平

各级科研部门应将太阳能的应用纳入科技规划，加大投入力度，提高科技成果转化率。鼓励企业和大专院校、科研单位，实行产学研联合，加强新技术、新工艺、新材料研究和新产品开发及示范试点工作，不断提高利用水平和扩大应用范围。

太阳能是具有战略意义的新能源，为适应产业的发展，各有关部门应加强教育和培训的组织领导，增加经费的投入，不断提高我国研发、管理和生产者的水平，造就一支高水平的技术队伍。

（六）加强企业内部管理，不断提高产品质量

太阳能产品生产企业，要加快现代企业管理制度的建立，不断提高技术装备水平和创新能力，加强内部管理，严格工艺纪律，认真按照产品各项技术质量标准组织生产，确保产品质量，降低生产成本，加强销售和维修体系的建设，为用户提供优质的产品和优良的服务。

（七）搞好宣传普及工作，不断提高人们使用清洁能源的意识

利用多种方式和各种媒体，广泛宣传利用太阳能的重要意义，通过举办研讨会、培训班、展览会、展销会等多种形式，普及太阳能利用知识，推广新技术、新产品，加强信息传播，不断提高人们对新能源技术的了解和使用的积极性。

（八）开展国际交流，积极利用国外先进技术和资金

各有关部门和企业要广泛开展与有关国际组织、各国政府与企业的交流合作，通过多边、双边和对口援助等多种形式，建立合作关系，引进、消化吸收先进经验与先进技术，提高我国太阳能与建筑一体化的技术产品的科技水平和国际市场的竞争力。

第三节 我国太阳能建筑投资综合效益示例说明

一、我国太阳能建筑应用的环境效益分析与评价

在建设部建筑节能中心制定的建筑一体化结合的太阳能集热技术工程类试点示范技术经济要求中，提出的环境指标如下：

1. 与未做建筑节能和采用常规能源供应热水建筑物相比，太阳能试点示范工程的能源综合节能率≥65%、耗煤指标≤35%；

2. 使用太阳能，每平方米热水器集热器每年减少燃煤125kg，每年减排粉尘25kg、SO_2 气体2.5kg、CO_2 气体90kg。

显然，太阳能建筑的环境效益是显著的，这从太阳能建筑的试点示范工程对粉尘、SO_2、CO_2 气体的减排量也可直接得出。

(一) 试点示范工程粉尘、SO_2、CO_2 气体的减排量

1. 山东德州皇明园林式住宅小区2#楼屋面集热器面积97m^2，每年可以减排CO_2 7.7t、减排SO_2 0.2t，减排灰尘2.4t；太阳采暖建筑每年可以减排CO_2 27.1t、减排SO_2 1.2t。示范工程集热器总面积644m^2(不计别墅)，每年可以减排CO_2 57.9t、减排SO_2 1.6t。

2. 太阳能地能中央空调工程每年可减排CO_2 12.9t，减排SO_2 1.1t。

3. 福建省南平武夷花园聚光式太阳能示范工程中使用太阳能每平方米热水器集热器每年减排粉尘25kg，SO_2 气体2.5kg，CO_2 气体90kg。

4. 潍坊华东房地产办公小区1#楼示范工程太阳能集热器每平方米得热量为2544.48MJ，锅炉热效率按60%，煤燃烧值32MJ/kg计算，每平方米太阳能热水器得热量相当于燃煤2544.48/(32×60%)=127.5kg。

依此推算，每平方米集热器每年减少粉尘为127.5×0.2=27kg，

每年减少SO_2 气体为127.5×0.02=2.7kg，

每年减少CO_2 气体为127.5×0.85=96.7kg。

5. 云南丽江滇西明珠五星级花园酒店使用的太阳热水系统每年可减排CO_2 5300t，以系统寿命20年计，系统寿命期可减排CO_2 106000t。

粉尘、SO_2、CO_2 气体对人体健康的损害和大气污染都具有不可推御的

责任。太阳能建筑减少了大量的对大气造成污染的颗粒物和有害气体，净化了人类的生存空间，其产生的环境效益是巨大的。

（二）太阳能建筑温室气体减排效益分析

全球气候变化与化石燃料的大量开发和使用密切相关。在导致气候变化的各种温室气体中，CO_2 的贡献率占 50%以上，而人类活动排放的 CO_2 有 70%来自化石燃料的燃烧。建筑能耗中大量使用太阳能，可有效地减少温室气体的排放量。太阳能建筑因减排温室气体而产生的效益将是不容忽视的。

CO_2 是主要的温室气体，其最大的危害是导致气候变暖，从而对人类和自然界产生不利的影响。确定 CO_2 的污染损失是相当困难的，本文借鉴有关资料的内容，将 CO_2 减排量作为一种特殊资源，假设有一个 CO_2 的减排市场，以这个市场的均衡价格来评价减排 CO_2 的环境效益。CO_2 的均衡价格利用 MIT 边际减排成本数据计算，为 207.5 元/t(以碳计)。

二、我国太阳能建筑应用的社会效益分析与评价

一个建设项目，不仅要给建设者带来长久的经济效益，更应该给社会、给国家带来好的社会效益。太阳能建筑工程项目从企业或投资者来看，可能效益不大，但它却能给社会带来很大益处。因为使用太阳能不污染环境，且有利于保护生态环境，给人们创造了一个安逸舒适的生活环境。

太阳能建筑对社会产生许多的正面影响。首先，太阳能建筑产业的发展必将扩大就业，增加就业机会和就业人数，对我国目前严峻的就业形势将起到减缓作用，同时也是增加居民收入的一个途径。其次，太阳能建筑的推广应用会大大减少污染，净化我们的生活空间，对妇女、儿童的身心健康大有益处，同时提高居民的生活质量和生活水平。污染的减少带来卫生健康程度的提高，必能使我们人类延年益寿。

国外的研究资料表明，当在中、小学的建筑设计中充分利用太阳能后，在充满阳光的学校中，学生的健康状况明显好于普通学校的学生，由于维生素 D 的吸收，他们的牙病发生率要低 9 倍，平均身高要高 2.1cm。图书馆内由于阳光的照射降低了噪声，学生更加热衷于参加学校组织的活动，平均每年比普通学校的学生要多 3.2～3.8d，从而提高了教学质量。

三、我国太阳能建筑的投资经济效益分析与评价

(一) 各种类型太阳能建筑较一般建筑的投资增量成本

太阳能建筑投资涵盖对太阳能设备、材料、技术等方面的投资，建筑使用太阳能要增加成本，这部分成本相对于常规建筑来说是一种增量成本，太阳能建筑投资即是对这部分增量成本的投资。目前，太阳能建筑试点示范工程的投资增量一般不超过3%，下面以实例说明：

1. 福建省南平武夷花园太阳示范工程所使用的全天候聚光式太阳能供热系统造价107万元，户均投资3600元，按每平方米建筑面积售价2400元，增加投资不超过1.5%(注：福州某些地区有地下温泉水供应的楼盘售价比没有温泉供应的楼盘售价每平方米高出600～1000元，有些地区采用远距离管道输送，仅户外管道每户集资3000元，总投资远高于3600元)。

2. 太阳能地能中央空调设备为房屋提供采暖、制冷、热水所增投资不超过3%。

3. 云南丽江滇西明珠五星级花园酒店使用的模块化条形平板建筑构件型新元热板太阳节能热水系统的投资446万元，但新建或改建坡屋面建筑可直接采用该产品作为屋面板，将其他屋面方案投资转入该产品中。

4. 使用太阳能采暖降温净化器，只需投入相当于供暖基金的初装费，以后几十年无须再投入任何费用。一般1间15m^{2}的南向房间，安装3m^{2}经济型太阳能采暖降温净化器即可，总造价约1800元。用节省的供暖基金和1年的采暖费，当年即可收回初投资。

5. 辽宁省被动式太阳房主要的措施之一是将普通37墙改为既保持原有围护结构的功能，又有集热、蓄热功能的部件，常常做成复合保温墙形式。这部分初投资的增加一般为全部房屋建筑造价的8%～10%，在辽宁省因采用太阳能采暖技术而增加的投资不会超过全部建筑造价的15%。由于太阳房不用或少用辅助热源，每年节约的能耗费用是显著的，与普通建筑相比，根据测算，一栋太阳房每平方米围护结构增加近10元，每100m^{2}建筑面积增加造价1500元左右(包括其他增加造价部分)，而100m^{2}建筑面积年节煤可达2～3t标准煤，相当于300元、450元(煤价按150元/吨计算)。增加的投资回收期仅为3、5年，而房屋的使用年限可达几十年。如若按节能设计标准

核算，辽宁省一般建筑的外围护结构墙体为490mm厚，则建造同一规模的太阳房所增加的投资仅为700、800元(每$100m^2$建筑面积)，投资回收期更短。

(二) 各类太阳能建筑与其他节能建筑的投资增量比较

哈尔滨市和兴小区中加合作建筑节能示范工程中，建筑物外围护结构采用外挂钢丝网架聚苯乙烯夹芯板复合墙体，屋面采用100mm聚苯乙烯板保温，进户门采用外保温门，内设门斗，楼梯间采暖，北向窗采用双框三玻塑钢窗，其他朝向采用单框双玻塑钢窗。针对我国居住建筑物的特点和经济状况，设计了热计量控制系统，加拿大政府提供了所需的计量控制设备。该套设备可以完成热计量系统所需的计量调节和关闭要求，但由于该套设备造价较高，较难在我国推广使用。热计量控制系统是集用户的采暖耗热量计量和供热控制调节于一体的设备，由热计量和控制单元、服务器和计算机组成。每户设热计量和控制单元一台，负责用户流量、温度数据采集和室温控制。每户的系统中设置控制阀1个，可根据用户设置的房间温度对系统进行调节。

对该示范项目的分析结果表明：

1. 按照建筑面积计算，在不考虑计量设备时，节能建筑比不节能建筑土建造价增加10.74%；在考虑计量设备后，节能建筑比不节能建筑土建造价增加13.26%。

2. 从总投资角度看，节能建筑比不节能建筑的工程建设的总投资增加1.92%。

3. 从总收益角度看，节能建筑比不节能建筑的工程总收益增加6.73%。

潍坊华东房地产办公小区1#楼示范工程采用的太阳能送暖系统需设备费19.5万元，而根据省地物价水平集中供暖需42.6万元，节省设备投资23.1万元。该工程总造价为250.8万元，太阳能热水系统需投资5.8万元，占工程造价的2.3%。

从以上分析可看出，太阳能建筑比分户热计量节能建筑的投资增量少。

(三) 各类太阳能建筑与一般建筑使用成本变化

太阳能建筑较一般建筑的运行费用都低很多，下面以示范工程为例说明：

1. 太阳能地能中央空调设备与城市集中供暖、分体空调相比，冬季、夏季运行费用低，运行费用每年每平米节省 60 元/m^2，与电热水器为用户提供热水的运行费用相比，运行费用每年节省 78000 元。

2. 福建省南平武夷花园太阳示范工程所使用的全天候聚光式太阳能供热系统与电热水器运行费用相比见表 7-1。

全天候聚光式太阳能供热系统与电热水器运行费用比较　　表 7-1

	户均日用50℃热水	设备投资	年加热费用	年节约运行费用	投资经济回收期
电　热　水　器	200 升	900 元	1500 元		
全天候聚光式太阳能供热系统	200 升	3600 元	≤300 元	1200 元	2.3 年

资料来源：建设部节能中心，2004。

3. 潍坊华东房地产办公小区 1# 楼示范工程节省设备运行经常费用由于能耗降低和设备容量降低，导致设备运行经常费用降低。下面以该示范工程的 A 户型(建筑面积 139.4m^2)为例进行分析：

(1) 阳台栏板式太阳能送暖系统

强日照时间每天按 8 小时计，需开风机(功率 0.06kW)，运行费用为 0.06×8×0.52=0.25 元/天；弱日照时间每天按 5 小时计，需开电热膜(功率 0.6kW)和风机(功率 0.06kW)，同时运行费用为(0.06×5+0.6×5)×0.52=1.72 元/天；根据气象资料，本地区每个采暖期雪天数为 15 天，其运行费用为(0.06×13+0.6×13)×0.52=4.46 元/天；本地区每个采暖季(上一年 11 月 15 日至下一年 3 月 10 日)运行总费用为(0.25+1.72)×100+4.46×15=263.9 元，每平方米运行费用为 263.9/139.4=1.89 元。而本地区集中供暖每平方米收取费用 20 元。

由此计算出该示范工程使用太阳能送暖系统每年可节约费用(20−1.89)×3135=56774.85 元。

太阳能送暖系统与集中供暖相比投资经济回收年为 194920/56774.85=3.43 年。

(2) 分离式太阳能热水系统

根据国家相关标准规定，每人每天供应热水量为 100L。正常日照条件下，太阳能热水器运行时不产生运行费用，遇雨雪天气时，使用电加热棒辅助加热。按气象资料该地区年降雨日数为55.5天，年降雪日数为15天，在使用电热棒(功率2kW)加热100L水至45℃时，每平方米建筑面积每年约需1.46元，也就是使用太阳能热水器每平方米每年运行费用计算：$T=C\cdot M\cdot\Delta t/(420\cdot W)=4186\times100\times20/(420\times2)=2.77$小时，费用为2.77小时×2kW/小时×0.52元/度×(55.5+15)天/139.4m^2=1.46元(山东省生活用电单价为0.52元/度，下同)。若使用电热水器(通常功率1.5kW)供应热水，满足每人每天供应热水量100L时，每平方米建筑面积每年运行费用计算：$T=C\cdot M\cdot\Delta t/(420\cdot W)=4186\times100\times20/(420\times1.5)=3.7$小时，费用为3.7小时×1.5kW/小时×0.52元/度×365天/139.4m^2=7.56元。两者相比。该示范工程使用太阳能热水器每年可节约运行费用(7.56－1.46)×3135=19123.5元。

太阳能热水系统与电热水器相比，设备投资额投资经济回收年为57700/19123.5=3.02年。

(四) 太阳能建筑较常规建筑节约折合的标准煤数

2000年我国既有房屋建筑面积共计376亿m^2，预计2005年将达到433亿m^2，折算建筑南立面阳台墙栏板(或窗下墙位置)的面积约为47.26亿m^2。如果将这些建筑部件用热管平板式太阳集热器产品装配，并按有效采用面积系数85%，有效收集太阳能，依据2001年全年的实际检测数据结果计算，折合标准煤3.24亿t；如果同时利用全国建筑物的屋顶面，折算面积约为77.33亿m^2，折合标准煤3.3亿t。阳台墙和屋顶面两项总合为标准煤6.54亿t。该数值相当于2000年全国总能耗量的47.08%；相当于建筑商业能耗量的1.84倍。因此，太阳能建筑节约燃煤的效果是显著的，下面以示范工程为例说明：

1. 山东德州皇明园林式住宅小区2#楼屋面集热器面积97m^2，提供的热水每年可以节约12t标准煤；太阳采暖建筑每年可以节约84.4t标准煤(如果进行经济寻优，每年约可以节约100t以上标准煤)，在同等性能价格比的基础上，每年可节约电能80%以上。示范工程集热器总面积644m^2(不计别墅)，提供的热水每年可以节约80t标准煤，太阳采暖建筑每年可以节约380t标准煤(如果进行经济寻优，每年约可以节约400t以上标准煤)。

2. 福建省南平武夷花园聚光式太阳能示范工程中，使用太阳能每平方米热水器集热器每年可节约燃煤 125kg。

3. 太阳能地能中央空调工程每年可节约 40t 标准煤。

4. 潍坊华东房地产办公小区 1# 楼示范工程采用的分离式热水系统，按太阳能集热技术与建筑一体化结合的试点示范工程技术经济指标要求，供热水量为 100L/人・天，每支标准真空管供热水为 6L，每户按 20 支设置真空管。太阳能热水器水温最低为 45℃，最高可达 90℃。根据以上数据可测算出太阳能热水器日平均得热量为 7.64MJ/m^2，本地区年日照天数为 294.5 天，全年总得热量：7.64×294.5＝2544.48MJ。按锅炉热效率 60%，煤燃烧值 32MJ/kg，可计算出每平方米太阳能热水器供热水量相当于燃煤：2544.48/(32×60%)＝127.5kg。

该示范工程采用的阳台栏板式太阳能送暖系统(辅助电热膜)加热空气供给。经热负荷计算，工程热负荷为 45.1W/m^2，每户太阳能送暖器集热面积为 5.8m×1.2m＝6.96m^2，热效率为 80%。由 $\Delta O=C \cdot M \cdot \Delta T$ 可计算出每户太阳能送暖器可得热 16704 大卡，每户实际采暖面积为 101m^2，本地区每天采暖时间约为 8 小时，由太阳能送暖器所担负的热负荷：16704×1.163×80%/8/101＝19.4W/m^2。因此太阳能送暖器对采暖能源的贡献率：19.4/45.1×100%＝43%。

(1) 综前所述，该工程太阳能热水器供应热水，每户用于全年生活热水所节省的燃煤为 127.5×3.6＝462.6kg。

(2) 查相关资料，利用普通燃煤锅炉供应生活热水，每户用于全年生活热水所需燃煤为 1216.8kg。

(3) 因此，该工程在生活热水方面节能为 462.6/1216.8×100%＝38%。

(4) 如前所述，该工程由太阳能负担的采暖热负荷为 19.4W/m^2。

(5) 每户采暖时热负荷经前述计算为 45.1W/m^2。

(6) 在用于采暖时，该工程太阳能采暖器节能为 19.4/45.1×100%＝43%。

综合以上结果，该工程在热水和采暖两方面综合节能率为 0.38×0.43×100%＝16.3%。

(7) 耗煤量降低

建筑采暖耗煤量指标是衡量建筑物节能效果的另一大指标。该示范工程由于采用太阳能送暖器送暖，极大地节省了煤耗。潍坊地区每个采暖季雪天约为15天，每天利用太阳能采暖8小时，无日照时间约为5小时，每户折算耗煤量为495kg，则本示范工程每年在通用设计能耗基础上节能煤耗：(1－495/2250)×100％＝78％。

5. 在黑龙江省望奎县进行的太阳能保温建筑节能的试验中，比较改建前后用煤量，总节煤量为5575.29kg，每个采暖期节省燃煤费用446元，改建的投资在3～4年即可收回。

6. 甘肃省合作师专的太阳能校舍建设，据测算，每年可节约燃煤近2000t，燃料及相关费用50万元；可减少煤渣排放量592t，减少烟气排放量4950万m^2。

7. 云南丽江滇西明珠五星级花园酒店使用的模块化条形平板建筑构件型新元热板太阳节能热水系统，每年可获得卫生热水71400t，以系统寿命20年计，系统寿命期可获得卫生热水1428000t，该系统在不同太阳资源地区人均安装1m^2太阳集热器的年节能率见表7-2。

新元热板太阳能热水系统在不同太阳资源地区的年节能率　　表7-2

等级	太阳能条件	全年日照时数	全年总辐射能（万 kcal/m^2）	地　区	年节能率
一	最富区	3200～3300	160～200	宁夏北、甘肃北、新疆东南、青海西、西藏西	＞65
二	富区	3000～3200	140～160	冀西北、晋北、内蒙及宁夏南、甘肃中、青海东、西藏南、新疆南	＞58
三	中等	2200～3000	120～140	鲁、豫、冀东南、晋南、新疆北、吉林、辽宁、云南、陕北、甘东南、粤南	＞50
四	较差	1400～2200	100～120	湘、桂、赣、浙、鄂、闽北、粤北、陕南、黑龙江	＞42
五	差	1000～1400	80～100	川、黔	＞33

资料来源：建设部节能中心，2004。

年节能率计算：据国标GB 50015—2003《建筑给排水设计规范》取中间

值，每人每天热水定额为60℃热水60L，自来水水温按10℃计算，每人每天耗热量60×50=0.3万kcal，每人每年耗热量0.3×360=108万kcal，太阳热水系统国标合格产品平均日效率约45%，太阳资源五级地区年平均简算最少得热量80×0.45=36万kcal/m²，年太阳节能热水系统节能率36/108≈0.33=33%。

（五）太阳能建筑减少化石燃料的总价值量

太阳能建筑减少化石燃料的价值量与能源价格直接相关，我国2003年6月的煤炭市场价格见表7-3所示。取2003年6月烟煤和无烟煤的平均价255元乘以太阳能建筑较常规建筑节约折合的标准煤数即得出太阳能建筑减少化石燃料的总价值量。如：山东德州皇明园林式住宅小区示范工程集热器总面积644m²（不计别墅），提供的热水每年可以节约80t标准煤，减少化石燃料的总价值量=80×255=20400元，太阳采暖建筑每年可以节约380t标准煤，减少化石燃料的总价值量=380×255=96900元。

2003年6月煤炭市场价格行情分析表 **表7-3**

产品名称	各月平均价格（单位：元）			
	本　期	上　期	去年同期	去年末
烟煤（优混）	250	252	247	251
无烟煤（优混）	260	265	263	267

资料来源：中华人民共和国商务部，重要生产资料的价格

建筑物使用的电能大部分来自热电厂，而热电厂是用燃煤发电，因此从太阳能建筑节约电能的价值也可间接地看出其减少化石燃料的价值量，下面以示范工程为例说明：

1. 云南丽江滇西明珠五星级花园酒店使用的模块化条形平板建筑构件型新元热板太阳节能热水系统，其酒店工程部提供的2004年用电情况数据如下：

一月份：1067880度（太阳节能系统未投入使用）

二月份：537320度（部分太阳节能系统投入使用）

三月份：394120度（太阳节能系统正常投入使用）

四月份：458840度（太阳节能系统正常投入使用）

注：3、4月份住房率较高。

根据丽江太阳能资源状况，3、4 月份每平方米太阳能可节电 2.7 度，3329.2m² 太阳节能系统全年可节电 280 万度。若取北京市目前的电价 0.48 元/度，则节电价值为：280×0.48＝134.4 万元。

2. 2003 年福建省三明聚光太阳能有限公司对福州英华学院的聚光式太阳能热水工程进行跟踪测试，该系统由 120m² 聚光集热器，2 台 2.2kW 空气源热泵，1 台 60kW 的电热锅炉（为二级保障），不论何种气候日供 15t≥50℃的热水，扣除学生放假及休息日，理论上测算，单靠电加热至少需要 18 万度电，采用这套系统运行一年实际用电为 8200 度，节约能耗 95%，共节电 180000－8200＝171800 度，节电价值为 171800×0.48＝82464 元。

（六）太阳能建筑的投资经济效果计算方法

在建设部建筑节能中心制定的建筑一体化结合的太阳能集热技术工程类试点示范技术经济要求中提出的经济指标如下：

（1）用太阳能按有关标准全天候为建筑物提供热水，增加投资不超过 3%～5%；

（2）太阳能热水供水系统与电热水器运行费用相比，投资经济回收年≤5 年。

评价经济效果的指标确定之后，还要进一步研究进行经济效果分析计算的方法。

1. 投资回收年限法

这个方法主要考虑太阳能技术措施在投资和收益两方面的因素。如果太阳能设施的一次投资为 K 元，每年获得的净收益为 My 元/年，则回收总投资所需要的年数为

$$T = K/My$$

若 T 小于或等于国家规定的标准偿还年限 T_0，则认为该太阳能技术措施在经济上是合理的。

2. 年计算费用法

对两个或两个以上的方案进行比较时，可用计算费用法进行比较。

$$Z = S + aK$$

式中　Z——方案的年计算费用；

S——方案的全年运行费用；

a——国家标准投资效果系数；

K——方案的投资额。

式中的第 2 项表示由于该技术方案占用了国家资金而未能发挥相应的生产效益所引起的每年损失费用。可见，年计算费用就是某一方案的全年运行费用加上按国家标准投资效果系数分摊给每年的投资额的总和，计算费用最小的方案是最经济的方案。

投资效果系数 a 反映了国家或部门投资的平均效果。也可以说，它是将初始投资额 K，换算成在标准偿还年限 T_0 的平均等效费用的折算系数，a 与 T_0 密切相关。a 或 T_0 是费用计算的重要参量，对方案的取舍有很大影响。a 或 T_0 应按部门和行业分别确定，因为不同部门和行业的生产性质和技术经济特点不同，不能制定统一的 T_0 或 a 值。

太阳能建筑试点示范工程的经济指标基本达到要求，投资经济回收年≤5年：

① 潍坊华东房地产办公小区 1# 楼示范工程采用的太阳能送暖系统与集中供暖相比，投资经济回收年为 3.43 年。

② 福建省南平武夷花园太阳示范工程所使用的全天候聚光式太阳能供热系统投资经济回收期为 2.3 年。

③ 太阳能地能中央空调设备的多余投资回收年限不超过 5 年。

④ 山东德州皇明园林式住宅小区 2# 楼投资回收期，见图 7-1。

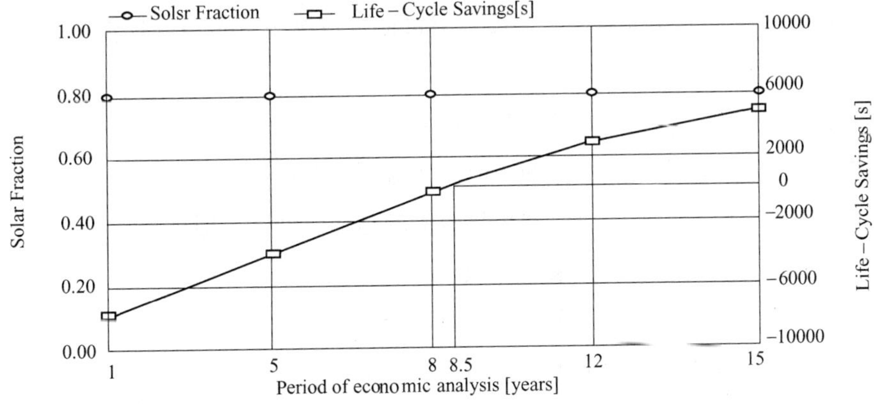

图 7-1　山东德州皇明园林式住宅小区 2# 楼投资回收期

按价格 18000 元计算，投资回收期约 7.5 年。

（七）户用太阳热水器经济评价

建筑中应用的太阳能光热利用技术是最成熟的，太阳热水器是光热利用的典型，太阳热水器在昆明地区已得到了广泛的应用，几乎成了住宅、宾馆等的必备装置。下面以昆明地区为例对太阳热水器进行经济评价。

1. 成本与效益分析

通过对项目寿命期内成本和效益的分析、比较，来判断项目的优劣，从而对项目进行决策和取舍，这个方法称为成本效益分析法。在该分析法中，用净现值、内部收益率和益本比 3 个指标进行项目决策。

昆明地区使用的家用太阳热水器，大多采用铜铝复合平板集热器，采光面积一般为 $4m^2$。下面我们以安装一套采光面积为 $4m^2$ 的家用太阳热水器为例进行分析。在分析中采用 2003 年的市场价，运行成本取初始投资的 1%。

家用太阳热水器的初投资如表 7-4 所示。

$4m^2$ 家用太阳热水器初始投资 表 7-4

项目	储水箱	集热器	支架	其他零部件	安装费	合计
金额(元)	530	640	100	150	80	1500

太阳能并非商品能源，其价格不能直接确定，只能用其他能源的替代成本来估算。本文以煤炭的替代成本计算家用太阳热水器的年经济效益，其方法是把每年获得的实际有效太阳能辐射量换算成燃煤灶对应的煤消耗量，再根据煤的价格来计算。

$$P=(E\cdot F\cdot S\cdot G\cdot Y)/(q\cdot z) \quad (1)$$

式中 P——家用太阳热水器的年经济效益，元/a；

E——照射在太阳热水器集热板上的总辐射强度，$kJ/(m^2\cdot a)$；

F——太阳能热水器采光面积，m^2；

S——太阳能热水器平均热效率，%；

G——太阳辐射能全年可利用系数，%；

Y——燃烧值为 q 的煤炭价格，元/kg；

q——当地市场销售煤的燃烧值，kJ/kg；

z——燃煤灶平均热效率，%。

根据昆明地区的具体情况确定下面的数值：$E=5.72\times10^{6}\text{kJ}/(\text{m}^{2}\cdot\text{a})$；$S=50\%$；$G=58\%$；$Y=0.22$ 元/kg；$q=1.6385\times10^{4}\text{kJ/kg}$；$z=35\%$。将这些数据代入公式(1)(取残值为 50 元)，则得 $P=245.50$ 元/年。

2. 经济评价

以用户的角度看，用户只需初始投资 1500 元，每年支出运行费用 15 元，每年便可获得 254.50 元的收益。假设太阳能热水器的平均使用寿命为 15 年，残值为 50 元，社会折现率 i 为 10%，则家用太阳热水器的财务现金及评价结果见表 7-5。

4m² 家用太阳热水器财务现金流表(元) **表 7-5**

年份	初投资	运行成本	总成本	总成本现值	收益	收益现值	净收益	净收益现值
0	1500.00		1500.00	1500.00			−1500	−1500
1		15.00	15.00	13.64	254.50	231.36	239.50	217.72
2		15.00	15.00	12.40	254.50	210.33	239.50	197.93
3		15.00	15.00	11.27	254.50	191.21	239.50	179.94
4		15.00	15.00	10.25	254.50	173.83	239.50	163.58
5		15.00	15.00	9.31	254.50	158.02	239.50	148.71
6		15.00	15.00	8.47	254.50	143.66	239.50	135.19
7		15.00	15.00	7.70	254.50	130.60	239.50	122.90
8		15.00	15.00	7.00	254.50	118.73	239.50	111.73
9		15.00	15.00	6.36	254.50	107.93	239.50	101.57
10		15.00	15.00	5.78	254.50	98.12	239.50	92.34
11		15.00	15.00	5.26	254.50	89.20	239.50	83.94
12		15.00	15.00	4.78	254.50	81.09	239.50	76.31
13		15.00	15.00	4.34	254.50	73.72	239.50	69.38
14		15.00	15.00	3.95	254.50	67.02	239.50	63.07
15	−50	15.00	−35.00	−8.38	254.50	60.93	289.50	69.31
合计	1450.00	225	1675.00	1602.13	3817.50	1991.14	2142.50	333.62

由上述现金流表可得出 3 个经济指标，即净现值(NPV)、内部收益率

(IRR)和益本比(B/C)。净现值为各使用年份(含投资年)的净收益现值之和。

内部收益率(IRR)由以下公式算出：

$$\sum_{t=0}^{n}(B_t - C_t)(1 - IRR)^{-t} = 0 \tag{2}$$

式中　t——年份；

B_t——第 t 年收益，元；

C_t——第 t 年总成本，元；

$(B_t - C_t)$——第 t 年净收益，元。

益本比为各使用年份(含投资年)的收益现值之和与总成本现值之和的比值。

(八) 热泵供暖系统经济评价

热泵供暖系统可以采用两种方式进行供暖，第 1 种方式为地热换热器单独运行；第 2 种方式为地热换热器和太阳能集热器串联运行，即在白天建筑物热负荷较小时，热泵机组可以通过地热换热器吸取热量进行供暖；夜间热负荷增大，热泵机组出口水温降低，当热泵机组出口水温低于设定值时，地热换热器与太阳能集热器串联运行，这样可以减小地热换热器的设计长度。这种方案虽然减少了地热换热器的投资，却增加了太阳能集热器，因此该方案是否经济须做进一步地分析评价。

以济南地区建筑面积为 100m² 的住宅建筑为例，对 2 个方案进行比较。第一方案为完全利用地源热泵供暖。假定该建筑物的设计热负荷为 6kW，地源热泵机组的制热性能系数为 2.0，则地热换热器的热负荷为 3kW。假定冬季时的单位钻孔长度吸热量为 30W/m，则所需的钻孔深度为 100m，若每米钻孔的造价为 100 元，则地热换热器的成本为 10000 元。第二方案为太阳能集热器和地源热泵联合供暖。采用该种方案时，由于机组蒸发温度升高，机组的制热系数有所提高，设定制热性能系数为 2.5，则地热换热器和太阳能集热器承担的热负荷为 2.4kW。地热换热器的设计按照白天热负荷来设计，假定白天的热负荷为设计负荷的 60%，所需地热换热器钻孔深度为 48m，所以地热换热器的成本为 4800 元。在夜间运行时，假定由太阳能集热器承担 40%的负荷，夜间二者联合运行 10h，则太阳能集热器所需的集热量为

34560kJ，集热面积为 5.1m²。若单位面积集热器的价格为 600 元，则增加的太阳能集热器的成本为 3600 元，由于增加了太阳能集热器，系统的管路和设备均有所增加，因此二者联合运行总体成本基本持平，第二方案投资稍低。

但是第二方案具有下列的优点：①太阳能集热器在供冷、供热的同时还能提供生活热水，这也减少了用户的投资；②采用太阳能集热器辅助热源供热时，机组的蒸发温度提高，使得热泵压缩机的耗电量减少，节省运行费用；③在夏季夜间运行时还可以作为辅助散热设备，这减少了夏季向地下的排热量，使地温在数年内保持稳定，以保证机组在高效率下运行；④在冬季运行时由于蒸发温度提高，使得用户侧出水或空气出口温度上升，舒适性提高。综合比较，第二方案的经济性优于第一方案。

（九）太阳能建筑的经济可行性

为了进行太阳能建筑的经济可行性研究，首先对太阳能建筑的主要技术类型的资金运营状况进行分析，表 7-6 列出了这些技术与普通建筑技术经济运行各方面的比较，从中我们可以得出结论，太阳能建筑的各项技术具有较高的前期投入和较低的后期维护费用，它们有利于节约能源、节约资源，减少污染，因而经济回收期相对更短。

太阳能建筑主要技术类型的资金运营状况比较　　表 7-6

主要技术类型	前期投入	维护费用	节约能源	减少污染	经济回收期
被动式太阳能利用技术	低	低	较好	较好	短
太阳能热水技术	较高	较低	好	好	较长
太阳能发电技术	极高	较高	极好	极好	长

这些技术的优越性使太阳能建筑较普通建筑拥有更佳的综合效益。首先，太阳能建筑的经济效益优于传统建筑，它虽然有着更高的前期投入和建造费用，这主要是由太阳能建筑的技术复杂性以及各种附加设施决定的，但由于它对太阳能资源的高效利用，可节约更多的后期投入和维护费用，从而缩短了经济回收期；其次，太阳能建筑拥有更加自然的表现形式和更加舒适的生活环境，带给人们长久的精神愉悦和身心健康，从而大大提高了人们的生活质量和工作效率，产生了巨大的社会效益；特别是太阳能建筑的环境效益是传统建筑所无法比拟的，其主要体现在太阳能建筑是无废无污或少废少

污，环境效益更多地属于隐性效益，不直接产生经济价值，却能保证经济价值的可持续获得，因此更加值得我们重视。

太阳能建筑虽然拥有如此高的效益，但是在实际工作中却举步维坚，这主要是传统的经济观和价值观的片面性造成的。在传统的建筑经济可行性研究中，往往是以开发商的经济利益为出发点，重点放在投资数目、成本回收期、利益产生期等的估算，从而忽视了建筑的社会效益和环境效益，这种经济可行性的研究是非常片面的。

随着绿色时代的到来，我们应该更长远、更深入、更全面地探索太阳能建筑的经济价值，不仅顾及局部的效益，而且更大限度地寻求整体效益；不仅着眼于短期利益的获得，而且保证长远利益的持续获得。这种经济观和价值观不仅包含直接的经济效益的计算，而且将隐性的社会效益和环境效益作为经济价值的重要组成部分，它以太阳能建筑所产生的综合效益为衡量标准，无论从哪一方面讲，太阳能建筑较普通建筑都有无比优越的经济可行性。然而，在现实生活中并非如此，往往一种新的技术的短期效益并不明显高于传统技术时，即使它有更好的长期效益，也很难为人们所接受。这一方面是受人们急功近利思想的影响，而更大的原因是由于旧的分配制度不适应新的技术特点，具体说就是利益的产生和分配的脱节。对于开发商来说，太阳能建筑增加了前期投入，甚至损失了建筑面积，而太阳能建筑带来的后期回报大多由社会和使用者所分享，作为利益创造者的开发商却收效甚微，得不偿失。面对这种情况，一方面我们需要制订相应的法制法规，保证太阳能建筑的实施与推行；另一方面需要优化利益分配，完善相应的奖惩措施；此外，还要加大宣传力度，提高人们的认识水平，使人们在建筑活动中自觉地应用太阳能技术设计的方法。这样在太阳能建筑的发展中，才能迈出从可行到推行的关键一步。

第四节　太阳能建筑投资模式创新研究

一、美国绿色建筑地方政府融资模式创新研究

太阳能建筑属于绿色建筑的一种，国外对绿色建筑投融资模式的研究将

给我们带来某些启示和借鉴作用，这里我们以美国绿色建筑地方政府融资方式创新作为重点研究对象。

与其他任何投资项目一样，地方政府也必须为先进的绿色建筑提供所需要的资金，而且经常不能从已经不足的预算中支取。

地方政府有多种可以互相替代的融资形式，包括从头开始注入现金流在内。传统的融资方法包括为建筑系统分配地方政府资金、发行债券，或提供贷款。可供选择的融资方法包括第三方融资和租赁-购买协议。

(一) 自筹资金

节约资源的建筑物的自筹资金来自运营基金或基本建设基金的预算津贴。这种方法花费了紧缺的财源，但是也允许地方政府保有对系统运作的控制，以及获取所有节约的金钱，它们可以被用来清偿项目的债务。对于节约能源等环境措施，可以将基金划归基建预算，这样，开支就包含在投资中，而不是运行费用。

一些地方政府和市政机构已经建立了周转性借贷基金，其中将节约能源收益的一定百分比重新投入新的节能项目。这样，最初的一笔投资本质上变成了环境捐款，依靠一个项目节约能源的收益为另一个项目的设立提供资金。这就使得节约能源的收益能够通过建筑物的不断改造和为建筑物购买高级节能系统而不断增加。

(二) 直接借贷

依靠直接借贷为项目提供资金能够不增加政府的基建预算。地方政府可以向商业银行、养老基金、保险公司或其他金融机构借款，然后利用从接受资金的项目所节约的钱来支付融资费用。如果地方政府保持对项目的控制，并接收所有节省的费用，这也就能够估计项目所有的风险。

债券与贷款类似，而且通常利率较低，因为其收益是免税的。债券的管理通常比贷款更复杂，因为法律费用和程序会涉及到各个方面。普通契约债券是发行债务的典型手段，一般需要经过全民公决。收益债券以将来从接受资金的项目中获得收益的直接预期的形式发行，一般用于为大型项目集资，其能源的节约和销售能够相对确定地进行规划。

(三) 租赁—购买协议

租赁—购买协议为地方政府的节能项目提供了一种“现在节省，以后支付”的选择。通过这种安排，由第三方为节能项目提供设备，然后地方政府用通过节能计划获得的收益支付设备的费用。在租赁协议期满后，地方政府即拥有这些设备，或者可以用大大降低后的价格购买设备。这种方法的两个主要好处是租赁设备给地方政府是可以扣税的，以及因此可以获得一个较低的价格。另外，可以通过地方政府将租赁物从资产负债表中除去。

（四）第三方融资

公用事业公司、大型能源设备制造商，或者其他私营企业履行与国有或私营企业的合同，为节约能源的改造措施融资。这些第三方出资并安装一套节能系统，以在合同期限内分享节省能源的收益作为回报。在合同到期后，地方政府即拥有这套更加有效的系统，可以将其收益用于预算中的其他部分。表 7-7 列出了地方政府按合同与第三方融资者合作时不同的融资方法。

地方政府按合同与第三方融资者合作时不同的融资方法　　表 7-7

对能源提供者(融资者)的付款	优　点
固定百分比：“共享收益”方法，其中承包商(供应商)在一段约定时间内获取按照过去能源消耗量计算所节约的费用中一定的百分比	有明确的动机使承包商将效率提到最高。地方政府的收入随着承包商收入的提高而提高
直接偿付：承包商在一段约定的时间内获取所有的收益。通常称为“快速偿付”	地方政府能尽可能快地摆脱承包商，并从此以后能获取所有的收益
固定收益：在协议中保证地方政府有一定水平的收益。在一段约定的时间内，任何不足部分由承包商补足，超过部分支付给承包商	地方政府能够在合同期内作出精确的预算，然后在合同终止后调整到实际水平
固定费用：在这个“节能”协议中，承包商为能源供应支付约定的费用。如果建筑物耗能较少，承包商获取差额；如果建筑物耗能较多，则由承包商支付差额	这是按合同提供服务，使得地方政府能够事先做好他们的预算

因为较新的节能系统在其寿命周期内比旧系统更节能，一个改进的系统在节能上的收益一般大于每月为改进设备所支付的费用，这样就导致了较短的偿还期。在偿还期过后，新系统继续是获取收益的来源。

（五）能源服务公司

许多私营公司正在意识到在能源方面融资的潜在利益，并已经成为节能设备融资和安装方面的专家。这些企业被称为能源服务公司(ESCO)，其专业是用先进的能源设备来对建筑物进行改造。在许多情况下，能源服务公司是以赢利为目的的企业，能够为改造项目提供融资、计划和管理。

节能项目通常安排为节约能源的收益大于每月的融资费用，这样就为项目确立了现金流入。在有些情况下，市政当局自行安排融资，然后付款给能源服务公司安装系统，也可能同时对系统进行管理。在这种情况下，能源服务公司作为一个专业工程公司提供服务，收取费用。在许多情况下，能源服务公司安排融资(既可以通过其自身的财源，也可以通过第三方)。通过能源服务公司融资可能导致融资费用较高，因为能源服务公司得不到像通过市政当局融资那样的优惠利率。

能源服务公司对获得可能达到的最高效率感兴趣，这不仅是为了在将来获得合同，同时也因为他们从房产业主那里得到的付款，一般都安排为节能收益的一部分(如表 6-1 中所述)。在一个典型的计划中，能源服务公司将与业主分享所有的收益，或分享超过保证水平以上的收益。对于高风险的项目和罕见的情形，能源服务公司可能会要求在上述利润中获得较大的百分比。

能源服务公司一般在改造项目之前对能源开支进行审计，在项目完成后监督能源开支以保证节能收益。另外，能源服务公司将承担建筑物运行的全部或部分责任。市政管理者可能对这一安排感到不安，并担心市政职工被取代。如果一开始市政从业人员就包括能源服务公司，在以后的一段长时间内，对知识和专门技术的分享能够实际提高改造的效力和物业经理的经验。市政管理者及其工作班子参与整个改造过程(从审计到试运行)被认为对项目的成功是很重要的。

能源服务行业在过去几年中极大地成熟起来。现在许多公司为市政当局和私有房产业主提供内容广泛的服务。与能源服务公司签定合同的市政当局将会发现他们：

(1) 提供财务和技术的专家意见和经验；

(2) 保证节约能源，从而将财务风险降低到最小限度；

(3) 在某一范围内提供创造性的融资选择；

(4) 对建筑物的能耗进行审计，并对节能技术和措施提出建议；

(5) 承担监督和核实能源费用的管理责任。

二、房地产投资模式创新研究

太阳能建筑也是房地产的一种特殊类型，通过市场激励机制将引导房地产开发商把资金投向太阳能建筑。本节在对房地产主要投资模式进行研究的基础上，归纳总结出适合于房地产企业投资于太阳能建筑的模式。

自从国家实施宏观调控政策以来，房地产开发已基本上进入了一个理性发展阶段。由于房地产开发本身具有建设周期长、投资巨大且变现能力差等特点，单靠企业自身的资金积累，房地产开发工作将难以正常进行，企业必然要对外进行筹资。筹资的主要途径有银行借贷、发行债券以及发行股票等。就绝大多数企业而言，向银行借贷是其取得资金的主要渠道。我国房地产企业传统的融资方式为自有资金加银行贷款的融资方式。最近又出现了自有资金加信托计划以及股权融资加银行贷款的融资方式，此外还有自有资金加房地产投资基金、自有资金加债券筹资或股票筹资的融资方式等。

2003年下半年以来，房地产企业在探索一些更新的融资模式创新，特别值得关注的两个房地产企业创新的融资方式为：一个是开发商贴息委托贷款融资方式；第二种是利用信托＋房地产销售期权的方式进行融资，也是当前一种很好的融资创新模式。

（一）开发商贴息委托贷款

所谓“开发商贴息委托贷款”是指由房地产开发商提供资金，委托商业银行向购买其商品房者发放委托贷款，并由开发商补贴一定期限的利息，其实质是一种卖方信贷。开发商出资贴息贷款给购房者买房对承办的金融机构而言能够有效地规避金融风险。换而言之，风险的承担者由银行变成了开发商。

但“卖方信贷”对房地产开发商有三个方面的好处：第一解决了融资问题。开发商利用委托贷款进行融资的货币乘数模型 $E=A\times(1+20\%/80\%)n$。其中 A 为开放商初次投入的委托贷款预定金额，E 为获得回收总房款资金数量，n 为委托贷款的周转次数。由于开发商委托贷款提供房款80%的按揭比例，销售后回笼资金中增加了买房人20%的首付款。只要委托贷款周转三次，开发商利用这种方式可回笼资金几乎翻了一倍，低成本的融资对于开发商来说，既可作为销售利润归入自有资金，也可直接投入工程建设，特别是因为自有资金的提高能够更好地满足开发商30%自有资金的难题，更容易得到商业银行开发贷款，使得资金链更加的宽余起来。第二实现提前销售。按照央行121号文件的规定，开发商必须在“结构封顶”时才能取得商业银行的个人购房贷款的按揭，开发商从办好“四证”，并获得销售许可证，到“结构封顶”还需要平均1年左右时间，这个期间是开发商资金最为短缺的时间，大多数开发商资金断链是在此期间发生的。目前我国商品房销售中80%以上的购房者是靠贷款才能够买得起房子的，没有住房贷款的支持，房地产开发商很难把房子卖出去。依靠开发商贴息的委托贷款，可以很好地解决这一问题。第三，提供营销题材。商家贴息是很有诱惑力的市场营销题材，对于购房者来说，低价买期房再加上提前的贷款利息贴补，大大减少了购房者的成本，这种有实质性好处的市场营销更容易被购房者接纳。

(二) 信托＋房地产销售期权

此外，利用信托＋房地产销售期权进行融资是整合开发商、信托中介、商业银行及房产需求者资源，实现开发商销售股本融资，购房者投资购房双受益的融资方式。

开发商以协议销售的方式与购买者之间达成购房协议，购房款在取得销售许可证和按揭贷款前以购买“项目信托凭证”的方式支付给信托公司并取得信托公司的信托凭证和与开发商签订信托凭证到期购买期房的购房协议。融资成本估算在7.3%，优惠的购房价格和因购买信托凭证获取信托收益的双重优惠，对融资的成功产生可能，因此也不失为一种很好的融资创新。

(三) 房地产信托

房地产信托投资是基于商业信托组织形式，聚集多个投资者的资金，收购并持有房地产或者为房地产进行融资的一种投资方式。通过分析西方发达的房地产金融市场，可发现房地产信托是一种较为成熟的投融资运作模式，构成房产开发融资额的大部分，其中尤以美国、澳大利亚最为成熟。在我国，《信托法》、《信托投资公司管理办法》以及《信托投资公司资金信托管理暂行办法》(简称“一法二规”)的出台，使信托业具有较完备的从业依据和法律支持。但信托与房地产的结合仍是星星之火。随着房产“泡沫”的争论和监管层有关控制房贷风险文件的出台，房地产投资开发才开始积极寻求信托业的参与，在巨大的市场需求刺激下，推出了许多成功的房地产信托产品。2003 年全国房地产信托融资项目近 70 个，房地产信托资金的数额已超过 50 亿元。同时，信托对房地产商而言，具有其他融资渠道不可比拟的优势。首先，信托计划的发行根据“一法两规”的要求只需备案，不需要人民银行总行的批准，而其他任何一只基金、国债、债券、企业债都需要人民银行总行的批准。因此，通过信托的方式融资相对容易。其次，通过向公众售卖房地产信托产品的方式，开发商不仅筹集到了资金，也同时宣传了房产开发项目，对房产的后续营销极为有利。

(四) 房地产基金

国外的金融市场化程度比较高，在房地产业是通过房地产产业投资基金来运作。目前国内的金融市场机制不够规范和成熟，体制也不够完善，只有《证券投资基金法》，没有《产业投资基金法》。所以许多操作缺乏合理的法律依据。在此大背景下，一些房地产基金只能曲线迂回地进入房地产金融市场。比如在国外注册成房地产产业投资基金，回到国内改换成资产管理公司或投资公司，以信托的方式向房地产业注入资金。

房地产投资基金属于产业投资基金范畴，产业投资基金(REIT)是指投资于产业，主要对未上市企业进行股权投资和提供经营管理服务的利益共享、风险共担的集合投资制度。或者说投资基金是由基金管理人通过特定行业的经营权、债权、股权进行投资，来获取投资收益的一种载体。投资者通过购买基金管理公司发行的基金份额，间接投资于特定行业，获得产业增长带来的利益。在西方投资基金，如保险基金、退休基金、劳动保障基金等，都是房地产业直接融资的主要业务。对于银行而言，房地产投资基金的出现，可以为其持有的长期限的房地产抵押贷款，通过证券化形式提供一个资产变现的途径，将大量的房地产抵押贷款合同进行“打包”，销售给房地产投资基金，较好地解决银行资产期限结构匹配问题，从而提高银行资产的流动性。

1. 房地产投资基金的融资方式

通过房地产投资基金进行直接融资，实质上是一种股权融资。目前，股权融资主要有三种不同的方式，即分红；分红＋还款；分红＋期权。其中，分红是最常见的股权融资条件，即投资者作为股东投资于住宅开发项目或房地产企业，当融资者经营盈利时，按投资约定支付利润(分红)，而发生亏损时，则不支付任何回报。很明显，分红这种方式不具备什么创造力；“分红＋还款”对投资者来讲是具有吸引力的，根据合同约定在偿还本金前应按时分红，期满要偿还本金，这对融资者来说压力太大；目前在国外比较流行且值得国内借鉴的是“股权＋期权”的方式，即投资者、出资者各占一定股份，同时约定在未来某一时期再按照初期价格追加投资额度的选择权，这一选择对投资方吸引力很大，而融资方也几乎没有损失。在美国，房地产投资基金可以采取四种形式：第一种为消费型基金，汇集居民以住房消费为目的的住房资金；第二种是投资基金，汇集投资者的资金投资于房地产的基金，这种基金一般不直接从事房地产项目的开发，主要投资于房地产投资信托基金及开发企业实现间接投资；第三种是资产运营基金，以房地产投资信托基金为代表，直接运作房地产资产，而不进行项目投资；第四种是已经具备权益关系但尚未证券化的基金，主要表现为住房公积金和住房合作社两大类型，这对我们来说都是可以借鉴的。

2. 房地产投资基金募集的主要来源

发展房地产投资基金融资来源非常重要，国内民间金融资本应该大有文章可做。截止 2002 年 1 月底，全国银行个人储蓄已达 7.5 万亿元。若加上居民手中的现金、国债、外汇等，实际的民间金融资本已超过 10 万亿元。这是一个相当大的客观数字，然而大部分却没有进入投资领域，处于“休眠”状态。这种“无所适从”的局面，并非因它们没有投资欲望而造成，实在是无可奈何的选择。自 2002 年 2 月 21 日银行又一次降低存贷款利率后，现在城镇居民中有一些人已开始考虑利用手中存款进行投资的问题，但直接让他们把其中的一部分钱拿出来去参与某个项目的投资，由于风险和专业知识缺乏等原因，估计可能为数不多。发展房地产投资基金恰好能够满足城镇居民的这一需要。设立房地产投资基金可以把无数零星小额的社会闲散资金与短期消费资金转化为巨额的房地产中长期建设资金，使集资的间接性与投资的直接性有机地统一起来，由专门投资公司理财，寻找好的项目去盈利，在国家相应法律法规不断完善的情况下，也完全可能成为现实。二是借鉴西方经验，保险基金、退休基金、劳动保障基金都是直接融资的资金来源。比如我国社会劳动保障部在对退休基金监管中，也应与市场接轨。我们认为退休基金一般分为三部分，即一部分列为社保基金，一部分是社会劳动部门管理，而个人一部分应由私人管理。因此，前两部分再加上企业保险部分中可以提取的，组成投资基金交由专门机构理财将很有经济意义。

三、由开发商投资的太阳能建筑投资模式

在中国各大城市已建起了大量的诸如别墅类的高档住宅，高档住宅的消费者都是高收入家庭，同时也是价格不敏感群体。而且这部分消费者对居住环境的要求更高，对环保绿色的理念较易接受。因此，高档住宅是最适宜推广应用太阳能的建筑，增加一二十万的太阳能设施投资消费者也承受得起。高档住宅太阳能建筑可由开发商直接投资，打出环保绿色理念，对太阳能设施的投资最终由消费者支付。从理论上说，前述投资模式都可用于由开发商投资的太阳能建筑，但是哪些模式最适合，还需进一步的分析。监管层有关控制房贷风险121号文件的出台，增大了开发商从银行体系融资的难度，引进房地产投资信托基金比较适合于太阳能建筑这种短期效益差，长期效益好的投资。

(一) 美国房地产投资信托基金(REIT)

房地产投资信托基金(REIT)是1960年美国国会根据《房地产投资信托法案》的规定，按一定的法人组织形式组建而成的。美国的房地产投资信托业自20世纪60年代，经历了迅速发展、衰落、复苏、稳定发展的过程，现在美国大约有300个REIT，它们的总资产超过3000亿美元，大约2/3在国家级的股票交易所上市，已成为美国房地产证券化的主要形式。美国的房地产投资信托包括股权信托、抵押信托、混合信托三种形式。股权信托的投资业务主要是房地产的所有权(收购现存房地产或即将开发的房地产)，其投资人取得的是房地产的股份所有权；抵押信托的主要投资业务是房地产抵押放款，投资人取得的是抵押贷款债权；混合信托则兼有股权信托和抵押信托双重性质和特点。由于REIT在产权、资本、经营上具有的优势以及在税收上可能获得的优惠，其发展已为世人所瞩目，英国、日本等发达国家也纷纷效仿。

房地产投资信托基金实质上是一种证券化的产业投资基金，通过发行股份或受益单位，吸引社会大众投资者的资金，并委托专门的机构进行经营管理；通过多角化投资选择各种不同的房地产证券及不同地区、不同类型的房

地产项目和业务进行投资组合，有效地降低风险，取得较高的收益。到 1999 年 6 月止，在美国商业房地产权益融资中，REIT 就占到 37.7%。它之所以受到美国房地产业的如此青睐，与其特有的优势是分不开的。REIT 可免征公司所得税，而且在资本市场上具有较强的流动性。但 REIT 要成立并能投入运作必须满足一定的条件：①必须是公司、商业信托或其他一些类似的机构；②必须由董事会或基金托管人管理；③其股份可转让；④至少有 100 个股东；⑤后半个课税年度，任意 5 个股东(或更少)所持股份之和不能超过其股份总数的 50%；⑥至少有 75% 的资产投资于房地产；⑦至少有 75%的收入来源于房地产的租金收入及房地产抵押贷款的利息收入；⑧所得的收入中最多只能有 30%来自持有期未满 4 年的房地产及持有期未满 1 年的证券的销售收入；⑨应税所得中至少有 95%的部分以股利的形式分配给股东。

虽然 REIT 具有免税和高度流动性的双重优点，但其所能从事的业务却受到一定的限制，如：不能从事短期房地产投机交易，不能持有主要以交易为目的的房地产。REIT 欲售房地产，必须符合以下条件：①必须持有某项待售的房地产 4 年以上；②销售某项房地产之前的 4 年间，其发生的资本支出不得超过售价的 20%；③同一年间售出的房地产不能超过 5 项；④该房地产不是通过取消抵押品赎取权的方式获得的。

同时，因为 REIT 的受托委员会通常是由一些投资专家组成的，所以 REIT 从事的业务具有很强的专业性，他们专门从事某一类型的房地产投资，并对欲进行投资的那一类房地产进行详细充分的研究。例如，一些 REIT 会专门投资于旅馆，而另一些 REIT 会专门投资于受经济衰退影响而不得不贱卖的房地产。到 2001 年 9 月止，美国权益 REIT 市场投资的组成情况为：零售业占 24.38%，住宅占 20.34%，医疗区占 5.05%，写字楼占 17.91%，工业区占 6.43%，旅游景点占 5.3%，仓库占 3.28%，其他占 16.38%。

REIT 有许多不同的类型，主要可分为权益型、抵押型、混合型及有限期—自我偿付式四类。权益型 REIT 直接投资并拥有房地产，靠经营房地产来获得收入；抵押型 REIT 募集各种资金用于发放各种房地产抵押贷款；混合型 REIT 则兼有以上两种业务；而有限期—自我偿付式 REIT 则主要是在某一确定的期限内购买和经营资产，在期满时由董事会或受托委员会将所有的资产卖出来偿付债务，并将剩余的收益分配给股东。

(二) 房地产投资信托基金(REIT)之借鉴

结合考虑我国现阶段的国情，笔者认为引进 REIT 从宏观上可以深化我国的资本市场，可以降低房增贷款集中在银行体系的负担，可以引导市场资金回流银行体系。从微观上可以吸引大量的民间个人投资者，因为这可使他们无须直接拥有太阳能房地产就取得太阳能房地产投资的盈利机会，坐享分红。同时可引导房地产开发商从传统的以购地、开发、销售为主的业务形态，逐渐转向以长期经营管理为主的形态。鉴于目前我国资本市场发展状况，以发展权益型有限期—自我偿付式 REIT 为宜。

由于我国在发展房地产投资信托基金方面缺乏相关经验，建议可以借鉴美国 REIT 的发展经验并结合权益型有限期—自我偿付式的特点建立以下的运作模式：

1. 基金规模、期限

由于我国的房地产投资信托基金刚刚起步，缺乏相关的发展经验，所以基金规模不宜太大。规模太大对 REIT 的管理顾问公司要求就高，而且监管机构的监管也将存在一定难度；规模太小又不利于建立有效的投资组合，不能有效地降低投资风险。所以根据发展需求建立适度合理的基金规模对权益型有限期—自我偿付式 REIT 来说非常重要。另外其期限应以 10～15 年为佳。

2. 资金筹集

权益型有限期—自我偿付式 REIT 的资金筹集方式，应以公募为主。因为目前我国整个产业投资基金还处在探索阶段，如果大量采用私募方式筹资不利于 REIT 的规范发展，也不利于保护投资者利益。而公募方式由于有较严格的规定且在募集时受主管部门的严格审批，所以更符合现阶段发展权益型有限期—自我偿付式 REIT 的要求。

3. 组织形式

REIT 就其组织形式而言，可分为公司型和契约型两种。公司型的REIT 是根据《公司法》的要求组成的具有独立法人资格的投资公司，契约型的 REIT 则是以信托契约为基础形成的代理投资行为，基金本身不具有法人资格。这两种组织形式相比各有利弊，就发展权益型有限期—自我偿付式 REIT而言，如果 REIT 的规划比较大，投资领域也比较广，就应采用公司型组织形式，因为这有助于对基金资产的集中管理和规范操作。如果 REIT 的规模较小，业务投资又具有一定的专业性，那么可采用契约型组织形式，因为其更有利于风险控制。

4. 变现方式

REIT 可分为封闭式基金和开放式基金，开放式 REIT 不断发行新股票并将其销售给投资者，同时用经营收入来购买额外的房地产。而封闭式 REIT在发行原始股票和购买资产之后，则不再进一步发行股票，其现存股票的价值完全取决于 REIT 资产组合的经营业绩。权益型有限期—自我偿付式 REIT 的投资项目周期一般较长且需较强的稳定性，而且开放式 REIT 在发行新股时必须对现存资产进行评估以确定股价，多次的评估又比较困难(特别是权益 REIT)，所以封闭式更适合其发展。但要注意的是封闭式的 REIT 只能用小部分的留存收益(一般为 5%)或资产的折旧所产生的现金流量来购买额外的资产。

5. 投资管理

较好的投资管理不但有利于 REIT 自身的发展，也会给我国房地产市场的发展带来新鲜的血液，改善目前我国房地产市场上一些不良的发展状况，使我国的房地产金融市场和房地产开发市场走向“双赢”。借鉴美国经验，该类 REIT 的投资业务可向以下几个方面发展：

(1) 以股权的形式投资于未上市的房地产公司

我国房地产开发企业的资金来源中贷款和以预售款、定金为主的其他资金来源占有很大比重，这使我国房地产开发的平均资产负债率高达 70%以上，明显高于国际公认的 60%的标准。这大大降低了我国房地产开发企业抵御风险的能力，也不利于保护投资者的利益。将 REIT 的资金以股权的形式投入未上市的房地产公司可有效地改善其资本结构，降低高负债经营所带来的风险。

(2) 投资于实物性的资产

一种是较成熟的房地产项目(例如：写字楼、娱乐中心、购物中心等)，投资这种项目风险较小，经营收入也较稳定。第二种是一些地区受经济衰退影响贱卖的房地产，购买这些房地产之后，可根据当时经济发展状况的需要，对这些房地产进行改建，使其具有更有价值的用途以取得一定的经营收入。例如，美国新计划房地产投资信托基金就很善于选择一些贱卖的房地产，并将其改建成购物中心、小型超市、仓库等形式租给固定的承租人以获得经营收入。第三种是烂尾楼等房地产不良资产项目。因为REIT的管理人员有较强的专业性，具有将不良资产变成优良资产的本领。第四种是顺应可持续发展潮流的太阳能建筑等生态绿色型建筑。但是，特别需要注意的，我们在发展权益型有限期—自我偿付式REIT时，务必对REIT的业务经营范围有一定限制，因为我们发展REIT的目的之一应是鼓励中长期持有房地产，如果营业项目漫无限制，可以炒作或垄断房地产，那就毫无意义可言了。

(三) 太阳能建筑采用房地产投资信托(REIT)在我国发展的契机

从1979年我国第一家信托机构——中国国际信托投资公司成立开始，我国信托投资公司已经有了几十年的发展历史。为了规范信托业的健康发展，中国人民银行于2001年1月9日颁布了《信托投资公司管理办法》，九届全国人民代表大会常务委员会于2001年4月28日通过并颁发了《中华人民共和国信托法》，并对信托公司进行过5次清理整顿和重新登记，历经数年整顿的信托业逐渐显露出复苏迹象。2002年以来，随着重新获准登记的信托公司逐渐增多，信托产品创新逐渐进入高潮，到2003年5月份，重新获准登记的信托公司有52家，已投身市场的信托产品有57只，吸引了市场大批投资者。

央行出台121号文件为信托公司与太阳能房地产业的牵手创造了契机。从长远发展看，信托资金对太阳能房地产业的融资需求是一个很好的补充：首先，相对银行贷款而言，太阳能房地产信托融资方式可以降低房地产企业整体的融资成本，节约财务费用，而且期限弹性较大，有利于开发太阳能建筑的房地产公司的资金运营和持续发展，在不提高公司资产负债率的情况下优化公司结构。其次，信托可以提供多种方式的资金供给，比如为房地产企业本身运营需求或项目针对性强的资金信托、以贷款模式介入太阳能房地产、以股权投资模式介入太阳能房地产，市场供需双方的选择空间较大。第三，信托产品的流动性和证券化发展空间大，可以在一定程度上缓解系统风险，为多类型投资者提供新的投资产品，并在贷款证券化上做有效尝试。第四，信托产品集合的是民间资金，一般房地产商在获得土地批文后就可以信托融资，进行拆迁等前期投入，节约时间成本，同时也可分流部分银行储蓄，减轻银行系统的经营负担。总之，房地产投资信托具备成为太阳能房地产业资金供给主流渠道的特性和条件，在银行紧缩信贷的政策环境下，房地产投资信托作为我国房地产速效途径的创新，已成为房地产融资的新宠，更适合于太阳能建筑这种特殊类型的房地产。

(四) 促进我国太阳能建筑采用房地产投资信托(REIT)的措施

为了促进我国太阳能房地产投资信托稳步、健康地发展，创造一个良好的发展环境，我们在借鉴美国等发达国家成功经验的基础上，应结合我国房地产及信托业的发展现状，从以下几个方面采取措施：

1. 现有政策的调整

目前，我国房地产信托的品种和数量很少，房地产开发商难以通过信托方式“融”到“大钱”，不能满足太阳能建筑开发商的融资需求。政策上的“瓶颈”是制约太阳能房地产信托发展的主要障碍。例如集合资金信托 200 份的限制，相当于提高了投资者的门槛，很多普通投资者被拒之门外，只能望“门”兴叹，从而影响整个信托资金的规模。国家应遵从市场经济运行规律，尽快解除集合资金信托 200 份的限制。事实上，一些信托公司已经开始信托融资的创新，合理规避了 200 份的限制。中煤信托和北京国投推出的“荣丰 2008 项目财产信托优先受益权”和“盛鸿大厦财产信托优先受益权”两个信托产品，就是其中较好的例子。

2. 扩大 REIT 公司的数量和规模

目前，我国重新注册的信托公司仅仅 52 家，一年多来有 25 家信托公司发行了近 50 个房地产信托计划，总规模为 60 亿元左右。而我国的房地产开发企业多达 3 万家，截至 2003 年 4 月底，房地产贷款余额达 1.836 万亿元。因此，以目前的信托融资的数量和规模，对太阳能房地产融资而言，更是杯水车薪，望梅止渴。

为了扩大 REIT 公司的数量和规模，国家可以明确税收政策和相关规定，鼓励大量的机构投资者成为信托公司的主要投资人；鼓励目前的房地产投资基金转换成 REIT，允许其发行房地产基金、房地产债券、房地产所有权凭证等多种融资工具；明确规定所筹集资金需求投资于房地产项目，从而解决个人投资房地产的渠道。

3. 建立房地产信托产品的二级市场

建立和完善房地产信托产品的二级市场对信托的发展非常重要。美国目前大约有300多个房地产投资信托，总资产超过3000亿美元，其中大约2/3在国家级的股票交易所上市。而目前我国对信托产品却有一条规定，即不能通过公共媒体进行营销宣传，从而导致信托产品的公众认知程度和受众比银行储蓄、国债、证券投资基金都要差很多，如果一旦需要进行转让，成本会非常高。国家可以调整对房地产信托的监管制度与模式，增加房地产信托产品的流动性，通过直接上市等方式，建立高效、透明、完善的房地产信托产品二级市场。

4. 完善REIT的法律环境

美国REIT的蓬勃发展和有效运转，取决于一整套完善的法律法规体系。美国监管当局专门建立了一套针对房地产信托的监管制度，严格限制信托控制权过于集中、资金来源、资金投向和收益分配，依靠市场机制和监管制度的设计防范风险；在税收方面，建立了专门的税收品种并给予特别的税收优惠。完善而严格的法律体系使美国房地产的运行真正实现了“资本大众化、产权证券化、经营专业化”。我国陆续出台的《信托法》、《信托投资公司管理办法》、《信托投资公司资金信托管理办法》，基本上解决了信托公司今后规范和发展的一些根本性的问题，为我国信托市场构筑了基本的制度框架，但相关的配套制度和实施细则仍需进一步充实和完善。对于太阳能建筑采用房地产投资信托的发展而言，当务之急是制定房地产投资信托基金(REIT)法，确定REIT的税收制度、财务会计制度，保障投资者的利益。

5. 制定REIT税收优惠政策

由于经济危机和房地产市场萧条，美国的房地产投资信托业务在20世纪70年代陷入了低潮。80年代后，美国对税收法案进行了修订，使房地产投资信托的避税优势得以发挥，从而促进了房地产投资信托的回升，并于90年代初达到历史最高水平。为了促进我国REIT的发展，我们可以借鉴美国的经验，对REIT给予某些税收上的优惠，同时也对REIT采取某些限制性条件。

我国目前的房地产投资信托还较稚嫩，信托产品普遍规模小，回报率低，盈利模式和信托产品还需要进一步创新。但是，随着中国金融市场的逐步成熟，信托业的成长壮大与房地产业的规范，我国房地产投资信托必将迎来广阔的发展前景，并将成为太阳能房地产融资的主要渠道之一。

第五节 我国太阳能建筑投资模式的创新设计

一、节能服务公司

（一）节能服务公司和合同能源管理的基本概念

我国是世界上仅次于美国的能源消费大国，同时也是能源效率低下，能源浪费最严重的国家之一。随着经济体制改革的深入发展和政府职能的转变，节能机制由节能主管部门、各级节能服务机构和企业节能管理部门三位一体的能源管理模式也必须随之转变，节能领域必须引入市场机制。节能由原来的政府行为转变为企业行为，节能的阻力主要来自于节能投资的市场障碍，多数企业往往把主要注意力放在扩大生产和增加产品的市场份额上，并不十分重视节能，使得大量节能项目难以实施。为此，国家经贸委与世界银行和全球环境基金(GEF)合作实施了“世界银行/全球环境基金中国节能促进项目”，目的是通过引进、示范、推广基于市场运作的“合同能源管理”机制，最终在全国范围内形成一支基于市场化运作的节能服务产业队伍；提高能源效率，减少能源消耗和减少温室气体的排放。而作为节能概念的全新创举，合同能源管理在为客户实施节能项目的过程中，承担了与项目实施相关的所有前期投入和大部分的风险，解决了当前推广节能项目最大的难题。

EMC(Energy Management Company)是一种基于合同能源管理和新运行机制的节能服务公司，中文译为“合同能源管理控制专业化节能服务公司”。节能项目投资机制——“合同能源管理”是市场经济的产物。其实质是：耗能单位以节约的能源费用来支付节能项目全部成本的节能投资方式。这样一种节能投资方式允许用户使用未来的节能收益为工厂和设备进行节能升级，降低目前的能源成本。

“合同能源管理”是自20世纪70年代中期以来，开始在发达的市场经济国家中逐步发展起来的，而且，基于这种节能新机制运作的专业化的“节能服务公司”(在国外简称ESCO，在国内简称EMC)的发展也十分迅速，尤其是在美国、加拿大和欧洲诸国，EMC 已经发展成为一种新兴的节能产业。

合同能源管理机制的基本概念和 EMC 的性质：

(1) EMC 是以盈利为目的的专业化节能服务企业，按合同能源管理机制为客户实施节能项目，项目的节能效益占项目总效益的一半以上。

(2) EMC 与客户签订节能服务合同，保证实现承诺的节能量；从分享项目的部分节能效益收回投资并获取利润。

(3) EMC 向客户提供从能源审计、改造方案设计和可行性研究、施工设计、项目融资、设备及材料的采购、项目施工、节能量检测，直至改造设备的运行、维修及人员培训等项目的全过程服务。

(4) 在合同期内，改造设备为 EMC 所有，EMC 分享的效益足额到账。合同结束后，节能设备和全部节能效益移交给客户。

(5) 在合同期内，客户的支付和收益全部来自项目的效益，所以，客户的现金流始终是正值。

(二) EMC 的优势

EMC 的出现，促进了全社会节能项目的实施，优势主要体现在：

1. EMC 基于市场机制运作

北美的 EMC 并不是在国家的特殊经济鼓励政策(如政府特殊补贴，优惠贷款等)的支持下发展起来的，它将合同能源管理机制用于技术和财务上可行的节能项目中，使节能项目对客户和 EMC 都有经济上的吸引力。在市场经济中，项目的投资利润率就是投资的动力，也是 EMC 存在和发展的基础。

2. EMC 克服了节能的市场障碍

许多经济学家的调查表明，即使在成熟的市场经济中，人们对节能项目的投资回报率的要求要比一般建设项目的要求高很多。此外，在市场经济中，企业家首先注意的是产品的市场，其次才注意生产成本对产品的市场竞争力的影响，如果能源成本在生产成本中不占重要地位，他们对节能往往不太重视。EMC 的融资功能解决了项目的投资来源，EMC 的高效服务可以大大减少项目成本，同时 EMC 以保证节能量、节能效益分享等方式减少了客户的风险，并克服了节能的市场障碍，使得节能项目得以普遍实施。

3. 节能产业化

EMC 是专业化的节能服务公司，在实施节能项目时具有项目管理和专业技术服务等多方面的专业化优势。这些优势使它有广阔的市场，能通过实施节能项目获得可观的利润，从而可以滚动实施更多的节能项目，使自己不断发展壮大，形成节能的产业化。

(三) 世界各地 EMC 的发展状况

1. 北美 EMC 的发展状况

美国是 EMC 的发源地，是 EMC 产业最发达的国家。联邦政府和各州政府也都十分支持 EMC 的发展，并把这种支持作为促进其国家节能和保护环境的重要政策措施之一。1985 年以来，美国政府曾以 25 亿美元的财政预算支持政府机构的节能项目，其目的是使政府在节能和环境保护方面起带头示范作用，其效果是很明显的。凡是实施节能项目的政府楼宇，平均用能下降 15%。1992 年联邦议会通过议案(EPAct)，要求政府机构与 EMC 合作进行合同能源管理，从而达到既不需要增加政府预算，又取得节能效果的目的，至 2005 年办公楼宇节能 30%(与 1985 年相比)；同时为了指导政府机构与 EMC 的合作，政府还通告了已通过美国能源部资格审查的 EMC 名单(目前为 88 家)，并发布了各种类型合同的标准模式，编制了“联邦政府能源项目的方法和验证指南”。美国的 EMC 主要有以下几种类型：

(1) 独立的 EMC；

(2) 附属于节能设备制造商的 EMC ；

(3) 附属于公用事业公司(电力公司/天然气公司/自来水公司)的 EMC 。

为了促进及规范行业的发展，美国在 1983 年成立了代表能源服务公司及其合作伙伴的美国节能服务公司协会(NAESCO)。该协会的成员包括了美国众多的 EMC、公用事业单位、高效设备供应商、分销商和制造商、金融机构、工程和设计公司、律师事务所、顾问和政府机构(如政府能源办公室)及国际会员等。NAESCO 不仅向会员提供相关培训、政策研究、市场开发等方面的服务，还充当政府与行业之间的桥梁，代表会员向政府提出政策建议等。每年召开 2 次年会，并定期举办有关能效融资的国际会议及其他各种国际圆桌会议，建立了专业网站，向会员提供全方位的服务。

在加拿大，由于 70 年代石油危机后能源价格的上升和对环境保护意识的加强，很多能源专家对能源用户的能源利用效率进行了分析。分析结果一致认为，全社会的节能潜力很大，节能对保障能源供应、经济持续发展、保护环境具有十分重要的意义。魁北克省政府与电力公司合作成立了第一个EMC。该EMC是商业性的服务公司，经过几年的运作充分显示了它的赢利机会和生命力，此后，在加拿大得到了极大的发展，主要的业务市场涵盖了政府大楼、商业建筑、学校、医院的节能改造，工业企业的节能技术改造，居民用能设备的升级。据加拿大EMC协会保守的估计，加拿大的节能服务市场潜力约200亿加元。1990～1994年，该协会所属公司的营业额每年递增60%。加拿大政府对于EMC的发展也极为重视，不仅颁布了相关的政策和规范，带头接受EMC的服务，同时也鼓励企业和居民接受EMC的服务。加拿大的6家大银行也都支持EMC的发展，并对用户的项目进行评估，优惠给予资金支持。

2. 欧洲EMC的发展状况

欧洲各国的节能服务公司是在20世纪80年代末期逐步发展起来的，基于市场的项目运作机制的核心内容也是同用户进行节能效益分享。但是，欧洲EMC运作的项目有别于美国和加拿大，主要是帮助用户进行技术升级以及热电联产一类的项目，项目投资规模较大，节能效益分享的时间较长，项目融资及项目实施的合同也比较复杂。欧洲EMC的发展同美、加相比，类型不是很多，其产生和发展，除了市场因素外，更多的是依靠政府的有关能源开发、环境保护等政策为其营造一个孕育发展的环境。

法国是欧洲各国电力出口的最大国家，也是世界上核电比例最高的国家。但法国政府仍然十分注重节能和环境保护，EMC的发展也具有一定的规模，但法国的EMC多为行业性的，如在煤气、电力、供水等行业较发达。

法国环境能源控制署是70年代以来法国政府推进节能、控制环境污染的国家事业机构，工作人员由目前的700人增加到900人。该机构目前用于节能和环境保护的资金主要来自政府拨款和企业环境污染收费(或称环境治理收费)，其使用的比例是，71%通过EMC为工业企业实施节能项目。法国EMC的发展，政府不仅在政策上提供了大力支持，EMC可直接通过对政府节能项目投标而扩展自己的业务。

芬兰EMC的历史虽不是很长，但为了促其发展，政府专门制定了标准合同范本和一些政策规定。匈牙利EMC实施的项目也主要是以设备优化、热电联产、废热利用等为主，合同期大多为1～5年。在国际金融公司(IFC)

及 GEF 的支持下，匈牙利也正在实施节能融资担保项目，对我国的节能融资担保很具借鉴意义。目前，约有 480 家节能服务公司活跃于德国的节能市场，截至 2000 年，欧洲约有 70000 个节能服务合同，总投资将近 50 亿欧元，其中采用合同能源管理机制的合同约占 10%，主要集中在高层民用住宅楼、办公、政府楼宇及工业设施等客户。

西班牙是电力相对短缺的国家之一，政府从节约能源、保护环境的目标出发，制定和发布了一系列鼓励开发热电联产、可再生能源发展的“硬性”政策，极大地促进了 EMC 业务的迅速发展，目前，其业务每年以 5%～10%的速度增长。西班牙的 EMC 主要实施热电联产和风力发电项目，而工业节能改造项目和商厦照明项目较少，为避免来自用户方面的市场风险，所选热电联产的客户绝大多数均为效益回报相对稳定的商业、医院、政府办公大楼等公益事业部门，同美、加相似。西班牙的 EMC 多具融资和投资能力，可以向银行贷款，也可以直接投资项目，即“第三方融资”，具体讲就是针对拟投资的项目成立专门的合资公司，由合资公司具体落实项目的投资、运营、管理和维护，如此不仅保证了项目的技术先进、一定的经济效益、后续的技术支持，还在不增加企业负担的情况下，使企业减少能源运行成本，并能在合同结束后得到一套先进的设备。

3. EMC 在亚洲的发展状况

不仅在北美及欧洲等地，近几年来，EMC 在亚洲也逐渐发展起来，尤其是在市场经济比较发达的韩国和日本。目前韩国共有 156 个 EMC，政府通过划拨专项优惠贷款(其利率为银行利率的 1/3)的方式，通过企业工团来支持 EMC 的进一步发展：由 EMC 和客户企业向工团提出节能技改项目的可行性报告和贷款申请；由工团审查该报告和申请，通过能源审计和确认项目可行性，批准项目并委托 EMC 为客户企业实施节能项目；然后，银行根据工团的批准向 EMC 提供贷款，为 EMC 的节能项目融资；在项目实施后，通过节能效益分享，EMC 和工团再利用回收资金向银行归还贷款。

1997 年，在日本节能中心内部成立了“EMC 事业导入研究会”，1999 年 10 月成立了“EMC 推进协议会”。EMC 推进协议会的主要任务是：①EMC事业的普及、开发及市场开拓；②国内外 EMC 的信息交流；③EMC 节能技术的研究开发支持；④推荐优良的 EMC；⑤解决与 EMC 事业发展有关的政策问题和协调工作；⑥开展必要的活动。截至 2001 年 7 月协议会有正式会员 49 家，赞助会员 13 家，特别会员 4 家。据 EMC 事业导入研究会的预测，有关日本 EMC 潜在的投资市场为 2.0047M 亿日元，节能潜力为 400 万 L 油当量，EMC 2001 年的营业额为 255 亿日元，预计 2002 年达到 355 亿日元，2003 年度达到 450 亿日元。

EMC 在印度、巴西、菲律宾、泰国等发展中国家也正处于积极发展的态势中，为企业提供能源审计、项目融资、节能工程服务，并以节能效益回收投资和服务费用。

(四) 中国节能服务公司的发展

1. 中国节能服务公司的发展及现状

基于市场化运作、由节能公司承担主要节能风险的节能新机制——合同能源管理，正在北京、山东、辽宁等省市试点，全国已有 100 多家企业参与了这一新节能模式。业内人士认为，随着全社会对节能的高度重视，EMC 将成为新兴的节能产业。在中国，EMC 正在兴起和发展。

1996 年以来，“世界银行/全球环境资金中国节能促进项目”项目一期先后成立了 3 家示范性的 EMC，即北京深源节能技术有限责任公司、辽宁省能发伟业集团有限责任公司、山东省节能工程有限责任公司，开展“合同能源管理机制”在中国的试点工作。同时，成立了国家级的节能信息传播中心，宣传“合同能源管理机制”和节能技术信息。经过多年的努力，这三个示范节能服务企业已经具备一定的实力，注册资本金从初期的平均 2500 万元左右增加到现在平均 5000 万元左右，项目平均合同额是项目投资额的 1.5 倍左右；截止到 2004 年 3 月底，3 家示范性节能服务公司共签订节能服务合同 296 个，投资 7.1 亿元；每个项目的平均投资已从初期的 95 万元，提高到 300 多万元，实施的节能技改项目 99%以上获得了成功；按合同规定可分享节能效益 9.4 亿元；项目节能能力每年为 85.76 万 t 标准煤，减排 CO_2 54.84 万 t；项目内部平均收益率达 40%，年均投资回报率超过 20%；平均每节约 100 元能源费用的节能成本为 33 元。可以说资产规模和业务盈利能力都达到了一定水平。示范 EMC 把“合同能源管理”的理念同自身的实际情况相结合，在众多行业的能源消费领域，尤其是空调系统、电力拖动系统、供用电系统中成功地实施了一批节能项目。实践证明，所实施的节能项目运行良好，为3家示范EMC取得了良好的经济、社会和环境效益，同时，EMC的自身实力也逐渐发展壮大，为扩大经营和持续发展打下了良好基础。

“世界银行/全球环境资金中国节能促进项目”项目一期的宣传工作也卓见成效，涌现出了无数利用“合同能源管理机制”实施节能项目的企业，我们称之为新EMC或潜在EMC。在北京、山东、辽宁三地及全国其他省市的初步尝试表明，目前能源用户存在大量技术上可行、经济上合理的节能技术项目，完全可以通过商业性的EMC来实施。这一节能新模式已开始在全国扩散，2002年，湖北、上海节能服务公司先后成立，目前全国已有100多家企业参与到这一新的节能模式推广之中，年可实现节能效益20多亿元。

据中国能源研究会研究员王庆一的测算，如果强化节能，到2020年，可减少能源需求9亿t标准煤。按建成1吨标准煤的年节能能力需投资900元计算，未来全国节能项目的投资需求将达到8000多亿元。目前“世行/GEF中国节能促进项目”二期已经启动，EMC的发展可能形成遍布全国的节能产业，成为我国新的经济增长点。

2. 中国节能服务企业的特点

(1) 中国的绝大多数节能服务企业的规模较小；

(2) 中国的绝大多数节能服务企业是民营中小企业；

(3) 中国的绝大多数节能服务企业不具备按照合同能源管理机制实施节能服务项目的经验，只能算是潜在的节能服务企业。

(五) 我国节能服务公司发展的六大瓶颈

尽管3家示范性EMC公司和其他以相同模式运营的节能服务公司在全国许多省市推广，并取得了初步成效，但目前EMC产业发展仍面临六大瓶颈的制约：

1. 缺乏强有力的法律支持

我国现行节能法律约束力较弱，对能源利用效率低的企业或行为并没有明显的惩罚措施。对节能行为也缺乏明显的激励政策，特别是没有与节能的环保效益挂钩。除部分高耗能企业从节省成本出发对节能有一定认识外，大多数企业因为能源占产品成本不是太高，没有节能的积极性。

2. 一些正处于起步阶段的EMC缺乏运营能力

EMC的运营机制是全新的，又比较复杂，潜在的EMC或者是按EMC模式运营却没有受过专业培训的节能服务公司，大多数缺乏综合技术能力、市场开拓能力、商务计划制订能力、财务管理与风险防范能力、后期管理能力等，降低了向用户提供服务的水平。

3. 现行财务制度的制约

山东节能工程公司总经济师于力说，“先投资后回收”这一模式按现行企业财务运行模式根本无法做财务核算，目前多是进行变通处理。例如将一台节能锅炉放在企业使用，在合同期内所有权仍属于节能公司，企业支付节能费既难进成本，又无法提折旧，让双方都很为难。

4. 资金短缺且缺乏融资能力

在EMC发展的初期，实施节能项目所需资金主要通过企业自有资金解决。但随着企业的发展，节能项目的增多，企业对资金的需求也越来越多，企业自身已经不能解决这一资金缺口。但目前国内大部分新EMC和潜在EMC的特点是：规模小，发展时间短，注册资本金相对较少，固定资产在整个企业资产中的比重较低。一方面，EMC固定资产比重低，自有资金少，难以提供商业贷款要求的抵押品或有效担保；另一方面，商业银行缺少对合同能源管理运作机制的深入了解，对节能技术和节能项目不熟悉，考虑到贷款的风险性及贷款的安全性，也难以实施信贷业务，致使EMC无法在商业银行建立起资信记录。“资金不足、融资难”已经成为EMC发展过程中遇到的主要障碍，这一障碍不解决，将很难实现EMC在中国的产业化。虽然去年11月“世行/GEF中国节能促进项目”二期已正式启动，全球环境基金将提供2600万美元赠款支持，但对庞大的EMC产业需求来说，仍是杯水车薪。

5. 部分客户企业诚信的缺乏

节能服务公司因为承担了绝大部分的风险，在获利时就需要将资金占用、人员费用等一系列因素都考虑进去。一些企业对此十分眼红，经常发生一次性合作，后面不再合作的事情，甚至故意不支付节能分享利润，使节能服务公司在谈判项目和实施过程中，把大量精力用在了风险控制方面。

6. 不确定的投资风险

节能投资有一定的风险，因为项目的资金回收由能源费用的节约来实现，这不仅不是直接的收入，而且具有若干不确定性(能源消费量计算上的不确定性和能源价格/质量的不确定性)。

如何把潜在的节能市场优势转换为现实的市场优势，努力打造中国版的能源服务公司，是一项摆在能源应用与管理者面前的紧迫任务。在这一方面，国外 EMC 成长的启示是：一要继续加强节能市场的法律地位，利用国家已经颁布实施的《中华人民共和国节能法》、《中华人民共和国清洁生产促进法》等法律，大力加强节约能源，促进清洁生产的法律意识，出台带有强制执行的措施，并与环保政策相衔接，从政策法规上引导全社会真正重视节能工作，加强节能市场的法律地位；二要尽快确立符合中国国情的能源使用和管理标准，不能让国家明令禁止的、象“小钢铁”那样的能耗高质量低技术落后的“五小企业”卷土重来；三是建立政府节能减排基金，通过贴息、补贴、担保等方式支持企业、节能公司利用新型节能模式进行节能改造；四要优化节能市场的投、融资环境，做大做强做活节能服务市场。五是对企业进行能源监测，对能源消耗达不到行业标准或产品标准的企业提出节能整改建议，限期整改；六是改革财务管理相关规则，允许 EMC 中的费用进入当期产品成本，确保 EMC 模式的正常运转。

(六) 我国 EMC 的潜在市场(客户对象)分析

1. 我国 EMC 的潜在市场分析

(1) 类似于北美 EMC 的服务市场：EMC 可以在政府办公楼宇、公司写字楼、住宅楼、医院、学校找到自己的部分市场，因为这些客户本身缺乏节能技术人员，也不容易为节能项目融资。

(2) 对技术可靠性尚存怀疑的企业：这些企业对项目的技术可靠性和节能效益尚有一定的怀疑，或者企业的管理人员认为实施这些项目有一定的风险。如果 EMC 承担项目风险，他们会愿意 EMC 为他们实施项目。

(3) 缺乏节能技术和能源管理人员的企业：从目前的情况看，那些新型的高效企业(如新兴的商贸公司或工业企业、三资企业、私营企业、改革走在前面的企业等)机构精简，工作任务繁重，技术人员短缺，没有能力自己寻找和开发节能技术，更没有精力自己实施和管理节能项目。他们认为依靠 EMC 实施节能项目是可行的，既省心又节省项目成本、而且还能获得长期的经济效益。

(4) 项目融资有困难的企业：这些企业多数因为过去的财务状况不好或以往的信誉纪录不佳，银行对他们的贷款申请的审查比较严格，而且手续繁琐。因此他们很难得到贷款或需要等待较长时间的审批过程。如果EMC能与银行建立良好的信誉关系，发挥自己的融资优势，有可能在这样的企业实施项目。

(5) 看中EMC的专有技术的企业。

2. EMC发展需要建立三大优势

面对实际存在的上述市场，EMC应具备以下三大优势(EMC的三大立足点)才可能赢得市场，扩展生存空间。

(1) EMC要形成融资优势；

(2) EMC要建立自己的综合技术优势；

(3) EMC要建立自己独特的合同能源管理优势。

(七) EMC的资金筹措

根据签署的实施合同，在为工程融资、购买设备和安置节能投资时，EMC采用了两种有区别的方法，即担保储备金与分担储备金两种方式。

在担保储备金合同(也称作“保证节能”)中，EMC、客户、金融机构三者之间的关系大体可以这样确定：EMC通过执行合同来确保节能效果，承担合同风险；客户确保执行合同所需要的资金。这要求EMC给投资进行设计，并提供节能的保证，但把按照EMC的安排从银行或租赁公司借钱为项目融资的事留给了客户。客户除了支付EMC服务费外，还要承担还贷风险；金融机构只与客户往来，对客户节能项目融资，要承担客户信用风险。一般说来，EMC的节能保证意图包括对客户的债务服务，所以如果所保证节能的量不足以偿付客户债务服务所需的数量，EMC将要付给客户差值的费用。在达到保证的节能方面，EMC与银行或租赁公司没有合同关系。项目的融资更愿意通过基于客户一般信用等级的商业贷款，虽然EMC的履约保证是以增加信用的形式出现的。

在分担储备金合同(也称作“共享节能”)中，EMC是通过从一个或几个第三方(比如银行、租赁公司)借贷节能储备金，EMC既要对客户承担合同风险，又要对金融机构承担还贷风险，EMC在从事节能服务事业的同时，又成了节能事业的投资者。消费者只承担付给EMC节能费用的义务，EMC

再从其收益中转付项目的债务。客户在不承担任何还贷风险的情况下，可以通过EMC事业获得节能收益，这对客户有利。不过需要指出的是，在分担储备金合同中，EMC要承担全部风险，合同费用高；再加上自身的财务运作受到严格控制，一定程度上制约了EMC的有效经营。90年代中后期，日本最初引入EMC时，就是采用这种方式筹措经费。后来在实际执行中，发现这种方式EMC分担的金融负担太重，才又产生担保式储备金合同。从2001年日本EMC业绩分析，两种合同的市场份额大体相当，但执行担保式储备金合同的EMC业务量，有明显增加的趋势。美国2000年EMC业务中，占整个市场份额的97%是采用担保式储备金合同。

在任何一种情况下，EMC的客户都以如下的方式取得利益：①他们得到减少能源账单的保证，而他们自己没有任何技术风险。(EMC保证，以节能账单形式对投资进行偿还将不对债务进行服务，否则他们将偿还不足的部分)；②他们不承担附加的预融资，或者如果他们这样做了，他们可以向他们的银行、利害攸关者和管理部门证明，EMC所保证的节能将覆盖对此项目的债务服务。

(八) EMC商业贷款担保计划

为解决EMC在发展过程中的障碍，在项目一期成功实施的基础上，开始实施“世界银行/全球环境基金中国节能促进项目”项目二期。其主要目的就是协助新兴EMC和潜在EMC克服融资障碍，利用GEF赠款，实施EMC贷款担保计划，提高新EMC和潜在EMC获得金融贷款的能力，并建立EMC技术支持和技术服务体制，以在全国范围内进一步推广“合同能源管理”的经营模式，培育EMC市场，最终在中国建立起可持续发展的EMC产业。

1. EMC担保计划资金

项目二期EMC担保计划的资金总额为2200万美元，用作EMC实施节能技改项目所需贷款的担保资金，担保资金通过担保计划实施机构运作，为担保对象——EMC或以合同能源管理机制实施节能项目的企业向国内商业银行申请贷款提供部分信用担保。该计划的目的是增加EMC从银行获得贷款的机会，帮助EMC增强从银行获得商业贷款的能力，克服融资障碍，扩大主业的运营，同时，鼓励和推动金融机构参与可持续发展的EMC产业。

2. EMC 担保计划实施机构

国家发改委和世界银行共同选定“中国经济技术投资担保有限公司”(以下简称中投保)为 EMC 贷款担保计划的第一家实施机构。中投保专门成立了世行项目部实施 EMC 贷款担保计划。

EMC 以及以“合同能源管理”机制实施节能项目的企业遍布全国，当地的担保机构具有信息和环境优势，因此，在担保计划的实施过程中，为提高 EMC 贷款担保业务效率和质量，要充分调动中国担保业联盟成员单位参与本担保计划的积极性，充分发挥各自的地域优势，化解担保业务的风险，提高项目担保的成功率。

3. 担保条件

EMC 担保计划对担保对象要求具备两方面的条件，其一是一般担保的审批条件(此处不作叙述)。其二是本节能促进项目的要求：①申请担保的企业应是实施“节能项目”的企业；②本节能促进项目全部收益(节能、增产、质量改善、成本降低等)中，节能获得的收益占 50%以上，项目是采用合同能源管理机制实施的；③“节能项目”所在的客户企业(单位)的产品或服务要有较长久的市场需求，确保节能项目成功实施后能够真正发挥节能作用。

4. 担保计划的实施

(1) 担保的前提和依据

申请担保的企业有义务向担保计划实施机构提供各种资料，以供担保计划实施机构对其资信情况和资产情况等进行全方位的评估和调查，同时，对节能项目的可行性进行分析，这是担保机构进行担保的前提。为了扶持 EMC 企业和中国节能产业的发展，节能项目的可行性是担保计划实施机构决定是否进行担保的主要依据之一，这也是 EMC 贷款担保计划同一般商业担保的主要不同点。

(2) 灵活的反担保措施

由于大部分的 EMC 规模较小，可质押的固定资产也较少，因此在保证合同签订前，担保计划实施机构对 EMC 进行全方位的评估后，可以根据 EMC 企业的实际情况对反担保措施进行灵活处理，如采用资产抵押、第三方反担保、客户反担保、客户现金流担保等。

(3) 担保资金放大

中投保公司可根据 EMC 贷款担保业务的特点和发展情况，介绍 WB/GEF 中国节能促进项目二期情况，使贷款银行熟悉 EMC 贷款担保项目的内容和操作规程，逐步建立、完善和加强 EMC 担保计划实施机构与商业银行的战略合作关系，争取商业银行能够为 EMC 尽量放大担保额度。这样可以有几倍于担保资金的贷款担保支持实施节能技改项目，为 EMC 担保业务提供更多支持。

(4) 减少代偿，保证担保资金的保值增值

只有确保担保资金的保值增值，它才能够更持久、更多地支持中国的节能产业。为了这一目的，担保业务实施机构、提供贷款的商业银行、EMC 开发服务小组直至项目办等单位，都要尽力地做好各自的工作，诸如 EMC 资质的审定、节能技改项目可行性的审定、贷款的审定、贷款使用的监管等。保证 EMC 实施节能技改项目的成功率，保障担保资金以最低的损失率运行。

5. 担保机制的运行过程中可能出现的问题及控制

(1) 担保费

为 EMC 贷款作担保，要承担一定的风险，实施担保业务会有成本，担保公司本身也要盈利、生存与发展，所以，要对贷款担保收取一定的担保费用。应按照风险大小确定保费，基本原则是：担保费的平均收取水平应尽可能地弥补所有的交易成本、综合管理费用和净呆账损失。

另一方面，一般新兴/潜在 EMC 经济实力较弱，保费过高将加大 EMC 的融资成本，同时也增加了开发市场的难度，必将限制担保资金的支持作用，不利于 EMC 的快速发展。因此应从多方面考虑，兼顾各方利益，确定一个合适的担保取费标准。

(2) 风险控制

EMC 用合同能源管理机制实施节能项目本身就存在着较多的风险因素，这种风险称为项目风险；EMC、利用合同能源管理机制实施节能项目的企业是项目风险的主要承担者。这就要求他们在节能项目实施以前聘请财务、技术等专家对节能项目的盈利性、技术可行性进行全面分析。

EMC 担保计划实施机构经营的业务属于信誉担保，有较高的行业风险。加强担保业务的风险管理，减少贷款担保的违约损失是 EMC 担保计划实施

机构的职责。因此，担保计划实施机构应设立专门部门进行 EMC 担保业务的风险评估和控制，不仅要监控 EMC 可能出现的财务、项目风险，而且要协助 EMC 规避客户出现的风险，真正达到防范贷款风险的目的。为降低风险，担保期限一般控制在 1～3 年内，初期阶段将提供不高于贷款额 90%的部分担保，并随着担保计划的实施、EMC 金融资信的提高逐步降低担保比例，利用有限的担保资金支持更多亟需资金的新兴或潜在的 EMC。

EMC 担保机制的形成将为 EMC 实施节能项目扩大融资渠道，必将促进 EMC 的发展壮大，加速可持续发展的节能服务产业形成。

（九）克服中国节能服务企业融资障碍的初步对策

中国节能服务企业间接融资的障碍和问题，仅仅依靠现有的金融体系不能完全从根本上得到解决。在长期处于保护之下的金融市场中，由于金融机构之间竞争不充分，这种障碍和问题，是难于克服和逾越的。为此，要解决节能服务企业面临的间接融资难题，通过建立一些专业的融资服务机构或在已有的金融机构中设立专门为节能服务企业服务的部门，并由这些金融融资服务机构推广切实可行的中间融资机制，来缓解和部分解决这个难题就成为一种现实的选择。

由于节能项目融资所面临的是错综复杂的障碍和问题，所以要较为彻底地解决这些障碍和问题，就需要针对这些障碍和问题建立起一个体系，即建立起为节能项目融资的中介机制。具体可供选择的方案如下：

（1）建立政策性的促进中小企业发展的促进机构。

（2）鼓励建立专业化的保理公司，或在保理公司之中建立专门的为节能服务企业提供服务的部门，对以合同能源管理机制方式开展业务的节能服务企业提供相应的保理业务服务。

（3）充分利用“世界银行/全球环境基金中国节能促进项目二期”所建立的担保机制成果，建立专业的为节能服务企业服务的担保公司。

（4）鼓励非银行金融机构利用其特有的优势为节能服务企业提供各类相应的租赁业务服务。

（5）鼓励建立专业的“项目合作公司”，为节能服务企业解决资金难题。

（6）成立专业从事抵、押贷款服务的公司，专业化的商业抵押机构可分担商业银行的一部分风险。

(7) 发展征信机构。专门了解节能服务企业的信誉，向银行提供资料，帮银行减少费用。

(8) 建立对节能服务项目和业务进行评估的机构，判定贷款者的风险大小和投资者是否值得投资，以专业化的服务帮助银行进行风险评估。

(十) 在太阳能建筑中运用节能服务公司

太阳能建筑属于节能建筑，对建筑施行节能改造属于节能服务公司的业务范畴。因此，对即有建筑的太阳能设施改造安装可考虑运用专业化节能服务企业，通过节能服务公司的专业服务，使得缺乏太阳能技术知识，不容易为太阳能项目融资的客户得到太阳能设施改造，同时也获得节能效益。而节能服务企业通过节能效益共享收回投资并取得合理利润，这种投资模式将使得节能服务企业和客户实现双赢，这种模式的采用将大大推动太阳能建筑在我国的发展。

二、太阳能专业服务公司

(一) 太阳能专业服务公司的概念和实质

由能源服务公司这种融资模式得到启示，太阳能建筑投资模式可考虑培育太阳能专业公司。同样通过合同能源管理方式，推行太阳能建筑市场化机制，培育太阳能专业服务公司。由专业太阳能服务公司带资为建筑进行太阳能设施安装改造，在一定时期内通过节约常规能源的费用回收投资取得合理利润。通过鼓励和支持太阳能服务公司的发展，促进太阳能产品、太阳能设备生产企业的成长壮大和节能机制的形成，带动整个太阳能产业的形成和发展。

太阳能专业服务公司帮助用户用太阳能替代天然气、电或煤，向客户提供太阳能项目的设计、各种能源资源评估、能源成本分析、数据处理、太阳能效率审计、项目融资、工程管理和施工、太阳能效率监测和节约常规能源量的确认、承担风险等一系列的服务。它向用户提供的建筑物太阳能服务的方式是：建筑物能源效率的现场调查和审计，工程设计—施工—管理，运行和维修，效果监测和确认，节约常规能源量保证和节能效益分享。

对客户来说，接受太阳能专业服务公司的服务能得到以下好处：

(1) 太阳能专业服务公司帮助融资，客户无需自己的初次投资。

(2) 完成项目无需客户自己做大量的前期准备工作。

(3) 实施项目无需客户自己操心，太阳能专业服务公司为他们完成“交钥匙工程”。客户只需接受太阳能专业服务公司一家提供的专业服务就可完成整个太阳能改造项目，不必因与设计部门、设备商、安装商、施工承包商等不同领域、不同厂家打交道而花费过多精力。

(4) 设备保养和维修不用客户自己操心。

(5) 降低能源成本和运行成本。

(6) 更新设备或设备升级。客户不增加额外费用便可得到太阳能专业服务公司的服务和先进的太阳能设备及系统。客户付给太阳能专业服务公司的报酬是节能效益中的一部分，是节省出的费用，因此客户没有额外的花费。

(7) 使工作环境更加舒适、更加方便、更加先进。

(8) 增加经济效益。

(9) 确保节能效果，为客户承担风险；风险由太阳能专业服务公司承担，客户便可获得降低能源消耗成本的效益。由于产生效益后客户才会付费给太阳能专业服务公司，所以即使客户对改造的技术不了解也可交给太阳能专业服务公司去实施，而因安装改造失败造成的损失，必然地由太阳能专业服务公司承担。

客户以减少常规能源费用的节约中支付太阳能专业服务公司服务费。如果把用于购买煤、气(天然气或液化石油气)、电、热力等的各种费用统称为客户的能源成本的话，太阳能专业服务公司对客户实行太阳能设施安装改造的事业经费和利益分配。

客户通过太阳能改造获得效益，并从获利中抽取一部分支付改造所需的费用。太阳能专业服务公司事业实施后客户即可获利，合同期满获利增加，还贷付息与服务费用全部都换成了客户的利益，这时客户的能源成本降低。

(二) 太阳能专业服务公司建设

1. 太阳能专业服务公司的组建

太阳能专业服务公司可以完全按照现代企业制度组建有限责任公司，其组织机构按照精简、高效的原则设立。

信息部、财务部、项目部、办公室四个部门分别负责太阳能技术的开发与收集、太阳能服务项目的融资、太阳能服务项目的实施和公司的后勤服务，通过部门间的分工与合作，贯通了在“合同能源管理”模式下为客户提供一系列服务的重要环节，保证了太阳能专业服务的效果，真正具备太阳能服务公司的技术性、专业性、服务性等功能。

太阳能专业服务公司可以有下列两种类型：

(1) 独立的太阳能专业服务公司

这种专业服务公司是独立的，服务范围比较广泛，包括商业建筑、公共建筑、政府办公用建筑、民用住宅及工业建筑等。这些公司的业务随市场需求的变化而不断调整，但也会有自己独特的专业优势。

(2) 附属于太阳能设备制造商的太阳能专业服务公司

太阳能设备制造商通过太阳能专业服务公司的服务可以推销他们所生产的设备，因而，他们可以自己创办附属的太阳能专业服务公司，这些专业服务公司以自己所生产的设备为基础，整合其他各种成熟的技术和服务，从而打开较之以前更大的太阳能服务市场。

2. 太阳能专业服务公司的资金筹措

成立专门经营“太阳能建筑融资”的机构，帮助太阳能建筑项目融资，为太阳能建筑项目提供的融资服务可以有：

(1) 免政府税收的租赁；

(2) 可收入款的收购和转让；

(3) 固定或浮动利率的定期贷款；

(4) 运行租赁；

(5) 资本租赁等。

(三) 太阳能专业服务合同的基本类型

太阳能服务合同通常按客户向太阳能专业服务公司付款的方式来指称。有以下 4 种基本的合同类型：

1. 节能效益分享型

这种类型的合同将规定在项目期内客户和太阳能专业服务公司双方分享节能效益的比例。例如，在 5 年项目合同期内，客户和太阳能专业服务公司双方分别分享节能效益的 20％和 80％。太阳能专业服务公司必须确保在项目合同期内收回其项目成本以及利润。此外，在合同期内双方分享节能效益的比例可以变化。例如，在合同期的头 2 年里太阳能专业服务公司分享 100％的节能效益，合同期的后 3 年客户和太阳能专业服务公司均享节能效益，即双方的分享比例均为50%。

2. 太阳能专业服务公司首先受益型

这种类型的合同规定项目的节能效益首先全部由太阳能专业服务公司享有，直至太阳能专业服务公司收回其所有的项目费用为止。如果节能量比预期的高，合同将提前终止，这以后项目的节能效益全部由客户享有。若节能量比预期的低，可以延长合同期。但在这种情况下，客户通常坚持有一个合同终止期上限。例如，在合同期延长的情况下，合同期最长不得超过7年。

3. 附加节能收益全归太阳能专业服务公司型

在这种类型的合同里，太阳能专业服务公司保证客户的能源费用将减少确定的百分比。例如，太阳能专业服务公司保证客户常规能源费用减少10%，而所有附加的节能效益全归太阳能专业服务公司享有。

4. 节能效益全部回收型

在太阳能建筑发展的初期，为鼓励私人资本投入太阳能建筑，可采取这种方式。即由私营太阳能专业服务公司投资的太阳能设备安装改造所提供的热水、供暖、电等均可采用IC卡或仪表计费，由太阳能专业服务公司通过预售IC卡充值或每月根据仪表收费。

上述四种并不是仅有的几种付款方式，多数合同将是上述4种付款方式的结合。对每一种付款方式都可以作适当变通，以适应不同客户和项目的特殊要求。

(四) 太阳能专业服务公司服务实施过程

以下的流程图(图7-2)显示了太阳能专业服务公司所提供的综合性太阳能服务的过程：

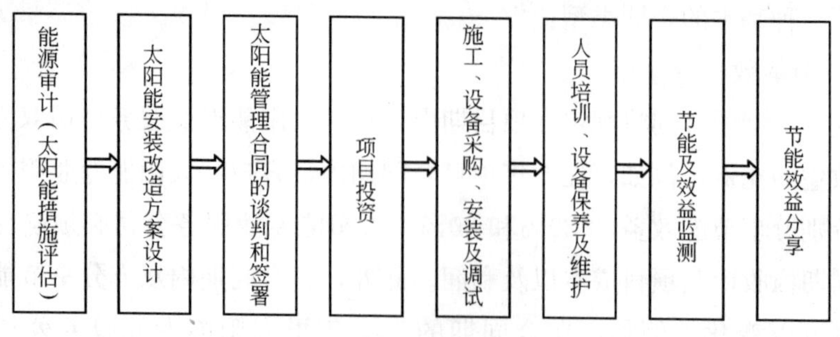

图7-2 太阳能专业服务公司实施过程

1. 能源审计(太阳能技措施评估)

此阶段为太阳能专业服务公司为客户提供服务的起点，由公司的专业人员对客户的能源状况进行审计，对所提出的太阳能安装改造的措施进行评估。此阶段需要客户的紧密配合，以尽可能地发掘太阳能安装改造的潜力，为获得最佳的安装改造效果，使客户因安装改造而获得最大的利益提供基础。

2. 太阳能安装改造方案设计

在能源审计的基础上，由太阳能专业服务公司向客户提供太阳能安装改造方案的设计，包括项目实施方案和改造后节能效益的分析及预测，使客户做到“心中有数”，以充分了解太阳能安装改造的效果。

3. 太阳能管理合同的谈判与签署

太阳能安装改造方案与客户达到共识后，专业服务公司将本着公平、公正的原则与客户签定“太阳能管理合同”，合同中将规定双方的责任和义务、安装改造工程的验收方式、效益分享的方式、节能量监测的方式等双方共同关心的要点。

4. 项目投资

合同签定后，进入了太阳能安装改造项目的实际实施阶段。由于接受的是合同能源管理的节能服务新机制，所以，客户在改造项目的实施过程中，不需要任何投资，而全部投资由太阳能专业服务公司承担。

5. 施工、设备采购、安装及调试

由太阳能专业服务公司提供的服务是“混合型”的服务，既有设计、施工、安装调试等软服务，同时也为客户提供太阳能设备及系统等实物。而作为服务的一部分，这些太阳能设备及所形成的系统也将由太阳能专业服务公司投资采购。

6. 人员培训、设备保养及维护

太阳能专业服务公司还负责培训客户的相关人员，以确保能够正确操作及保养、维护安装改造中所提供的先进的太阳能设备和系统。而且，合同期内因设备或系统本身原因造成的损坏，由太阳能专业服务公司负责维护。

7. 节能及效益监测

安装改造工程完工后，将由客户和太阳能专业服务公司共同按照太阳能管理合同中规定的方式对节能量及节能效益进行实际监测，作为双方效益分享的依据。

8. 节能效益分享

根据双方实际监测的数据，按照合同中规定的效益分享方式，来分享节能改造的效益。通过效益分享，太阳能专业服务公司获取相应报酬后，合同结束。此后产生的所有节能效益全部由客户获得，安装改造中所提供的太阳能设备和系统也将归客户所有。

三、第三方融资

(一) 第三方融资的概念

“第三方融资”（TPF)是一种由技术革新带来的基于储蓄的金融方式。拥有技术和金融能力的第三方为顾客提供能源转换系统从而获得经济收益，即利用有效技术和可再生资源，每月从项目的执行中获得利益。许多公司希望投资于新能源技术，但常由于资本不足或无力筹集而没能发展此项目。除这些金融的障碍之外，技术和商业的障碍也影响着此类项目的实施，如操作经验不足、技术匮乏等，第三方融资能帮助解决这些问题。“第三方融资”是一种技术和金融的工具，它结合最适宜的技术与金融手段为新能源的项目开发提供道路。第三方融资公司的投资利益以储蓄比例的形式实现。通常根据第三方融资合同，在一段时期内，依靠可再生能源投资或提高能源利用率从而节省能源来获得利益。和任何融资机制一样，为了作出更好的投资决定，第三方融资需要有健全周密的项目评估过程。在任何情况下，拥有最大决策权的董事管理层或是指定的独立机构都必须有详尽的项目建议与商业计划评估。

为了说明第三方融资这个概念，我们先看一种情况。假如有用户想把他的电加热热水系统转换成太阳能热水系统，太阳能热水系统很大程度上节约了常规能源的成本。如果这用户使用能源的时间足够长，节约常规能源的费用就足够多。而两种方式能源费用的差额就是回报，接着又可以拿这项回报给这种投资提供资金。如果用户没有处理太阳能的技术知识，具有相当技术知识的第三方可以提供帮助。但是必须遵守合同能源管理方法的规定。合同能源管理方法清楚地对技术行为和技术节约作出了界定和保障。

第三方而不是能源使用者在合同规定的时间内开发这种新型能源系统，提供资金并且操作管理这系统。而这合同规定的年限就有可能是超过了收回成本的年限，也就是既能收回成本又能获利的年限。这种资金运转机制通常被叫做第三方融资。这种机制在能源效率工程中是很典型的。通常说来，操作第三方融资的公司，也就是第三方，是节能服务公司。

第三方融资的概念就是通过筹集资金来提高能效，用节省下来的能源来支付项目投资。第三方融资有很多不同的方法，但有着以下共同点：

(1) 外部能源服务公司进行投资，对能源用户没有直接的资金要求；

(2) 作为收入来源，节约的能源将在一定时期内用作对外部能源服务公司的投资和所提供服务的报酬。

第三方融资的作用在于帮助企业在不影响其资产负债的情况下进行投资融资，用户无需支付改善能效的初始费用，项目的融资、设计、建设与运行将全部由能源服务公司承担。按照合同，在某一段时间内，与所使用的能源技术有关的报酬将用来偿还投资。第三方融资要承担一系列服务，包括技术支持和内部能源审核，故用户不必担心技术方面的问题。由于投资回报与项目的质量直接相关，能源服务公司要结合工程、融资和市场策略，进行详细的能源审计并选择适当的、可靠的技术来实现能源节约。

第三方融资一般包括以下各方：

(1) 能源服务公司——项目进展和运作的主题，承担技术责任和金融风险；

(2) 用户(项目发生装置的所有者)——能源服务公司的客户；

(3) 融资机构——通过能源服务公司对项目进行资助，很多时候融资机构就是能源服务公司本身。

能源服务公司与用户之间的契约关系由合同确定。合同必须包括：

(1) 所有可以谈判的条款；

(2) 项目的范围；

(3) 能源节约的评估方法(考虑产量、质量、原材料以及能源服务公司进行投资的时间期限等)；

(4) 能源服务公司开发项目的时间期限；

(5) 确保各方权益的其他法律条款。

最常见的第三方融资合同有“收益分享(Shared Savings)”、“保证收益(Guaranteed Savings)”以及“首期偿付(First out)”。“收益分享”式合同将对合同期内能源服务公司和用户之间的收益分配额进行预估。收益的分配额在开始时获得合同双方的认可，并可根据投资的表现而改变。“保证收益”式合同意味着投资收益一开始就是已知，能源服务公司将确保投资收益。“首期偿付”式合同是第三方融资的典型形式，在加拿大十分流行。按照这个合同方式，在合同期内能源服务公司将享有投资的所有收益。

节能服务公司有可能使用户提高能源使用效率。节能服务公司提供部分或者全部的资金、设计、设备，并在技术提供商、合作伙伴、共同投资商和自己之间分割风险，承担风险。向用户提供设备操作和维护等“新能源全球服务”。能源使用者则必须定期向第三方支付使用能源以及享受能源服务的费用。依第三方融资合同的条款，用户可以通过与其以前的费用等额或采用金额较少但期限延长的方式支付。一旦第三方、投资商和工程的开发商收回成本和获得盈利后，即第三方融资合同期满后，能源系统就成为能源用户所有。通常节能服务公司会继续向他的客户提供设备操作和维护等服务。用户得到的另一个好处就是把能源管理的责任交给了第三方，也就是节能服务公司，而自己可以把精力投到主要的业务上去。为达到目的，第三方融资机制必须不断地受到监督和评估以确保它能够有效地运行。

监督可以由董事会或者是一个独立的机构来执行。监督是能源管理合同中包括第三方融资合同中的重点。

(二) 第三方融资的优点与障碍

第三方融资合同的优点不仅在于确保资金来源，还在于其提供了许多服务来使用户承担的风险降至最小，尤其是能源服务公司承担投资鉴定，保证项目融资。这样，收益方能保持其资产净值和信用贷款最高限额。通常投资不像一项商业贷款，不会影响客户的资金独立率，资金周转也不必考虑项目的成败。与商业贷款不同，投资收益与偿付之间有直接联系，除了确保资金来源，能源服务公司还为用户提供执行项目的建议和服务，它需要承担很多责任，包括技术选择、项目的建设与运行。对用户来说，一般不会出现重大的问题。相反，能源服务公司必须面对技术与金融问题，包括：

(1) 结果未达到预期效果；

(2) 项目的建设比预期长；

(3) 其他因素：原料、产品类型、生产周期；

(4) 公司面临的任何资金问题，都可能会导致对能源服务公司的支付延迟。

(三) 技术融资

如果用户买一台太阳能设备，从而降低成本，那么也将会出现上面提到的在第三方融资中出现的情况。在这种情况下，第三方与用户没有非常大的接触，因为他们只提供货物而不是持续的服务。

1. 技术融资的概念

许多企业，特别是一些传统行业中的企业，都不愿意引进新技术，包括在生产过程中采用高效率的能源技术，或是在能源供应中引用可重复使用的能源系统。这种技术转型往往是伴有顾客不理解，或者被事实证明是不成功等的风险。一种技术只有被证明是成功的，才有人购买并应用于工业中，但是如果没有人把它用于工业中，就不能证明是否成功。这个全世界都会发生的，永远都会存在的情况使得新型技术很难在市场上有立足之地。新技术通常能降低成本，这种情况往往会导致相互竞争减少。在技术融资协议下，革新型能源工业将会大大获益。

2. 技术融资的运作

作为一种革新型的融资工具，技术融资在欧洲包括在意大利几乎还没有被应用。技术融资的目的是为了打破上面提到的循环圈。它通常是技术供应商为了赢得那些有疑虑的顾客，让他们来买新型的产品或者设备时的一种手段。它减少了因引进新技术而导致的风险。因为这种资金工具把有关各方如供应商、用户还有财政机构等都联系在一起，并且把为这项技术所付出的费用跟这项技术的使用性能挂钩。

技术融资的市场潜能是很大的，但也要视不同的第三方融资计划。最初第三方融资计划是由技术供应商为了提高销售量而首先发起的，现在其他具有投资财政能力的机构，特别是公共部门，比如说政府、公共事业部门，现在也能参与第三方融资计划。传播革新型技术，提高能源使用效率和可再生能源的使用，是第三方融资机制的发展和节能服务公司成立的重要因素。技术融资合同实际上是在合同能源管理内的第三方融资计划下的能源性能合同。

人们往往认为技术融资和合同能源管理是同义词，而且这两个词可以通用。严格上说，他们是不同的，合同能源管理是能源服务公司在合同期内提供能源服务，如确定和执行某种能源节约工程或者可再生能源工程，提供一切必需的工程资金，负责收取能源使用费。技术融资不一定包括合同能源管理或者牵涉到能源服务公司。能源服务公司作为工程资金来源的合同能源管理只是技术融资的一个例子。

太阳能工程中大量私人资本的聚集是必需的，投资这项工程首要考虑的就是筹集所需的资金。当然如果有可能取得贷款，资金的一部分将来自于贷款。太阳能工程采用了革新型能源技术和可再生能源，从而节约能源，能源生产和使用系统也变得现代化了。可以看到，太阳能工程利用高效率的技术和可再生能源带来的经济效率，能够在运行和生产阶段产生正面的资金流向。由于能源的节约，相对于原先的能源费用，现在的能源费用更低，从而节省资金。应用了太阳能工程引起的正面资金流向是第三方融资和能源性能协定的共同因素。太阳能工程综合了技术和经济两方面，使得一些原先在传统商业模式中独立的功能和行为者在太阳能工程中互相交叉。节能服务公司、第三方融资和能源性能协定可以被看作是构成能源效率这个三角形的三边。这是技术革新引起资金革新的一个案例。一种新型商业行为即节能服务公司在能源市场上兴起，它把资金和技术革新综合在一起，在资金管理的基础上增加了技术机制能力和技能。

财政机构不能承担这种商业行为是因为银行没有技术能力。必要时，他们会组织一个花费昂贵的财政团，主要任务就是确认风险并且避开风险，将风险分摊到合作伙伴、生产商、保险公司、持股人和贷方，并支持各个财团，包括一些银行，提供资金来完成这项工程。工程中的革新型技术被认为是风险的主要来源，而银行是一个跟技术革新毫无关系的机构。节能服务公司从某方面来说就是这个财政团，同时它还有技术知识和财政能力，能够给他们的客户提供全方面的能源服务。并且他们跟银行和保险公司接触很多，他们知道什么技术是不冒风险的。他们靠出卖股权获得的利益，使得他们有财政能力作为开发商给用户提供新型太阳能系统，和作为第三方确保资金供应和与其他投资商和保险公司交易的能力。所有这些都可以在确保设备运行和节约能源的能源性能合同上执行。因为节能服务公司既向它的客户保证了设备的安装、操作、高效率，还保证能为他们省钱，同时也能确保自己的收入和利润。所以这种设想是有可能实现的。

(四) 太阳能建筑项目中使用第三方融资

太阳能建筑技术的推广和使用受到许多因素的制约。最重要的因素是初始投资高，融资、技术及绩效风险、投资资金缺乏以及私有公司投资有其他更优先的投资方向优先考虑。第三方融资的使用有利于政府以及私人投资，并通过加强太阳能技术在公共以及私有建筑领域的更广泛应用，推动太阳能向供电系统渗透，从相关工业获取支持。第三方融资不仅能促进太阳能技术在经济发达地区的使用，也能在投资不足问题更明显的乡村推广太阳能技术。

使用第三方融资有利于太阳能技术在公共与私营部门的使用。限制现代太阳能技术应用的因素通常由第三方融资合同解决，在合同之下，私营公司承担太阳能建筑项目的资金、技术及性能风险。能源服务公司提供的资金和技术动力以及一系列服务，使得太阳能建筑的建设对客户(用户)变得具有吸引力，从而太阳能建筑技术可从第三方融资方式的使用中获得支持。

四、BOT 投资模式

国际 BOT 是一种应用比较广泛而又比较特殊的一种投融资方式，国际上的应用经验表明这种方式对于资金短缺而又投资巨大的项目来说具有独特的优势。因此，在我国太阳能建筑发展面临严重资金短缺的情况下，研究如何利用国际 BOT 方式有效融资以促进我国的太阳能建筑事业的发展就有了一定的理论意义和现实意义。

所谓国际 BOT 投资方式，即 Build Operate Transfer 的简称，是一种主要应用于公共工程和基础设施建设的项目投资模式，是由项目所在国政府或所属机构提供一种项目建设的特许协议作为项目投资的基础，由本国或外国公司作为项目的投资人组建项目公司、安排融资、承担风险及开发建设项目并在特许期限内经营该项目以获取投资回报，特许期满后，项目公司把项目设施无偿转让给政府的一种投资方式。

(一) 太阳能建筑 BOT 投资方式的优势

采用这种方式来参与我国太阳能建筑建设，具有以下几个独特的优势：

1. 可以给急需“输血”的太阳能建筑业注入大量资金。BOT 方式通常是由参与的外方公司独立以多种方式融通项目所需的全部资金，从而能够给项目所在国带来巨量的外部资金。在我国经济高速增长时期，资金紧张状况在一定时期内无法改善，因而把 BOT 引入太阳能建筑业在一定程度上能够有效缓解资金紧缺的状况。

2. 可以有效转移建设和经营风险。太阳能建筑投资由于周期长、投资大而风险较高，而 BOT 方式通过和外方共同组建项目公司进行开发建设和经营管理，从而可以将大部分风险有效地转嫁给外方公司。

3. 可以大大提高项目的运营效率。BOT 方式一方面能够集中大量专家和技术人员，高质快速完成项目建设，另一方面会采用最先进的科学技术和管理以求降低成本并提高利润，因而可以大大提高太阳能建筑项目的运营效率。

4. 采用 BOT 方式可提前满足社会和公众的要求。BOT 方式可在外资的积极参与下提前建成一些社会急需而暂时无力投资的太阳能建筑项目如大型的太阳能住宅小区，并使其尽早投入使用和发挥作用，从而有利于社会需求的及时满足。

所以，把国际 BOT 方式引入到太阳能建筑业中，对于及时满足巨大的太阳能建筑投资需求，有力支持国民经济的高速稳定增长，都有着重大的意义和必要性。

(二) 可行性分析

许多人认为国际 BOT 方式仅仅适用于电厂、高速公路等公共基础设施项目的建设，根据国际 BOT 投资方式的种种特点，目前我国特大型太阳能居民住宅区项目可以采用国际 BOT 方式吸引大量外资进行开发投资建设。

特大型太阳能住宅区项目可以满足国际 BOT 方式的特许经营要求。政府急需开发郊外大型太阳能住宅拥有最大的而又是惟一的优势，即拥有大量的土地资源，而从所获巨大的经济和社会效益以及长远利益看政府完全可以无偿提供项目所需的土地。所以，政府可以把土地使用权作为一种特许资本来授权 BOT 项目公司独家开发建设某一大型居民太阳能住宅区，而有了这种特许经营权，项目承办人就有了一定的信心和保证，因而也就有了运用BOT方式的基础。特大型太阳能住宅区的建设特点符合国际BOT方式的要求。在郊外建设特大型的太阳能住宅区，作为一个整体项目往往包括住宅、配套生活设施、太阳能设施以及交通设施的大量建设，从而呈现出周期长、投资庞大和需要多阶段滚动式开发的特点。而国际BOT方式，正是针对这种项目而出现的，一方面巨额的投资要求使大量国际资本有了良好的投向，另一方面长期投资和多阶段滚动开发又使这些巨量资本有了长期稳定的投资回报，因此特大型太阳能住宅区项目完全符合国际BOT方式的项目要求。

庞大的市场需求和政府的有力支持使BOT项目具有足够的盈利性。随着大量农业人口涌进大城市、城市化水平的不断提高和城市居民改善居住条件的强烈要求，以及市区居住条件日益恶化，对郊区太阳能住宅的需求总量会出现长期持续的高速增长。因此，特大型太阳能居住区的开发建设就有了足够的市场需求保证。同时，改善居民居住条件和解决城市化问题又是政府的两个非常重要的社会目标，而为解决这两个问题政府一方面可以提供土地资源，另一方面又可以给项目公司在政策、法律等方面提供支持。有了市场需求保证和政府的有力支持，BOT项目预期盈利目标的实现就有了较强的保障，从而国际BOT方式能够得以顺利实施。

五、财政投资

我国太阳能建筑财政投资可通过四种方式进行。

(一) 财政拨款方式

财政拨款方式是指，财政通过建立太阳能基金的方式无偿地对那些无直接经济效益的太阳能建筑科研开发项目进行投资，包括基础研究和一些非竞争性质的科研开发。

(二) 财政间接方式

财政间接方式是指，财政通过各种间接手段，如减免税等方式，扶持各风险投资主体(风险资本供应者、风险投资机构、风险企业)对太阳能建筑进行投资。政府运用税收政策对风险投资进行调节，通过调整税收范围、计税方式和税率等方法，来增加各投资主体的最终收益；同时，政府对符合国家科技政策、产业政策的太阳能建筑投资项目进行补助，也将增加风险投资主体的收益。通过这种方式能达到吸引更多的风险投资和引导风险投资投向太阳能建筑的目的，但要注意使这种优惠在三大风险投资主体之间的合理分配，任何一方没有得到相应的优惠都将影响该方式作用的发挥。

（三）财政直接投资

财政直接投资一般来说又可分成两种方式，其一为财政风险投资，即财政通过组建各级风险投资公司，根据太阳能建筑投资项目的客观要求，按照风险投资的方式对风险较大、投资较大但具有重大社会效益，一般投资者不愿投资的太阳能建筑项目进行投资；另一种是政府购买，即政府通过购买本部门或下属部门所需的太阳能建筑产品，能对处于早期的太阳能建筑风险企业起一种“需求拉动”作用。

（四）设立太阳能建筑专项产业基金

地方政府可以考虑以财政收入中用于城建的切块资金为基础，设立太阳能建筑专项产业基金，广泛地吸收中小投资者及家庭个人闲散资金，通过项目收益和财经贴息给投资者稳定的投资回报。由于有政府强有力的信用保证，产业基金一定会得到很好的放大效应，可以在一定程度上解决太阳能建筑建设资金不足的问题。

六、引进外资

（一）引进外资的必要性

地区性和国际性金融机构，其资金主要投资于环保和生态建设以及落后地区的经济发展上，以改善人类社会的生存质量。我国是世界上人口最多的国家，同时也是经济欠发达国家，因此我国太阳能建筑的建设通过国际金融机构贷款是一个重要的筹资渠道，并且筹资成本较低。

我国通过多种方式引进国外先进技术，国家经贸委与世界银行、联合国开发计划署等国际组织和有关国家政府开展了广泛的国际交流与合作，从国际上引入资金、技术和管理方式，提高我国可再生能源开发利用水平。

（二）我国太阳能建筑引进外资的成效

我国太阳能建筑引进外资已取得了部分成效。“国家经贸委/全球环境基金/世界银行中国可再生能源发展项目”已于 2001 年 12 月 12 日正式生效并开始实施。根据项目实施计划，对入选的光伏销售公司在项目实施以来所销售的光伏户用系统，每峰瓦给予 1.5 美元的赠款。截止到 2002 年 6 月 15 日，项目办已收到 12 家参加项目的光伏公司 2002 年第一季度共计 12174 套 (208kW) 户用光伏系统的销售赠款申请，项目办审查后，第一批销售赠款申请将于近期直接拨付给光伏公司。预计今年项目下发的销售赠款将达到 100 万美元。这将对我国光伏产业的商业化起到推动作用。

国家经贸委提出利用国际技术援助和商业贷款开展一系列的太阳热水器与建筑一体化结合项目。国家经贸委和联合国基金会共同实施的“中国太阳能热水器行业发展项目”2002 年 1 月 1 日正式启动，为期 3 年。联合国基金会将提供 183.24 万美元的赠款支持项目的活动，参与示范项目的房地产开发商、中央和地方参加单位提供相当于 960 万美元的国内配套资金。

由中国农村能源行业协会申请，荷兰政府无偿技术援助的“促进中国西部可再生能源综合发展应用项目”于今年 1 月 9 日在农业部举行了签字仪式。

(三) 可以吸引投资的国外的主要投资机构介绍

招商引资，可以主要吸引国内外投资公司、风险投资公司、基金、上市公司、证券公司、投资性企业、投资银行、信托投资公司、财务公司、银行、保险公司、资产管理公司对太阳能建筑项目的投资，实现产业资本和金融资本的结合。

附　录

附录1　中华人民共和国可再生能源法

（2005年2月28日第十届全国人民代表大会常务委员会第十四次会议通过）

第一章　总　则

第一条　为了促进可再生能源的开发利用，增加能源供应，改善能源结构，保障能源安全，保护环境，实现经济社会的可持续发展，制定本法。

第二条　本法所称可再生能源，是指风能、太阳能、水能、生物质能、地热能、海洋能等非化石能源。

水力发电对本法的适用，由国务院能源主管部门规定，报国务院批准。

通过低效率炉灶直接燃烧方式利用秸秆、薪柴、粪便等，不适用本法。

第三条　本法适用于中华人民共和国领域和管辖的其他海域。

第四条　国家将可再生能源的开发利用列为能源发展的优先领域，通过制定可再生能源开发利用总量目标和采取相应措施，推动可再生能源市场的建立和发展。

国家鼓励各种所有制经济主体参与可再生能源的开发利用，依法保护可再生能源开发利用者的合法权益。

第五条　国务院能源主管部门对全国可再生能源的开发利用实施统一管理。国务院有关部门在各自的职责范围内负责有关的可再生能源开发利用管理工作。

县级以上地方人民政府管理能源工作的部门负责本行政区域内可再生能源开发利用的管理工作。县级以上地方人民政府有关部门在各自的职责范围内负责有关的可再生能源开发利用管理工作。

第二章　资源调查与发展规划

第六条　国务院能源主管部门负责组织和协调全国可再生能源资源的调查，并会同国务院有关部门组织制定资源调查的技术规范。

国务院有关部门在各自的职责范围内负责相关可再生能源资源的调查，调查结果报国务院能源主管部门汇总。

可再生能源资源的调查结果应当公布；但是，国家规定需要保密的内容除外。

第七条　国务院能源主管部门根据全国能源需求与可再生能源资源实际状况，制定全国可再生能源开发利用中长期总量目标，报国务院批准后执行，并予公布。

国务院能源主管部门根据前款规定的总量目标和省、自治区、直辖市经济发展与可再生能源资源实际状况，会同省、自治区、直辖市人民政府确定各行政区域可再生能源开发利用中长期目标，并予公布。

第八条　国务院能源主管部门根据全国可再生能源开发利用中长期总量目标，会同国务院有关部门，编制全国可再生能源开发利用规划，报国务院批准后实施。

省、自治区、直辖市人民政府管理能源工作的部门根据本行政区域可再生能源开发利用中长期目标，会同本级人民政府有关部门编制本行政区域可再生能源开发利用规划，报本级人民政府批准后实施。

经批准的规划应当公布；但是，国家规定需要保密的内容除外。

经批准的规划需要修改的，须经原批准机关批准。

第九条　编制可再生能源开发利用规划，应当征求有关单位、专家和公众的意见，进行科学论证。

第三章　产业指导与技术支持

第十条　国务院能源主管部门根据全国可再生能源开发利用规划，制定、公布可再生能源产业发展指导目录。

第十一条　国务院标准化行政主管部门应当制定、公布国家可再生能源电力的并网技术标准和其他需要在全国范围内统一技术要求的有关可再生能源技术和产品的国家标准。

对前款规定的国家标准中未作规定的技术要求，国务院有关部门可以制定相关的行业标准，并报国务院标准化行政主管部门备案。

第十二条 国家将可再生能源开发利用的科学技术研究和产业化发展列为科技发展与高技术产业发展的优先领域，纳入国家科技发展规划和高技术产业发展规划，并安排资金支持可再生能源开发利用的科学技术研究、应用示范和产业化发展，促进可再生能源开发利用的技术进步，降低可再生能源产品的生产成本，提高产品质量。

国务院教育行政部门应当将可再生能源知识和技术纳入普通教育、职业教育课程。

第四章 推广与应用

第十三条 国家鼓励和支持可再生能源并网发电。

建设可再生能源并网发电项目，应当依照法律和国务院的规定取得行政许可或者报送备案。

建设应当取得行政许可的可再生能源并网发电项目，有多人申请同一项目许可的，应当依法通过招标确定被许可人。

第十四条 电网企业应当与依法取得行政许可或者报送备案的可再生能源发电企业签订并网协议，全额收购其电网覆盖范围内可再生能源并网发电项目的上网电量，并为可再生能源发电提供上网服务。

第十五条 国家扶持在电网未覆盖的地区建设可再生能源独立电力系统，为当地生产和生活提供电力服务。

第十六条 国家鼓励清洁、高效地开发利用生物质燃料，鼓励发展能源作物。

利用生物质资源生产的燃气和热力，符合城市燃气管网、热力管网的入网技术标准的，经营燃气管网、热力管网的企业应当接收其入网。

国家鼓励生产和利用生物液体燃料。石油销售企业应当按照国务院能源主管部门或者省级人民政府的规定，将符合国家标准的生物液体燃料纳入其燃料销售体系。

第十七条 国家鼓励单位和个人安装和使用太阳能热水系统、太阳能供热采暖和制冷系统、太阳能光伏发电系统等太阳能利用系统。

国务院建设行政主管部门会同国务院有关部门制定太阳能利用系统与建筑结合的技术经济政策和技术规范。

房地产开发企业应当根据前款规定的技术规范，在建筑物的设计和施工中，为太阳能利用提供必备条件。

对已建成的建筑物，住户可以在不影响其质量与安全的前提下安装符合技术规范和产品标准的太阳能利用系统；但是，当事人另有约定的除外。

第十八条 国家鼓励和支持农村地区的可再生能源开发利用。

县级以上地方人民政府管理能源工作的部门会同有关部门，根据当地经济社会发展、生态保护和卫生综合治理需要等实际情况，制定农村地区可再生能源发展规划，因地制宜地推广应用沼气等生物质资源转化、户用太阳能、小型风能、小型水能等技术。

县级以上人民政府应当对农村地区的可再生能源利用项目提供财政支持。

第五章 价格管理与费用分摊

第十九条 可再生能源发电项目的上网电价，由国务院价格主管部门根据不同类型可再生能源发电的特点和不同地区的情况，按照有利于促进可再生能源开发利用和经济合理的原则确定，并根据可再生能源开发利用技术的发展适时调整。上网电价应当公布。

依照本法第十三条第三款规定实行招标的可再生能源发电项目的上网电价，按照中标确定的价格执行；但是，不得高于依照前款规定确定的同类可再生能源发电项目的上网电价水平。

第二十条 电网企业依照本法第十九条规定确定的上网电价收购可再生能源电量所发生的费用，高于按照常规能源发电平均上网电价计算所发生费用之间的差额，附加在销售电价中分摊。具体办法由国务院价格主管部门制定。

第二十一条 电网企业为收购可再生能源电量而支付的合理的接网费用以及其他合理的相关费用，可以计入电网企业输电成本，并从销售电价中回收。

第二十二条 国家投资或者补贴建设的公共可再生能源独立电力系统的销售电价，执行同一地区分类销售电价，其合理的运行和管理费用超出销售电价的部分，依照本法第二十条规定的办法分摊。

第二十三条 进入城市管网的可再生能源热力和燃气的价格，按照有利于促进可再生能源开发利用和经济合理的原则，根据价格管理权限确定。

第六章 经济激励与监督措施

第二十四条 国家财政设立可再生能源发展专项资金，用于支持以下活动：

（一）可再生能源开发利用的科学技术研究、标准制定和示范工程；

（二）农村、牧区生活用能的可再生能源利用项目；

（三）偏远地区和海岛可再生能源独立电力系统建设；

（四）可再生能源的资源勘查、评价和相关信息系统建设；

（五）促进可再生能源开发利用设备的本地化生产。

第二十五条 对列入国家可再生能源产业发展指导目录、符合信贷条件的可再生能源开发利用项目，金融机构可以提供有财政贴息的优惠贷款。

第二十六条 国家对列入可再生能源产业发展指导目录的项目给予税收优惠。具体办法由国务院规定。

第二十七条 电力企业应当真实、完整地记载和保存可再生能源发电的有关资料，并接受电力监管机构的检查和监督。

电力监管机构进行检查时，应当依照规定的程序进行，并为被检查单位保守商业秘密和其他秘密。

第七章 法 律 责 任

第二十八条 国务院能源主管部门和县级以上地方人民政府管理能源工作的部门和其他有关部门在可再生能源开发利用监督管理工作中，违反本法规定，有下列行为之一的，由本级人民政府或者上级人民政府有关部门责令改正，对负有责任的主管人员和其他直接责任人员依法给予行政处分；构成犯罪的，依法追究刑事责任：

（一）不依法作出行政许可决定的；

（二）发现违法行为不予查处的；

（三）有不依法履行监督管理职责的其他行为的。

第二十九条 违反本法第十四条规定，电网企业未全额收购可再生能源电量，造成可再生能源发电企业经济损失的，应当承担赔偿责任，并由国家电力监管机构责令限期改正；拒不改正的，处以可再生能源发电企业经济损失额一倍以下的罚款。

第三十条 违反本法第十六条第二款规定，经营燃气管网、热力管网的企业不准许符合入网技术标准的燃气、热力入网，造成燃气、热力生产企业经济损失的，应当承担赔偿责任，并由省级人民政府管理能源工作的部门责令限期改正；拒不改正的，处以燃气、热力生产企业经济损失额一倍以下的罚款。

第三十一条 违反本法第十六条第三款规定，石油销售企业未按照规定将符合国家标准的生物液体燃料纳入其燃料销售体系，造成生物液体燃料生产企业经济损失的，应当承担赔偿责任，并由国务院能源主管部门或者省级人民政府管理能源工作的部门责令限期改正；拒不改正的，处以生物液体燃料生产企业经济损失额一倍以下的罚款。

第八章 附 则

第三十二条 本法中下列用语的含义：

（一）生物质能，是指利用自然界的植物、粪便以及城乡有机废物转化成的能源。

（二）可再生能源独立电力系统，是指不与电网连接的单独运行的可再生能源电力系统。

（三）能源作物，是指经专门种植，用以提供能源原料的草本和木本植物。

（四）生物液体燃料，是指利用生物质资源生产的甲醇、乙醇和生物柴油等液体燃料。

第三十三条 本法自 2006 年 1 月 1 日起施行。

附录2 新能源和可再生能源产业发展“十五”规划

大力开发利用新能源和可再生能源，是优化能源结构，改善环境，促进经济社会可持续发展的重要战略措施之一，尤其是对解决边疆、海岛、偏远地区以及少数民族地区的用能问题，具有十分重要的作用。为贯彻落实国民经济和社会发展“十五”计划纲要，促进新能源和可再生能源产业化发展，特制订新能源和可再生能源产业发展“十五”规划。

一、现状与问题

在过去几十年研究开发和产业化工作的基础上，“九五”时期，我国新能源和可再生能源产业初具规模，技术水平不断提高，取得长足进展。

新能源和可再生能源产业初具规模。到2000年底，全国从事太阳热水器研制、生产、销售和安装服务的企业有1000多家，年生产量达610万m^2，产值超过60亿元；全国太阳热水器拥有量达2600万m^2，居世界第一位。全国太阳光伏电池组件的年生产能力达到5MW，生产企业(含组装及销售企业)40余家，累计用量已超过15MW。“九五”期间，我国大型并网风力发电发展迅速，年均增长率约为50%；到2000年底累计建成26个风电场，形成了34万kW的发电能力，使我国风力发电迈上了一个新台阶；全国累计安装使用小型风力发电机19万多台，为解决西部无电地区农牧民生产生活用电发挥了重要作用。到2000年底，全国共建成近1000座工业废水和畜禽粪便沼气工程，形成了约6亿m^3/年沼气生产能力。全国累计开发利用地热资源1300多处，其中地热采暖面积已逾1000万m^2；地热电站总装机容量约30MW。

新能源和可再生能源技术水平不断提高。在太阳能技术方面，国产晶体硅电池效率达到了11%～14%，比“八五”时期提高了2个百分点；太阳能热利用技术中，太阳热水器技术性能得到进一步改善，其应用方式已由季节性、间歇式应用发展到全天候、连续性应用；中温集热器、太阳能热利用与建筑一体化技术开发取得实质进展。在风力发电方面，我国自主开发的200～300kW级风电机组的国产化率已超过90%；600kW机组样机的国产化率达到80%左右。我国具备了自行研制开发容量从100W到10kW的10多种小型风力发电机的能力；还开发了一批风光、风柴联合发电系统。大中型工业沼气工程和农村户用沼气池技术应用不断拓展，已成为改善城乡居民生活条件和环境质量的一项有效技术措施。秸秆等生物质高效利用试点工程取得阶段性的进展。地热采暖越来越受到人们的青睐，热泵等新技术的引进进一步提高了地热利用的价值。

尽管"九五"期间我国新能源和可再生能源产业得到了较快发展，但从总体上看，产业整体实力不强，市场竞争能力弱，一些阻碍产业发展的关键问题并未从根本上解决，产业化发展面临技术、资金、市场、机制等各方面的障碍。

总体技术水平不高。新能源和可再生能源是新兴产业，与常规能源技术相比，仍处于发展初期，企业生产规模小，工艺技术落后，一些原材料和产品国产化程度低，加大了产品的生产成本，迫切需要采取有效措施，提高新能源和可再生能源技术发展水平。

市场发育不成熟。目前，我国新能源和可再生能源产品大多缺乏系统的技术规范，产品质量标准不完善，质量检测和监督体系还没有建立起来，产品质量良莠不齐、地方保护、恶性竞争等影响了市场的健康发展。

缺乏有效的激励政策。在当前技术条件下，新能源和可再生能源还不完全具备与常规能源进行竞争的能力。以风力发电为例，尽管"九五"期间风电场建设平均单位投资已由10000～10500元/kW下降到8000～8500元/kW，但上网电价(含增值税)平均水平仍然在0.60～0.70元/kW时之间，远高于常规能源发电成本。新能源和可再生能源的发展需要建立和完善投资、税收、价格、财政等方面的激励政策。

融资渠道不畅。新能源和可再生能源是一个新兴产业，资金短缺又缺乏融资机制是产业化发展的重要障碍，迫切需要建立有效的融资渠道和探索各种融资方式。

二、面临的形势和任务

(一) 实施可持续发展战略要求加快新能源和可再生能源产业发展。

我国是世界上少数几个能源以煤为主的国家之一，也是世界上最大的煤炭消费国，燃煤造成的环境污染日益突出。我国未来的能源发展战略要求提高能源效率，清洁使用化石能源；调整能源结构，增加替代能源，实现能源的可持续发展。在实施可持续能源战略中，新能源和可再生能源是重要的战略选择。开发利用新能源和可再生能源资源，提高技术水平，推动产业发展，已成为实施可持续能源战略的重要措施。

（二）新能源和可再生能源开发利用是实施西部大开发战略的重要选择。

西部大开发是党中央和国务院制定的重大战略决策。我国西部地区不仅常规能源资源丰富，而且可再生能源资源如太阳能、风能、地热等也非常丰富。发挥西部地区的资源优势，在加强常规能源资源开发的同时，大力开发新能源和可再生能源是实施西部大开发战略的重要方面，这不仅可以缓解西部边远地区能源短缺问题，逐步改变沿袭千百年的传统的用能方式和炊事方式，而且可以从源头上改善生态环境，为西部地区经济和社会发展作出贡献。

（三）加入 WTO 为新能源和可再生能源产业发展带来机遇和挑战。

我国即将加入世界贸易组织，新能源和可再生能源产业发展在面临新机遇的同时，也面临巨大的竞争和挑战。由于我国新能源和可再生能源产业整体实力不强，仍然处于产业发展的初级阶段；面对国外强有力的竞争对手，新能源和可再生能源产业将面临更严峻的挑战，如太阳能光伏工业整体技术水平仅相对于国际八十年代水平，客观上处于劣势。面对这种情况，迫切需要加快技术进步和机制创新，推动新能源和可再生能源产业迅速发展。

三、指导思想和主要目标

（一）指导思想

“十五”时期，我国新能源和可再生能源产业发展的指导思想是：认真贯彻落实党的十五大和十五届五中全会精神，以市场为导向，以企业为主体，以技术进步为支撑，加强宏观引导，培育和规范市场，逐步实现企业规模化、产品标准化、技术国产化、市场规范化，推动新能源和可再生能源产业上一个新台阶。

（二）主要目标

2005 年我国新能源和可再生能源（不含小水电和生物质能传统利用）年开发利用量达到 1300 万 t 标准煤，相当于减少近 1000 万 t 碳的温室气体及 60 多万 t SO_2、烟尘的排放，为 130 万户边远地区农牧民（约 500～600 万人口）

解决无电问题，提供近20万个就业岗位。

2005年全国太阳热水器年生产能力达1100万m^2，拥有量约6400万m^2；形成5～10家具有国际竞争力的骨干企业；全国太阳光伏电池年生产能力达到15MW，形成应用器件配套齐全的太阳光伏产业，累计拥有量达到53MW。2005年并网风力发电装机容量达到120万kW，形成约15～20万kW的设备制造能力，以满足国内市场需求。2005年地热采暖面积达到2000万m^2；工业有机废水和畜禽养殖场大中型沼气工程及生物质气化工程等高效利用方式形成近20亿m^3的燃气供应能力。

四、发展重点

(一) 太阳能光热利用

重点发展热管型平板集热器、内置金属流道的玻璃真空集热管、真空管闷晒热水器以及太阳热水系统的应用软件和硬件；研究和开发太阳能热利用、采暖、空调等与建筑一体化技术；推广太阳光伏发电系统。

(二) 风力发电

开发600kW级及以上风力发电机组，实现规模化生产；研究开发无齿轮箱、多级低速发电机、变速恒频等新型风力发电机组；提高10kW以下离网型风力发电机的生产技术水平，推广风/光互补、风/柴互补和风/光/柴联合供电系统。

(三) 生物质能高效利用

重点发展利用厌氧消化技术，处理高浓度工农业有机废水的大中型沼气工程，提高沼气专用设备技术水平。加快开发生物质型煤和高效直接燃烧设备的开发利用。

(四) 地热利用

加快地热回灌技术的研究，地热利用设备生产和成套设备技术开发。加快地热源热泵技术的引进和消化吸收，提高设备国产化程度。

五、对策与措施

(一) 研究制定鼓励发展的政策

研究制定新能源和可再生能源税收优惠政策和发电上网的鼓励政策，通过有效的政策激励，拉动市场有效需求。在西部大开发战略的实施过程中，充分发挥西部地区新能源和可再生能源资源优势，采取政策倾斜等措施推动西部地区的新能源和可再生能源市场的开发和产业化建设。

（二）推动技术进步，提高技术和装备水平

围绕新能源和可再生能源发展重点，加快科技开发，推动建立以企业为主体的技术创新体系，鼓励企业与大专院校、科研单位实行产学研联合，开发具有自主知识产权的新能源和可再生能源利用新技术和新产品，加速科研成果的转化及产业化；提高产品的科技含量和产品质量，增加产品品种和规格，降低成本，形成一批用户信得过、国内外有较高信誉的名牌产品；组织重大技术示范，通过宏观调控和市场引导，提高技术装备的国产化水平和设备制造的能力。

（三）组织实施示范工程

组织实施太阳能与建筑一体化示范工程。积极引导太阳热水器生产企业参与示范工程建设，推动太阳热水器作为建筑构件制造技术的开发和推广，扩大应用领域。

继续实施风电设备国产化示范工程。选择资源条件好，经济实力强的风电场，建设10万kW级示范风电场；支持风力发电设备制造企业开发生产具有自主知识产权的风力发电设备及零部件。通过国产化示范工程降低设备造价，使风电场初始投资有较大幅度的下降。

组织实施蔗渣热电联产技术商业化示范工程和生物质发电上网商业化示范工程。

（四）积极培育和规范市场

加快新能源和可再生能源标准体系建设。继续组织制定和修订有关产品和零部件的国家标准，包括产品性能、试验方法和能效标准以及系统的安装、设计等国家标准。

建立新能源和可再生能源质量保证体系。逐步建立国家级产品质量检测中心和质量控制体系。组织开展大型风力发电设备及零部件的检测、认证工作；建立与国际接轨的太阳光伏系统及部件的质量检测体系。

建立产业化技术服务体系，实施项目招投标制度、工程质量监理和评审制度，鼓励发展工程建设、技术咨询、信息服务、人才培训为主的中介服务。

(五) 加大宣传、培训和信息传播的力度

要采取多种形式，宣传发展新能源和可再生能源对经济社会可持续发展的重要战略意义以及党和政府对开发利用新能源和可再生能源的方针、政策。对从事新能源和可再生能源利用的技术和管理人员有计划地组织培训。加强信息交流，支持建立一些全国性和区域性的新能源和可再生能源信息网站，通过信息传播，引导产业发展。

(六) 广泛开展国际交流与合作

积极利用全球环境基金、世界银行、联合国开发计划署和亚洲开发银行等国际组织和有关国家政府的资金和技术，加快新能源和可再生能源产业化发展。

参 考 文 献

[1] Akarca A. T., Long T. V.. On the relationship between energy and GDP: a re-examination. Journal of Energy Development, 1980, Vol. 5: 326～331

[2] Alan Meier.. Toward More Efficient Energy Use Through Demand-side Management [M]. Berkeley Lab, University of California, 1996

[3] Allinger, Nancy. Green dreams. E Magazine: The Environmental Magazine, Sep./Oct. 1996

[4] Andrea Mas-Colell, Michael D. Whinston, Jerry R. Gree. Microeconomic Theory [M]. China Social Science Press, 2001. 3.

[5] Andrew J. Friedland, Tillman U. Gerngross and Richard B. Howarth. Personal decisions and their impacts on energy use and the environment. Environmental Science & Policy, 2003, Vol. 6, No. 2: 175～179

[6] Andrew Schotter.. Microeconomics—A Modern Approach [M]. Pearson Education, 2002. 10

[7] Barker, P., Lewandowski, R.. Enhancing the economics of photovoltaics through the use of advanced PV technologies and high value applications. IEEE PES Summer Meeting. 2002

[8] Beausejour L., Gordon L., Smart M.. A CGE approach to modeling carbon dioxide emissions control in Canada and the United States. World Economics, 1995, Vol. 18: 457～488

[9] Bjorn Rolfsman; CO_2 emission consequences of energy measures in buildings. Building and Environment, Vol. 37, No. 12: 1421～1430

[10] Black D.. The Decisions of a Committee Using a Special Majority [J]. Econometrica, 1948(7), Vol. 16: 245～261

[11] Boukadida, N, Vullierme, J. J.. Application of a structure with a diode thermal effect for solar heating and cooling of a building. Entropie. 2002

[12] Bradley Schiller. The MicroEconomy Today [M]. POSTS & TELECOM PRESS

[13] Brenner, P. R.. The solar assisted "Intelligent" building-a revolution in the modern low-energy constructions' conception. 22nd Convention of Electrical and Electronics Engineers in Israel. Proceedings. 2002

[14] Buchanan James M.. Individual choice in voting and the market [J]. Journal of Political Economy, 1954: 334~343

[15] Buchanan James M.. Social choice, democracy and free markets [J]. Journal of Political Economy, 1954: 114~123

[16] Charies Freinstein. Cultivating the green carrot market stimulus for photovoltaic. James & James Ltd. The World direction of renewable energy suppliers and services [M], London, 1996

[17] Chiras, Dan.. Build a Solar Home and Let the Sunshine In. Mother Earth News, Aug. /Sep. 2002

[18] Christoph Bohringer, Andreas Loschel. Assessing the costs of compliance: The Kyoto Protocl. European Environment, 2002, Vol. 12: 1~16

[19] Ciriacy Wantrup. Resource Conservation: Economics and Policies. California. University of California Press, 1952

[20] C. J. Cleverl and, R. Costanza, C. A. S. Hall and R. K. Kaufmann. Energy and the US Economy. A Biophysical Perspective. Science, 1984, Vol. 225, 7: 890~897

[21] Coase Ronald. The Problem of Social Cost. The Journal of Law and Economics, 3, Oct. 1960

[22] Dales J. H.. Pollution, Property and Prices. Toronto. University of Toronto Press, 1968

[23] Damodar N. Gujarati. Basic Econometrics [M]. China Pepole University Press, 1996. 12

[24] David B. Goldstein Ph. D., Robert K. Waston, M. S. Transforming Chincse buildings, 2002

[25] David I. Stern. Energy and economic growth in the USA: A multivariate approach. Energy Economics, 1993, Vol. 15, No. 2: 30~38

[26] David R. Anderson, Dennis J. Sweeney, Thomas A. Williams. Essentials of Statistics [M], 2001

[27] Davis, M. W.. Fanney, A. H.. Dougherty, B. P. Evaluating building integrated photovoltaic performance models. Conference Record of the Twenty-Ninth IEEE

Photovoltaic Specialists Conference 2002. 2002

[28] Decanio S. I.. Barriers within firms to energy-efficient investments. Energy Policy, 1993, Vol. 21: 906～914

[29] Downs Anthony. An economic theory of democracy [M]. New York: Harper and Bros., 1957

[30] E. Renshaw. Energy: Efficiency and the slump in labor productivity in the USA. Energy Economics, 1981, Vol. 3, No. 3: 90～102

[31] Erol U., Yu E. S. H.. Spectral analysis of the relationship between energy and income for industrialized countries. Journal of Energy Development, 1989, Vol. 14: 113～122

[32] Fraas, L. M, Avery, J. E, Nakamura, T.. Electricity from concentrated solar IR in solar lighting applications. Conference Record of the Twenty - Ninth IEEE Photovoltaic Specialists Conference 2002. 2002

[33] Francis X. Diebold. Elements of Forecasting (2nd edition) [M]. CITIC PUBLISHING HOUSE, 2003. 11

[34] Freling, Robert. Larger solar brick powers the world. Mother Earth News, Sep. 1998

[35] Glasure Y. U., Lee A. R.. Cointegration, error-correction, and the relationship between GDP and energy; the case of South Korea and Singapore. Resource Energy Economics, 1997, Vol. 20: 17～25

[36] Golove, J. Eto. Market barriers to Energy Efficiency: A critical Reappraisal of the Rationale for Public Policies to Promote Energy Efficiency. http: //www. osti. gov, 1996

[37] Grete Hestnes. A. Building integration of solar energy systems. Solar Energy. 1999

[38] Griscom, Amanda. The Solar Patriot. Mother Earth News. Aug. /Sep. 2003

[39] Guevara-Stone, Laurie.. A Simple Solar Solution. Mother Earth News, Aug. / Sep. 2003

[40] Guoqiang Tian.. Characterizations of Fixed—Pointed Theorems, Optimization and General Equilibria [M]. Peking University Press, 2000. 10

[41] Gupta, C. L. Ramachandran. A. Solar energy for India-status, potential and impact. Journal of Scientific and Industrial Research Jan. /Feb. 2003

[42] Gustafsson SI, Karlsson BG. Life-cycle cost minimization considering retrofits in multi-family residences. Energy and Buildings, 1989, Vol. 14: 9～17

[43] Henri L. F de Groot, Erik T. Verhoef and Peter Nijkamp. Energy saving by firms: decision - making, barriers and policies. Energy Economics, 2001, Vol. 23: 717 ～740

[44] Herman E. Daly, Kenneth N. Townsend. Valuing The Earth(6th edition) [M]. Massachusetts Institute of Technology Press, 2001

[45] H. Saha. Various uses of solar energy. Hong Kong Standard (China); 01/12/2000

[46] Hui, S. C. M, Cheung, K. P. Developing a Web-based learning environment for building energy efficiency and solar design in Hong Kong. Solar Energy. 1999

[47] Irvin B. Tucker.. Macroeconemics for Today(2nd edition). CITIC PUBLISHING HOUSE, 2004. 1

[48] Jack Johnston, John Dimardo; Econometric Methods [M]. China Economy Press, 2002. 4

[49] James M. Griffin, Henry B. Steele. Energy Economics and Policy. Orlando. Academic Press Inc. , 1986

[50] Jeffrey A. Drezner. Designing Effective Incentives for Energy Conservation in the Public Sector. California. Doctor Dissertation of The Claremont Graduate University, 1999

[51] J. E. Long. An econometric analysis of residential expenditures on energy conservation and renewable energy source, Energy Economic, 1993, Vol. 15: 232～255

[52] Jeroen C. J. M van den Bergh. Ecological Economics and Sustainable Development: Theory, Methods and Applications. UK: Edward Elgar. 1996

[53] John Asafu-Adjaye. The relationship between energy consumption, energy prices and economic growth: time series evidence from Asian developing countries. Energy Economics, 2000, Vol. 22: 615～625

[54] Jones, D. L.. The impact of building integrated photovoltaics on architecture. Proceedings of 2nd DTI/EPSRC Conference: Progress in Photovoltaics. 1999

[55] Jorgen Sjodin. Modelling the impact of energy taxation. International Journal of Energy Research, 2002, Vol. 26: 475～494

[56] Joudi, K. A, Dhaidan, N. S.. Application of solar assisted heating and desiccant cooling systems for a domestic building. Energy Conversion and Management. May. 2001

[57] Kalogirou, S. A. , Bojic, M.. Artificial neural networks for the prediction of the

energy consumption of a passive solar building. Energy. May. 2000

[58] Khedari, J., Boonsri, B., Hirunlabh, J.. Ventilation impact of a solar chimney on indoor temperature fluctuation and air change in a school building. Energy and Buildings. Jun. 2000

[59] Kraft J. On the relationship between energy and GNP. Journal of Energy Development, 1978, Vol. 3: 401～403

[60] Lee, E. J., Yoon, J. H.. Energy simulation of a commercial building with spectrally controllable solar windows. Proceedings of 1997 International Conference on Solar Energy. 1997

[61] Leif Gustavsson. A system perspective on the heating of detached houses, 2002

[62] Levine M. D., Akbari H. et al.. Mitigation options for human settlements. In. Watson, R. T., Zinyowera M. C. and Moss R. H.. Climate Change 1995: The IPCC Second Assessment Report, Vol. 2. Cambridge; Cambridge University Press, 1996

[63] Lorna A. Greening, Michael Ting, Thomas J and Krackler. Effects of changes in residential end-uses and behavior on aggregate carbon intensity: comparison of 10 OECD countries for the period 1970 through 1993. Energy Economics, 2001, Vol. 23: 153～178

[64] Marshall, A. Principles of economics [M]. London: Macmillan, 8th edn, 1920, 266

[65] Martin, G.. Renewable energy gets the "green" light in Chicago. IEEE Power & Energy Magazine. Nov./Dec. 2003

[66] Mc Elory. Energizing China [M]. Harvard University Press, 1998

[67] McGuire M.. Private Good clubs and Public Good Clubs: Economic Models of Group Formation [J]. Swedish Journal of Economics, 1972(1) Vol. 74: 84～99

[68] M. W. Ellis, E. H. Mathews. Needs and trends in building and HVAC system design tools. Building and Environment, Vol. 37, No. 5, 461～470, 2002.

[69] Nadel S. and Geller H.. Smart Energy Policies: Saving Money and Reducing Pollutant Emissions Through Greater Energy Efficiency. Report No. E012. Sep. 2001

[70] Niskanen, W. A.. Bureaucracy and Representative Government [M]. Chicago: Aldine-Atherton, 1971, 38

[71] Papadopoulos, A. M., Oxizidis, S., Kyriakis, N.. Perspectives of solar cooling in view of the developments in the air-conditioning sector. Renewable & Sustainable

Energy Reviews. Oct. 2003

[72] Paul A. Samuelson, William D. Nordhaus. Microeconomics (17th edition)[M]. POSTS & TELECOM PRESS

[73] Paul D Maycock. The PV boom thm where Germany and Japan lead, will California follow [J]. Renewable Energy World, Review Issue, Jul. /Agu. , 2001

[74] Peter K. Correlins, Michael B. Porter, Klaus Schwab. The Global Competitiveness Report 2002～2003 [M]. China Machine Press, 2003. 12

[75] Pigou A. C.. The Economics of Welfare. London: Macmillan, 1920

[76] Razzi, Elizabeth, Esbenshade, Amy. Room with a VIEW. Kiplinger's Personal Finance. Jan. 2004, 49Gupta, C. L. Ramachandran. Solar energy for India-status Journal of Scientific and Industrial Research

[77] Review of Sociology, 1988, Vol. 14: 149～172

[78] Robert j. Barro, Xavier La—I—Martin.. Economic Growth [M]. China Social Science Press, 2000. 3

[79] Rosalie Rayburn. New Mexico Governor Plans Solar Energy Project, 2004

[80] Rosa, Eugene A, Gary E. Machlis and Kenneth M. Keating. Energy and Society. Annual Redclift. M.. Sustainable Development: Exploring the Contradictions [M]. London: Methuen, 1987

[81] Schlegelmilch K.. Energy taxation in the EU and some Member States: Looking for opportunities ahead. Manuscript from Wuppertal Institute, www. wupperinst. org.

[82] Sharaf, A. M, AboulNaga, M. M, Diasty, E.. Building-integrated solar photovoltaic systems-a hybrid solar cooled ventilation technique for hot climate applications. Renewable Energy. Jan. /Feb. 2000

[83] Shonali Pachauri, Daniel Spreng. Direct and indirect energy requirements of households in India Energy Policy 30(2002)

[84] Shove Elizabeth. Revealing the Invisible: Sociology, Energy and the Environment. In International Handbook of Environmental Sociology, edited by M. Redclift and G. Woodgate. London: Edward Elgar, 1997

[85] Soren Leth-Petersen, Mikael Togeby. Demand for space heating in apartment blocks: measuring effects of policy measures aiming at reducing energy consumption. Energy Economics, 2001, Vol. 23: 387～403

[86] S. Pejovich. The Economics of Property Rights [M]. Economics Science Press, 1999. 3

[87] Stanley R Bull, Lynn L Billman, David Klines. The Potential Impact for Renewable Energy Technologies to Reduce Carbon Emissions [A]; Advances in Solar energy [M]; American Solar Energy Society, Vol. 13 1999

[88] Stephen Karekezi. Poverty and energy in Africa: A brief review, 2002

[89] Stone, Laurie, Weiss, Johnny. The passive solar home. Mother Earth News; Feb/Mar 1995 Thormark, Catarina; A low energy building in a life cycle—its embodied energy, energy need for operation and recycling potential. Building and Environment, 2002, Vol. 37, No. 4: 429～435

[90] Tiebout, C. M.. A Pure Theory of Local Expenditures [J]. Politic Economics, 1956(10), Vol. 64: 416～424

[91] Tinbergen J.. Economic Policies: Principles and Design [M]. Amsterdam: North-Holland, 1956

[92] Tiwari, Piyush. Energy efficiency and building construction in India. Building and Environment, 2001, Vol. 36, No. 10: 1127～1135

[93] Tsoutsos, T., Gekas, V., Marketaki, K.. Technical and economical evaluation of solar thermal power generation. Renewable Energy. May. 2003

[94] Ubertini, S., Desideri, U.. Performance estimation and experimental measurements of a photovoltaic roof. Renewable Energy. Oct. 2003

[95] Vickrey W.. Utility, Strategy, and Social Decision Rules [J]. Quart. Journal of Economics, 1960(11), Vol. 74: 507～535

[96] Whatter Ogern. Economic Policy Pricnple [M]. Shanghai People Press, 2001. 8

[97] William J. Baumol, Alan S. Blinder. Economics Principles and Policy(17th edition) [M]. The Dryden Press, 1998. 6

[98] Williamson, I. R., Danaher, S., Craggs, C.. Optimisation of solar building control using predictive methodologies. 6th European Congress on Intelligent Techniques and Soft Computing. EUFIT'98. 1998

[99] Winett, Richard and Peter Ester. Behavioral Science and Energy Conservation: Conceptualizations, Strategies, Outcomes, Energy Policy Applications. Journal of Economic Psychology, 1983, No. 3: 203～229

[100] Yohanis, Y. G., Norton, B.. A comparison of the analysis of the useful net solar gain for space heating, zone-by-zone and for a whole-building. Renewable Energy. Mar. 2000

[101] Yohanis, Y. G.. Norton, B.. Utilization factor for building solar-heat gain for use in a simplified energy model. Applied Energy. Aug. 1999

[102] Yu. A. Matroson, B. Goldstein. Russian experience with the reduction up to 40% of an energy demand of residential buildings, Apr. 2002

[103] Zhong Xiang Zhang. Can China afford to commit itself an emissions cap? An economic and political analysis. Energy Economics, 2000, Vol. 22: 587～614

[104] Intergovernmental relations in energy policy or how to get along with the in-laws, Rand/P, 1999

[105] W. KAMR. AT Investment risk forcecasting in a local energy market, 2001

[106] Conference Report, Energy Policy, 2001/29

[107] Kostantinos D Patlitzianas, Argyris G Kagiannas, John Psarras. 欧盟新成员的可再生能源资源利用状况. Energy Engineering, 2004.2

[108] Giuseppe Tomassetti. 意大利的节能和可再生能源激励机制. Energy Engineering, 2004.1

[109] 保罗·A·萨缪尔森，威廉·D·诺德豪斯. 经济学. 北京：中国发展出版社(第12版)，1992，1193

[110] 彼得·M·杰克逊. 公共部门经济学前沿问题. 北京：中国税务出版社，北京腾图电子出版社，2000，169

[111] 毕思文. 地球系统科学与可持续发展. 北京：地质出版社，1998

[112] 滨川圭弘，西川炜一等. 能源环境学. 北京：科学出版社，2003

[113] 不破敬一郎. 地球环境手册. 北京：中国环境科学出版社，1995

[114] 长谷川启之，梁小民，刘更朝. 经济政策的理论基础. 北京：中国计划出版社，1995，24

[115] 曹云华. 东南亚国家的能源安全. 当代亚太，2000.9

[116] 车卉淳. 西方可持续发展理论与中国经济可持续发展的对策研究. 中国人民大学博士生论文，2002.5

[117] 陈共. 财政学. 北京：中国人民大学出版社，1999，25～28

[118] 陈和平. 欧盟四国可再生能源发展新举措. 计划与市场，2001.7

[119] 陈和平. 我国可持续发展能源政策的探讨. 能源工程，1999.2

[120] 陈秀红. 民用住宅被动式太阳能建筑的研究. 鞍钢技术，1999，(5)

[121] 陈宇科. 购房过程的博弈分析. 渝洲大学学报(自然科学版)，2002.4

[122] 丹尼斯·L·米都斯. 增长的极限. 北京：商务印书馆，1984

[123] 丹尼斯 C. 缪勒. 公共选择理论. 北京：中国社会科学出版社，1999

[124] 董俊武，黄江圳. 绿色消费者分析及启示. 商业经济与管理，2002

[125] 范光. 英国可再生能源政策. 政策与管理，2003

[126] 甘峰. 美国新能源政策评析. 世界经济研究，2002

[127] 甘师俊. 可持续发展——跨世纪的抉择. 广州：广东科技出版社；北京：中共中央党校出版社，1997

[128] 高世宪. 日本能源领域新举措及对我国的启示. 中国能源，2003

[129] 郭力群. 实行强制性政策，推进可再生能源规模化发展. 福建能源开发与节约，2003

[130] 郭庆旺，匡小平. 税收对私人投资效应的理论分析. 东北财经大学学报，2001(5)：30～33

[131] 郭庆旺，赵志耘. 财政学. 北京：中国人民大学出版社，2002

[132] 国际能源署. 世界能源展望 2001——为促进明天的发展而评价今天的供应. 北京：地质出版社，2002

[133] 国家发改委能源局. 可再生能源开发利用促进法（政府建议稿）. 2004

[134] 国家计委能源研究所. 我国能源供应的可靠性问题. 经济改革与发展，1998

[135] 国家经贸委. 发达国家可再生能源政策及启示. 中国经济信息，2001 年第 1 期，34～35

[136] 国务院. 新能源与可再生能源产业发展“十五”规划. 2001

[137] 韩爱兴，高沛俊. 瑞典荷兰地下能源与太阳能新能源建筑应用技术——建设部赴瑞典荷兰建筑节能技术考察报告，2001.11

[138] 韩晶，石久胜. 太阳能热水供应系统技术的经济分析. 长春工程学院学报（自然科学版），2003

[139] 韩培学. 阳光产业前途光明. 建筑知识，2002，(22)

[140] 何谦. 寻租研究的思想及其对经济学的贡献. 西安财经学院学报，2004(2)：93～96

[141] 何伟. 太阳能在建筑上的光电、光热应用研究. 中国科学技术大学博士学位论文，2002.5

[142] 赫尔曼·卡恩. 即将到来的繁荣，世界生态经济学文集，中国生态经济学会筹委会

[143] H.J. 瓦格纳，郭静，黄熙. 德国可再生能源利用现状与减少 CO_2 排放量的探讨. 城市环境与城市生态，1999

[144] 贺力平. 货币政策工具操作程序. 成都：西南财经大学出版社，1998

[145] H·T·奥德姆. 系统生态学. 科学出版社，1993

[146] 胡平放，向才旺，丁学俊，江章宁. 中国建筑能耗现状特征. 武汉城市建设学院学报，1998

[147] 黄迅. 我国光伏发电的现状及市场展望. 中国环保产业，2003

[148] 霍志臣，罗振涛. 国外太阳热水器发展状况. 太阳能，2003

[149] 加藤义夫，沙永杰. 太阳能建筑之思与行. 时代建筑. 1999

[150] 建设部标准定额研究所. 建设项目经济评价参数研究. 北京：中国计划出版社，2004

[151] 江文. 太阳能开发前景日益广阔. 经济世界，2000

[152] 蒋金荷，姚愉芳. 气候变化政策研究中经济——能源系统模型的构建. 数量经济技术经济研究，2002.7，41～45

[153] 京时. 首座全太阳能建筑落成. 墙材革新与建筑节能，2003

[154] 卡尔·E·凯斯，雷·C·菲尔. 经济学原理. 清华大学出版社，2003

[155] 克宁，巴特尔. 希望小学太阳能教学楼. 太阳能，1999

[156] 蒯茗. 国外部分国家可再生能源政策及对我们的启示；中国能源，2000.6，15～17

[157] 莱斯特·R·布朗. 生态经济. 东方出版社，2002

[158] 兰德尔. 资源经济学. 北京：商务印书馆，1989

[159] 雷明. 中国资源—能源—经济—环境综合投入产出表及绿色税费核算分析. 东南学术，2001. 4，64～74

[160] 黎建新. 发展绿色消费的对策探讨. 福建金融管理干部学院学报，2001

[161] 李京文. 能源、环境与中国经济增长. 数量经济与技术经济研究，1994.1，16～21

[162] 李强. 20世纪90年代世界光伏技术及产业的发展回顾. 新材料产业，2004.5

[163] 李锐. 透视税收激励政策. 吉林财税，2002.6

[164] 李曙光. 浅谈我国建筑节能现状与对策. 应用能源技术，2003. 1，1～3

[165] 李晓明. 太阳能建筑应用技术在国外的研究发展. 建筑知识，1999，(19)

[166] 李欣，张峰林. 太阳能利用与建筑节能. 天津建设科技，2002.1

[167] 厉以宁. 西方经济学. 高等教育出版社，2000

[168] 厉以宁，吴易风，李链. 西方福利经济学述评. 北京商务印书馆，1984

[169] 梁亚娟，樊京春. 可再生能源发电技术温室气体减排效益分析. 可再生能源，2004，(1)

[170] 梁志鹏. 可再生能源发展的必经过程与我国的政策取向. 可再生能源，2002

[171] 林楚琴. 太阳能建筑的研究及发展. 西部探矿工程，2001，(1)
[172] 林道. 方兴未艾的太阳能建筑. 中国房地产，1996，(11)
[173] 刘碧云. 经济学. 东南大学出版社，2002
[174] 刘长滨. 建筑工程技术经济学. 中国建筑工业出版社，1998
[175] 刘东辉. 从"增长的极限"到"持续发展". 北京大学中国持续发展中心编，可持续发展之路. 北京：北京大学出版社，1994
[176] 刘国发，赵丽娟，黄岳海. 乡村太阳房. 中国农业出版社，2001
[177] 刘怀德，刘解龙，刘建江. 发展中国家绿色消费的经济学分析. 消费经济，2002.1
[178] 刘林森. 太阳能建筑——科技与市场的结合点. 建筑知识，2002，(22)
[179] 刘培哲. 可持续发展对人类前途命运的回答. 安徽科技，2003(3)：20～22
[180] 刘培哲. 可持续发展理论与中国21世纪议程. 地学前缘，1996(3)：1～9
[181] 刘天齐. 环境经济学. 中国环境科学出版社，2003.3
[182] 刘振强. 能源需求侧管理. 中国电力，1994(9)：65～68
[183] 刘峙军. 广东省太阳能开发利用产业策略研究. 硕士论文，2002
[184] 龙惟定. 试论建筑节能的新观念. 暖通空调，1999(1)：31～35
[185] 龙惟定，张蓓红. 美国政策的联邦能源管理计划. 暖通空调，2004(2)：5～8
[186] 陆维德. 我国太阳能建筑发展对策. 太阳能，1999，(1)
[187] 罗伯特·吉本斯. 博弈论基础. 中国社会科学出版社，1999
[188] 罗运俊. 太阳能产业的机遇与挑战. 新能源与可再生能源，2001.5
[189] 罗泽雄. 日本石油替代能源政策浅析. 南开经济研究，1994(2)：57～63
[190] M·G·韦布，M·J·里基茨. 能源经济学. 四川：西南财经大学出版社，1987
[191] 马克思恩格斯全集（第4卷）. 北京：人民出版社，1965，342
[192] 马克思恩格斯全集（第19卷）. 北京：人民出版社，1963，32
[193] 马胜红，许洪华. 光伏发电纵横谈. 太阳能，2004.1
[194] 马歇尔·阿尔弗雷德. 经济学原理. 北京：商务印书馆，1938
[195] 迈克尔·帕金. 微观经济学（第五版）. 人民邮电出版社，2003.5
[196] 美国及加州建筑节能工作的开展. 节能与环保，2003(11)：21
[197] 米萨诺维克，帕斯托尔. 人类处于转折点. 北京：三联书店，1987
[198] 尼古拉·阿克塞拉. 经济政策原理：价值与技术. 北京：中国人民大学出版社，2001：193～194
[199] 倪虹. 太阳能建筑发展面临的问题与对策. 建筑节能与墙改，2002.12
[200] 倪虹. 太阳能建筑展望. 墙材革新与建筑节能. 2003，(1)

[201] 欧盟能源技术促进组织. 第三方融资与能源合同——有效利用能源的综合金融管理方法. 能源工程，2004，(1)
[202] 裴福，李卫军，郝改红. 浅论太阳能建筑. 山西建筑，2002，(6)
[203] 彭方平，方齐云. 房地产开发商与地方政府的博弈. 价值工程，2003. 5
[204] 綦明正，于志鹏. 太阳能在建筑中的利用. 青岛建筑工程学院学报，2003.2
[205] 覃道敏. 论湖南省可再生能源开发. 硕士论文，2001.
[206] 邱彤. 可持续发展研究及其在能源系统中的应用. 清华大学博士生论文，2000.5
[207] 曲云霞，方肇洪，张林华，李安桂. 太阳能辅助供暖的地源热泵经济性分析. 可再生能源，2003，(1)
[208] 任德新. 美国新能源政策及其对我国的启示. 现代经济探讨，2001. 10
[209] 任锦鸾，顾培亮. 技术进步对中国能源供需结构的影响. 哈尔滨工业大学学报，2002.10
[210] R·卡逊. 寂静的春天. 北京：科学出版社，1979
[211] 邵赤平. 西方资源经济理论研究. 武汉大学博士论文，1998
[212] 沈满洪. 环境经济手段研究. 北京：中国环境科学出版社，2003：95
[213] 沈满洪，何灵巧. 外部性的分类及外部性理论的演化，浙江大学学报(人文社会科学版)，2002(1)：152～160
[214] 施锋. 云南省高寒山区发展被动式太阳能建筑的区域优势研究. 新能源，1997，(19)
[215] 史葱葱. 太阳能集中供热系统在欧洲住宅小区中的应用. 太阳能，2003.4
[216] 世界环境与发展委员会. 我们共同的未来. 长春：吉林人民出版社，1997
[217] 舒尔茨·西奥多·威廉. 经济增长与农业. 北京：北京经济学院出版社，1991
[218] 数据中的中国能源问题. 时事资料手册. 2004(2)：98
[219] 斯蒂格利茨. 经济学. 北京：中国人民大学出版社，1998：146
[220] 宋健. 走可持续发展道路是中国的必然选择. 环境保护，1996(5)：2～4
[221] 苏珊·肯尼迪，芭芭拉·费雯俐. 美国加州如何通过DSM解决能源危机. 上海电力，2004(2)：97～100
[222] 孙桂玲. 外在性：庇古与科斯. 经济评论，1995.2
[223] 孙晶. 美国节能服务回顾及对我国的启示. 电力需求侧管理，2004.3，6(2)
[224] 唐·埃里奇. 应用经济学研究方法论. 经济科学出版社，1998.6
[225] 天健. 中国节能服务公司成效显著. 电力需求侧管理，2002.2，4(1)
[226] 田立成. 太阳能电池市场竞争现状分析. 新材料产业，2004.8
[227] 万霞. 世纪之交的绿色立法浪潮. 外交学院学报，1998.1

[228] 汪同三. 数量经济学前沿. 北京：社会科学文献出版社，2001.511～534

[229] 王冰，杨虎涛. 论正外部性内在化的途径与绩效. 东南学术，2002（6)：158～165

[230] 王长贵. 新能源在建筑中的应用. 中国电力出版社，2003.1

[231] 王长贵. 新能源和可再生能源的分类. 太阳能，2003.1

[232] 王长庆. 绿色建筑技术手册. 中国建筑工业出版社，1999.6

[233] 王崇杰，赵学义. 论太阳能建筑一体化设计. 建筑学报. 2002，(7)

[234] 王干梅. 生态经济理论与实践. 四川：四川社会科学院出版社，1988

[235] 王俊峰. 中国能源经济环境(3E)协调发展的研究与政策选择. 博士论文，2000

[236] 王庆一. 可再生能源现状、前景与政策. 中国电力，2002.1

[237] 王庆一. 市场经济国家的节能激励政策措施. 北京节能，2000.3

[238] 王庆一. 中国可再生能源现状障碍与对策——实施障碍分析与政策建议. 中国能源，2002.8

[239] 王树茂. 我国节能新举措取得重要成效. 电力需求侧管理，2002.10，4(5)

[240] 王仲颖. 从英国可再生能源开发经验看我国可再生能源开发机制. 中国能源，2000.2

[241] 威廉·J·鲍莫尔，华莱士·E·奥茨. 环境经济理论与政策设计(第二版). 北京：经济科学出版社，2003

[242] 吴德春，董继斌. 能源经济学. 北京：中国工人出版社，1991

[243] 吴贵辉. 全面加快我国太阳能产业的发展. 可再生能源，2004，(1)

[244] 吴中华. 日本推广新能源的政策措施. 政策与管理，2000.3

[245] 夏云等. 太阳能建筑对传统建筑的挑战. 能源季刊，1989，(4)

[246] 谢识予. 经济博弈论. 复旦大学出版社，2002

[247] 徐伟，谢建，涂娅. 资本经营：太阳热水器产业发展的必经之路. 太阳能，2004.3

[248] 薛治龙. 现代西方经济学. 中国财政经济出版社，2002.12

[249] 阎长乐. 中国能源发展报告. 北京：经济管理出版社，1997

[250] 晏智杰. 西方市场经济下的政府干预. 中国计划出版社，1997.4

[251] 杨宏林，田立新，丁占文，傅瑛. 不可再生能源的经济学分析. 江苏大学学报，2003.7

[252] 杨志荣，劳德容. 需求方管理(DSM)及其应用. 北京：中国电力出版社，1999：2～3

[253] 叶振鹏，张馨. 公共财政论. 北京：经济科学出版社，1999

[254] 殷志明，刘涟淮，曹安辉. 苏北农村太阳能热水器市场及开发措施. 可再生能源，2003，(2)

[255] 殷志强，薛祖庆. 太阳能在建筑中的应用. 太阳能. 1999，(4)

[256] 游娜. 生态建筑与绿色建筑. 基建管理优化，2003，(15)

[257] 由世俊，孙贺江，马德刚，杨洪兴. 中国的太阳能资源及应用潜力. 城市环境与城市城生态，2002.4

[258] 余九如，余丽. 论我国太阳能建筑的发展前景. 甘肃工业大学学报，1995，(2)

[259] 张彩华. 加快我国绿色消费的进程. 武汉金融高等专科学校学报，2002.3

[260] 张洁清. 份额标准在可再生能源推广中的应用. 法制与管理，2001.6

[261] 张坤民. 可持续发展论. 北京：中国环境科学出版社，1997

[262] 张雷，杨朝红. 我国可持续发展的能源开发战略. 中国软科学，1998.3

[263] 张平. 英国提高能源效率的政策取向. 中国能源，2001(2)：31～32

[264] 张平. 加拿大的能源政策. 中国能源，2001.9

[265] 张维迎. 博弈论与信息经济学. 上海三联书店、上海人民出版社，2002

[266] 张玉清，杨青. 美国政府的能源政策及其对我启示. 中国能源，2002.3：11～14

[267] 张正敏，李京京，李俊峰. 美国可再生能源政策. 中国能源，1999(6)：9～13

[268] 张正敏，李京京，李俊峰. 中美可再生能源政策比较与分析及其建议. 中国能源，1997.7

[269] 张智玲，王华东. 环境外部不经济性分析及其进展. 环境科学进展，1997.5

[270] 殷志强，焦记稳，周小雯. 中欧五国太阳能热利用产品与市场. 太阳能，2003.3

[271] 詹姆斯・M・布坎南，戈登・塔洛克. 同意的计算——立宪民主的逻辑基础. 北京：中国社会科学出版社，2000

[272] 赵贵，孙兆伟. 绿色生态太阳能建筑项目及其示范工程方案. 中国建设动态：阳光能源，2003，(8)

[273] 赵敬源，邱永亮. 主动式太阳能建筑在西北地区的应用前景. 西北建筑工程学院学报(自然科学版)，2001，(4)

[274] 赵丽娟，刘国发. 被动式太阳能建筑推广前景浅谈. 辽宁建筑，1994，(4)

[275] 赵丽霞. 能源、环境与经济增长. 西安交通大学博士论文，1996

[276] 赵苏，杨合. 绿色建筑与可持续发展. 低温建筑技术，2003，(5)

[277] 赵恕，程福元，曹明雷，韩树栋. 户用光伏系统的应用及市场前景. 可再生能源，2003，(5)

[278] 赵玉文. 太阳能技术对我国未来减排 CO_2 的贡献. 中国工程科学，2003.4

[279] 赵玉文. 我国光伏产业现状与面临的挑战. 太阳能，2004.3

[280] 赵媛. 可持续能源发展战略. 北京：社会科学文献出版社，2001

[281] 中国中长期能源战略，71

[282] 浙江省赴英节能技术考察组. 英国能源发展政策与启示. 浙江经济，2000(12)：51～53

[283] 郑坚平. 英国可再生能源政策及启示. 能源工程，2001.4

[284] 郑瑞澄. 太阳能建筑技术是根本. 建设科技，2003.12

[285] 郑瑞澄. 我国太阳能建筑. 太阳能，1999，(4)

[286] 中华人民共和国大气污染防治法，2000

[287] 中华人民共和国电力法，1995

[288] 中华人民共和国节约能源法，1997

[289] 中国可持续发展能源领域与林业行动对减排温室气体贡献白皮书

[290] 中国新能源与可再生能源 1999 白皮书. 中国计划出版社出版

[291] 钟珂，杨柳等. 被动式太阳能建筑室内热环境评价指标的分析. 西安建筑科技大学学报. 2003，(35)

[292] 钟心强，朱新学，费洪良. 太阳能热水器的技术经济评价. 能源工程，1999.3

[293] 仲继寿. 太阳能建筑的技术途径和发展策略. 太阳能，2004.4

[294] 周光明. 美国可再生能源发展情况考察. 能源工程，2000.3

[295] 周浩明，张晓东. 生态建筑—面向未来的建筑. 东南大学出版社，2002.3

[296] 周鹏飞. 浅析我国实施可再生能源配额制政策的必要性. 中国农村水利水电，2001.9

[297] 周善元. 取之不尽，用之不竭的洁净能源——太阳能. 江西能源. 2000，(4)

[298] 周正楠. 太阳能技术在德国建筑中的应用. 世界建筑，2002，(12)

[299] 朱翠萍. 担保机制在节能领域中的应用——EMC 商业贷款担保计划. 电力需求侧管理，2003. 12，5(6)

[300] 朱达. 能源——环境的经济分析与政策研究. 北京：中国环境科学出版社，2000

[301] 朱利安林肯·西蒙. 没有极限的增长. 四川：四川人民出版社，1985

[302] 朱亚杰，孙兴文. 能源世界之窗. 北京：清华大学出版社，广州：暨南大学出版社，2001

[303] 朱延福. 宏观经济学. 北京：中国统计出版社，2002